CONSECUENCIAS POLÍTICAS DE LA MIGRACIÓN INTERNA EN BOLIVIA

Carmen Ibáñez

CONSECUENCIAS POLÍTICAS DE LA MIGRACIÓN INTERNA EN BOLIVIA

Carmen Ibánez

Iberoamericana - Vervuert 2018

Amor de Dios, 1 - E-28014 Madrid
Tel.: +34 91 429 35 22
Fax: +34 91 429 53 97

Elisabethenstr. 3-9 - D-60594 Frankfurt am Main
Tel.: +49 69 597 46 17
Fax: +49 69 597 87 43

info@iberoamericanalibros.com
www.iberoamericana-vervuert.es

ISBN 978-84-9192-001-4 (Iberoamericana)
ISBN 978-3-95487-778-2 (Vervuert)
ISBN 978-3-95487-779-9 (e-book)

Depósito legal: M-40379-2018

Diseño de cubierta: af. diseño y comunicación
Ilustración de la cubierta: © Carmen Ibáñez

Este libro está impreso íntegramente en papel ecológico sin cloro

Impreso en España

A mi compañero de vida, Robert

Índice

Agradecimientos

¡La lucha es dura pero venceremos! Con estas palabras dejamos Bolivia y nos instalamos en Alemania mi compañero y yo para escribir nuestras respectivas tesis doctorales; comenzamos dos y terminamos cinco, hasta la publicación de aquellas. El nacimiento de nuestros tres hijos se mezcló con defensas doctorales, presentaciones, trabajos de campo y todo lo que conlleva investigar mientras se incursiona en la aventura de ser padres. Por ello mi primer agradecimiento será siempre para Robert, mi compañero de vida, el mago que hace realidad mis sueños y que me ha dado el amor y el impulso que he necesitado para escribir este libro y otros proyectos que me he planteado; su forma crítica de entender la realidad del país donde creció y las desveladas tertulias sobre interculturalidad, clases y hegemonías que tuvimos fueron vitales para enriquecer mi perspectiva teórica. A mis hijos Luciana, Linus y Leo, cuya sola presencia hizo que este trabajo tomara un rigor práctico, sus risas, picardías e incluso rabietas me obligaron a poner los pies en la tierra, un ejercicio tan necesario en estos tiempos, cuando la ciencia se separa abismalmente de la vida cotidiana. Ustedes son, *wawitas*, el impulso para mis luchas políticas; mantengo la esperanza de que puedan vivir en un mundo más abierto, menos racista, menos clasista y menos machista del que me tocó vivir.

Un sincero agradecimiento también a mis profesores tutores, Prof. Dr. Nikolaus Werz y Prof.ª Dr.ª Barbara Potthast, que compartieron conmigo sus saberes sobre sus respectivas ciencias. Si bien este trabajo ha estado supervisado y apoyado por ellos, es importante recalcar que los errores que hubiera quedan exentos de su responsabilidad. A mis colegas, el Dr. Antonio Sáenz-Arance de la Universität zu Köln, al Dr. Manuel Paulus y al Dr. Jesús Azcargorta de la Universität Rostock, por su interés en la presente investigación. Al Prof. Dr. Michael Janoschka de la Universidad Autónoma de Madrid por las intensas discusiones políticas que me llevaron a revivir mis tiempos universitarios más revolucionarios, y a Friederike Tuitjer, que me ayudó en la revisión del manuscrito. También quiero agradecer el financiamiento de mi tesis doctoral por parte del DAAD (servicio alemán de intercambio) y el aporte económico que el GSSC (Global South Studies Center) de la Universität zu Köln ha hecho para esta publicación.

Mis palabras de reconocimiento van también para mis profesores en las universidades Mayor de San Andrés y Católica Boliviana en La Paz: Lic. Napoleón Pacheco, Dr. Alejandro Mercado, Dr. Lykke Andersen, Ing. Guillermo Espinoza, Lic. Julio Mantilla (qepd) y al Sr. Álvaro García Linera, que encendieron en mí las ganas por la investigación y que me alentaron en el camino a la investigación. Quiero enfatizar el trabajo del Lic. Danilo Paz, exdirector del IDIS (Instituto de Investigaciones Sociológicas) de la Universidad Mayor de San Andrés, que democratizó el uso del espacio abriendo las puertas a los estudiantes, permitiéndonos pequeños "lujos" para esos tiempos, como el uso de la computadora, poder leer los periódicos del día y, cuando podía, invitándonos a una tacita de sultana con pan con queso. Para nosotros, entonces estudiantes que paralelamente buscábamos de dónde sacarnos unos pesos para la subsistencia, fueron obviamente una ayuda, pero también la semilla desde donde comenzamos a cuestionar el orden de las cosas; para el 2003 ya no solo queríamos computadoras o periódicos del día, queríamos un cambio en el sistema político y cuestionamos el modelo de desarrollo del país porque fue precisamente en las aulas de la carrera de Sociología de la UMSA donde se gestaron los primeros movimientos que años más tarde cambiarían la estructura política del país.

A los bibliotecarios de la Universidad Juan Misael Saracho, a los de la Carrera de Sociología de la Universidad Mayor de San Andrés y a los de la Biblioteca del Ministerio de Planificación, maestros empíricos de todas las ciencias, que me guiaron con tanta paciencia en la bibliografía. A Jesús Cardozo, periodista de radio Aclo Tarija, por sus orientaciones y por alertarme de errores y peligros durante el trabajo de campo, y a todos quienes compartieron conmigo sus perspectivas —evito poner nombres por el miedo a parecer injusta si olvido alguno—, a quienes aceptaron y también a quienes se negaron a las entrevistas, a quienes me confiaron sus vivencias, perspectivas, experiencias, gracias por dejarme participar de sus reuniones, de sus fiestas, de sus ritos, de su cotidianidad.

En lo personal, quiero expresar mi profundo agradecimiento a Heinz y Edith Stresing por su apoyo en nuestras aventuras, a Carolina Ilaya y Ariana Serrano, que estuvieron siempre que las he buscado, tías y madrinas de mis *wawas*, con una nobleza capaz de iluminar los días más oscuros del invierno alemán, a mi comadre Annette Locher, que regalándome mi primer curso de alemán me abrió las puertas a un mundo nuevo y que me ha dado las llaves a un nuevo episteme, a mi compadre Florian Schwiegerhausen, que va por la vida derramando alegría y optimismo, y a mis amigos Bernardino Vásquez, Xavier Salazar, Claus Reichel y Andrea Menn, que fueron y son fuentes de inspiración para mis luchas.

Colonia, febrero del 2018

Abreviaturas y siglas

AC	Asamblea Constituyente
AA.CC.	Asociaciones ciudadanas
ADN	Acción Democrática Nacionalista
AFP	Administradora de Fondo de Pensiones
ASD	Alternativa del Socialismo Democrático
CELADE	Centro Latinoamericano y Caribeño de Demografía
CIDOB	Confederación de Pueblos Indígenas de Bolivia
CIU	Comité de Iglesias Unidas
CODEPO	Consejo de Población
COMIBOL	Corporación Minera de Bolivia
CONDEPA	Conciencia de Patria
CNE	Corte Nacional Electoral
CSUTCB	Confederación Sindical Única de Trabajadores Campesinos de Bolivia
CV	Comités de Vigilancia
fbDM	Fundación Boliviana para la Democracia Multipartidaria
FEJUVE	Federación de Juntas Vecinales
FRI	Frente Revolucionario de Izquierda
FSUCCT	Federación Sindical Única de Comunidades Campesinas de Tarija
GTZ	Deutsche Gesellschaft für Technische Zusammenarbeit
IDH	Impuesto Directo a los Hidrocarburos
IFI	Instituciones Financieras Internacionales
ILDIS	Instituto Latinoamericano de Investigaciones Sociales
INE	Instituto Nacional de Estadísticas
LAPOP	Latin American Public Opinion Project
LPP	Ley de Participación Popular
MAS	Movimiento al Socialismo

MBL Movimiento Bolivia Libre
MIR Movimiento de Izquierda Revolucionaria
MIR-NM Movimiento de Izquierda Revolucionaria-Nueva Mayoría
MIP Movimiento Indígena Pachacuti
MNR Movimiento Nacionalista Revolucionario
MRTKL Movimiento Revolucionario Tupaq Katari de Liberación
MSM Movimiento sin Miedo
NDI Instituto Nacional Demócrata para Asuntos Internacionales
NFR Nueva Fuerza Republicana
NPE Nueva Política Económica
ONG Organización no gubernamental
ORBE Organización de residentes bolivianos en el exterior
OTB Organización Territorial de Base
OXFAM Oxford Committee for Famine Relief
PADEP Programa de Apoyo a la Gestión Pública Descentralizada y Lucha contra la Pobreza
PAT Periodistas Asociados Televisión
PI Pueblos indígenas
PIB Producto Interno Bruto
PNUD Programa de las Naciones Unidas para el Desarrollo
PODEMOS Poder Democrático Social
POA Plan Operativo Anual
PTJ Policía Técnica Judicial
SIAM Servicio de Información y Análisis de la Gestión Municipal
UCB Universidad Católica Boliviana
UCS Unidad Cívica Solidaridad
UDP Unidad Democrática y Popular
UDAPE Unidad de Análisis de Políticas Sociales y Económicas
UMSA Universidad Mayor de San Andrés
UN Unidad Nacional
UNESCO Organización de las Naciones Unidas para la Educación, la Ciencia y la Cultura
UNICEF Fondo de las Naciones Unidas para la Infancia
USAID United States Agency for International Development
YPFB Yacimientos Petrolíferos Fiscales Bolivianos

INTRODUCCIÓN

"Hemos guardado un silencio bastante parecido a la estupidez"[1], rezaba una de las pancartas colgadas en el atrio de la Universidad Mayor de San Andrés en La Paz, durante las protestas del 2003, y bien podría resumir el sentimiento de los —hasta entonces— adormecidos movimientos sociales bolivianos de principios del presente siglo.

En 1985 Bolivia estaba sumergida en una crisis económica sin precedentes para la región; para superarla, se implementó un paquete de reformas conocido como Nueva Política Económica (NPE) que abrió el país a la economía de libre mercado a través del polémico Decreto Supremo nº 21060. De esta forma, a principios de los noventa el país era presentado en el contexto internacional como el alumno ejemplar de los organismos financieros internacionales; a esto último sin embargo le precedieron años de aparente subordinación para los movimientos sociales, quienes vivieron su propia descomposición interna. La Central Obrera Boliviana (COB), que había sido durante décadas la fuerza aglutinadora de los sindicatos, sufrió una crisis importante, no solo porque el movimiento minero que la había sostenido se enfrentaba al despido masivo de sus integrantes —al que se lo conoce bajo el eufemismo de *relocalización*— sino también por una falta de consenso en cuanto a ofrecerle un proyecto de país alternativo a la NPE a la sociedad, lo que se vio ahondado por el carácter machista de los dirigentes sindicales, que fueron incapaces de reconocer el liderazgo de movimientos conformados mayoritariamente por mujeres, como el caso del magisterio urbano.

Para finales de los noventa se vislumbraba la perpetuación de un modelo social, político y económico hecho a medida de los intereses de las elites, pero fue a partir del 2000 cuando las cosas comenzaron

---

1 Esa frase pertenece a la proclama insurreccional de la Junta Tuitiva en La Paz (16 de julio de 1809) y Galeano (1971) la recupera para la apertura de su obra, *Las venas abiertas de América Latina.*

a cambiar; no es que este momento sea único en la historia de movilización del país, al contrario, hay antecedentes históricos de levantamientos que aluden a búsquedas y luchas colectivas por la inclusión de mayorías, como por ejemplo la rebelión indígena de 1781 encabezada por Túpac Katari o la rebelión de 1899 liderada por Zárate Willka. Pero el año 2000 marca un punto de inflexión en la historia de los movimientos bolivianos por los alcances que estos tuvieron, como la imposición de una nueva agenda política, la inclusión de nuevos actores políticos, pero también y sobre todo por la articulación de clase y de etnia que se podía ver en las protestas, y será precisamente este punto, las alianzas de clase y etnia, las que llamen nuestra atención a la hora de reflexionar sobre la forma sui géneris de los bolivianos de hacer política y de la tradición de protesta de un país que en menos de dos décadas pasó por la súbita metamorfosis de ser el "niño de afiche de las políticas neoliberales [a] estrella luminosa del movimiento antiglobalización" (Kohl y Farthing 2007: 286).

En este contexto, es necesario preguntarnos: ¿Cómo se llegó a este quiebre histórico? En un país, aparentemente ejemplo de las instituciones financieras internacionales en cuanto a aplicación de reformas, con un gobierno apadrinado por las potencias hegemónicas, con una coyuntura que soplaba a favor del sistema capitalista ¿cómo fue posible que surgiera un movimiento capaz de cuestionar el sistema imperante? Pero sobre todo ¿cómo se activa, se articula y se pone en acción este movimiento? Intentamos, a partir del estudio de caso que analizamos en la presente investigación, la emergencia de nuevos actores políticos —ya no solo como votantes sino también como candidatos— en la ciudad de Tarija, encontrar factores que nos ayuden a hilvanar reflexiones y respuestas a estas preguntas.

No se puede hablar de Bolivia sin hacer mención a su mayoría indígena —en el censo del 2002, el 62 % de sus habitantes se autoidentificaba con uno de los treinta y seis pueblos indígenas que hay en el territorio—, país considerado como uno de los "más indígenas" del continente americano. La referencia a la etnicidad en su contexto social como político se ha hecho intensa, casi sistemática desde finales de los años noventa del siglo pasado, cuando una corriente internacional transformaba la mirada a los pueblos indígenas; de entenderlos como una población a la que había que *domesticar, civilizar e integrar* a la cultura nacional dominante se pasaba a ver a este grupo como una población a la que se le podía reconocer el "derecho a la diferencia". Las razones de este giro son complejas, pero no cabe duda de que parte de ello se debe al surgimiento de los movimientos indígenas, y en particular a aquellos surgidos o integrados por indígenas de las tierras altas bolivianas.

Simplistamente, lo indígena en Bolivia tiende a ser visto como un mundo homogéneo y con cierta intencionalidad política; se habla de esta parte de la población como si se tratara de *una minoría dominada por una mayoría no indígena*. Advertimos, y la presente publicación nos ayudará a demostrar, que la realidad es más compleja y que está atravesada por líneas de división y reacomodamiento que tienen componentes de clase, género y cultura. Para ello proponemos en primer lugar abordar a la etnicidad como una construcción social, alejándonos de las propuestas esencialistas y, por otro, retomar el estudio de las clases sociales, es decir analizar el uso de la autoidentificación en cuanto a etnicidad y clase, como ejes de diferenciación que pueden funcionar de manera relativamente independiente en algunos casos, pero que en otros momentos están entrelazados hasta tal punto que a veces resulta difícil distinguirlos. En este sentido afirmamos que la relación y efecto que una pueda tener sobre la otra no es un tema de poca monta, sino que es, lo intuimos, lo que podría darnos luces sobre el porqué y el cómo del cambio social y político que el país vive actualmente.

A lo largo del trabajo veremos que cada una de las diferentes clases sociales en Bolivia tiene sus "indios" y sus "señores", como una especie de mito que permite legitimar el ascenso social; evidencias sutiles y aparentemente no importantes como la afección por la gordura, los gustos musicales, la manera de comer y de beber, el uso que se le da a la hoja de coca, etc., delatan la puesta en escena de la chola, de la india, de la birlocha, del jailón, del ricacho, del tatita, del chojcho, del choco, del gringo y otros muchos, como distintivos de reconocimiento simbólico, que tan cotidianos en su uso (ya sea impuesto o incluso autodefinido) denuncian implícitamente la trayectoria social a partir del origen étnico del sujeto. Así entonces, el que ciertos trabajos remunerados y también cargos políticos, valoren un tipo de presencia, el que un apellido otorgue un crédito a pesar de la carencia de bienes económicos o, al contrario, que el apellido sirva todavía como un signo que permita poner en duda el conocimiento académico adquirido, muestra que estamos ante una discriminación simbólica de efectos prácticos que da lugar a identidades, que en palabras de García Linera (2000), pueden ser transadas, negociadas e incluso transferidas en la adquisición de otros capitales. Resulta entonces que ni el idioma, ni el origen sociogeográfico, ni siquiera la autoidentificación, parecen ser elementos estables, para que en Bolivia califiquemos de indio[2] a determinado individuo; por eso nos permitimos hablar de *indígenas urbanos*, de *identidades chejes* o de *burguesías cholas*; caleidoscópicas clasificaciones que, creando espacios simbólicos de respetos, desprecios y valores, parecieran contradictorias en cuanto a la contraposición de las palabras, pero que están vivas y son ejemplos concretos de la etnicidad estratégica que los indios han elegido para su sobrevivencia.

En este contexto, comprobaremos en las siguientes páginas que lo característico de la realidad (todavía colonial) de la sociedad boliviana tiene que ver con la presencia del capital étnico, como un capital específico y fundamental en la construcción de las condiciones objetivas de clase; sin embargo, aunque este capital, el étnico, atraviesa la eficacia de todos los demás capitales (económico, social, político) y crea su propio campo de distribución, competencias y posicionamientos por su control, se trata también de un capital que actúa bajo una lógica plástica y estratégica que los amantes de las continuidades ancestrales no quieren ver, y que fueron la base para alianzas que han cambiado la estructura política del país. En nuestra investigación observamos que los inmigrantes de las tierras altas en Tarija hacen alusión a su carácter étnico y ponen en escena su identidad india, reafirmando su carácter de ser "los otros"; sin embargo no se centran en esto. ¿Por qué? Se miran a sí mismos más como inmigrantes que como indígenas, hacen uso de recursos identitarios que no habíamos visto en otros grupos y será precisamente la plasticidad en la forma de construir su identidad una de las cosas que más llame nuestra atención. La interpelación, la resistencia, las alianzas, son elementos que creativamente pondrán en el debate político, elementos que haciendo

---

2 Me permito el uso de la palabra *indio* como referente de rebeldía e interpelación al uso del discurso indigenista y recurro a la siguiente cita para reafirmarme: "Como indios nos han dominado, como indios nos vamos a liberar" (Juan de la Cruz Villca, líder katarista, en Ticona, 2003: 68).

uso de una memoria colectiva bien pueden trasladar desde ámbitos domésticos a públicos y viceversa sin problemas; el cómo, el cuándo, el para qué y la descripción de las estrategias es lo que va a ocuparnos en las siguientes páginas.

Invitamos al lector a un viaje imaginario por el contexto socio-político de Bolivia y luego por la realidad social de Tarija, lo invitamos a acompañarnos en una lectura que pretende romper el estereotipo de que los indios (o quienes se identifican como tal) son seres necesitados de la filantropía internacional, que encerrados en reservas están llamados a guardar lo que otros en nombre del desarrollo han destruido y que su influencia podría quedarse enmarcada en temas sobre cultura y medio ambiente. Aquí hablamos de política, de la política de la identidad étnica y de la identidad de clase, y de cómo estas convergen para el caso de Tarija; pero también del papel que la inmigración puede jugar en el cambio político. Resistencia, interpelación, alianzas, conflicto son las palabras claves de este trabajo, que si bien esta inscrito en las Ciencias Políticas, ha echado mano de la Historia y la Sociología para su análisis.

Finalmente, nos referiremos a la estructura del libro, este ha sido dividido en seis capítulos además de la introducción, que es el espacio donde delineamos el cómo se hizo la investigación. En el capítulo referido al *Marco teórico* describimos la base teórica desde la cual concebimos los conceptos, en *Historia, estructuras y contexto de los escenarios de análisis* analizamos el tejido social en el que el estudio va a desarrollarse, a través de una descripción cronológica que busca explicar qué sucedió; en el tercer capítulo, *Movimientos migratorios en Tarija*, analizamos a los actores de nuestro estudio (migrantes y no migrantes), mientras que en el cuarto capítulo, *Escenario político: reformas, actores y prácticas*, explicamos el proceso político boliviano y la puesta en escena de sus actores, recurriendo a las trayectorias y configuraciones de los inmigrantes de las tierras altas en las prácticas políticas de la ciudad de Tarija; en el quinto capítulo, *Capital social en las prácticas políticas*, se encuentra la aplicación al estudio de caso, y finalmente tenemos las conclusiones en la parte referida a *Resumen y reflexión general sobre los hallazgos*, donde delineamos las contribuciones que el estudio aporta, así como las limitaciones y las propuestas para futuras investigaciones. Esperamos entonces que este estudio contribuya al debate, tanto académico como a aquel generado por quienes son los responsables de la aplicación de políticas en el país, y que ayude a promover el interés investigativo por Bolivia.

Sobre el enfoque, objetivos e intereses que guían la investigación

La experiencia en investigaciones anteriores, en y sobre Bolivia, nos mostraba que un tema originado en la teoría puede contar con una amplia base de argumentos, conceptos y referencias, pero que se corre el riesgo de que si esta teoría no ha sido elaborada paralelamente a un acercamiento al objeto de estudio empírico previo, el marco conceptual pre-elaborado no siempre coincide. También es común —según nuestra experiencia— presentar un marco teórico coherente y convincente, que a la hora de ser aplicado en el trabajo de campo choca con la negativa en el acceso a la fuente de información primaria, ya sea porque los entrevistados no quieren hablar sobre el tema, ya sea porque no se cuenta con los contactos suficientes para una aproximación, o porque simplemente la coyuntura no es favorable a la investigación objetiva del tema, o por falta de datos. En el presente caso, trazamos un bosquejo teórico previo que nos permitió pincelar los temas que queríamos abordar, después definimos los conceptos a tratar y paralelamente nos contactamos con el acceso a la fuente de información primaria, las puertas se fueron abriendo y así dimos por iniciada la investigación.

La reflexión que guía esta investigación surge de la necesidad de demostrar que el cambio político y social que Bolivia vive en el presente siglo tiene un proceso de incubación de aproximadamente dos décadas; el resultado de este proceso no es obra de un partido y mucho menos de un líder en concreto, el triunfo de un primer presidente indígena "producto de la migración interna del país" (Sivak 2008: 51-79) es el resultado de la lucha de cientos de bolivianos y no bolivianos de a pie, de sus reflexiones, sus organizaciones, sus coaliciones, sus alianzas y su forma de hacer política. Por eso nos interesa ver este proceso, no como algo mediático sino más bien en el más amplio sentido del concepto de *proceso*, y nos proponemos superar la rigidez del enfoque en dos sentidos: en primer lugar estudiar el fenómeno de la migración interna sistemáticamente y el impacto que esta pudo tener en la coyuntura política del país. En segundo lugar, y desde un enfoque teórico, proponer una interpretación que muestre los límites de los enfoques dominantes[3] en los temas de estudio y que abra nuevas perspectivas para entender el cambio en la estructura política boliviana.

El objeto de estudio de la presente investigación es la transformación de los inmigrantes de las tierras altas (en Tarija) en actores políticos activos y su participación en la esfera política; para ello nos planteamos como objetivo general aplicar la teoría de capital social en la comunidad de inmigrantes de tierras altas en Tarija y de esta manera explicar su incursión y participación en los cambios políticos que el país vive desde comienzos del presente siglo; pero además entre nuestros objetivos específicos nos planteamos la identificación de los pasos procedimentales del recorrido migratorio de los actores con el objetivo de reconstruir su lógica interna, la misma que guía su participación, demostrando de esta manera que son estos los actores del cambio en la estructura política actual. Para ello privilegiamos la atención a las relaciones de redes desde una perspectiva holística en la que el capital social se relaciona con otras formas de capital. Nuestro propósito es presentar un estudio de caso utilizando la combinación de las variables migración y política a través del hilo conductor de la teoría de capital social, y con ello nos planteamos la siguiente hipótesis: La migración interna es un factor importante en el cambio de la estructura política de Bolivia de principios del siglo XXI, y el estudio de caso de Tarija nos permite distinguir las consecuencias de la migración interna en la política boliviana.

Entendemos la teoría del capital social como una herramienta teórica que por su versatilidad y su riqueza se adecua a nuestros requerimientos[4]. Estructuralmente es un puente que conecta, pero también

---

3 El enfoque dominante sobre migración en Bolivia se refiere a la migración transnacional, y en el campo político se da prioridad al partido gobernante del MAS como protagonista del cambio político que el país vive.

4 Somos concientes de que la teoría del capital social convertida en políticas ha puesto énfasis en el dinamismo de las redes familiares y locales que dependen en definitiva de la agencia individual, con la pretensión simplista de que la exclusión puede superarse a través de la utilización de lazos sociales; en este estudio tomamos distancia de esta posición e intentamos a través del estudio de caso, explicar al lector de que es, justamente, la falta de lazos sociales lo que define la

un dispositivo que se retroalimenta, de la fuente de información que le ofrece tanto el ámbito político como el ámbito migratorio de nuestro estudio de caso; la siguiente figura lo explicará de forma más gráfica:

Figura 1.

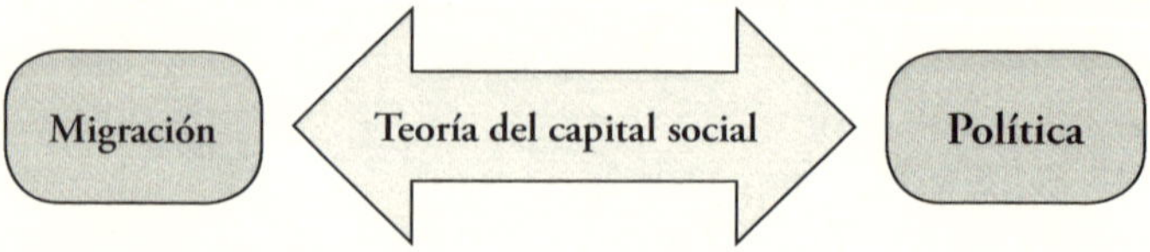

Las preguntas que guían el recorrido de la presente investigación giran en torno a saber si es posible leer la migración interna boliviana como una alternativa de reivindicación política en la diversidad y la heterogeneidad de sus habitantes; nos preguntamos entonces si los movimientos sociales bolivianos son producto de una memoria colectiva que se ha mantenido y difundido con la migración interna, y en este ámbito si será posible que su exclusión de ámbitos e instituciones formales y estructuras socioeconómicas estimule a ciertas partes de la población a profundizar lo que es *suyo* desembocando en construcciones alternativas y (probablemente) más incluyentes. Queremos saber también qué cambios experimentó el mapa político en la primera década del presente siglo y cuáles son las causas y consecuencias más contundentes en el ámbito político, por ello desembocamos en la interrogante sobre la actual composición del poder (o las instituciones que sustentan el poder) en regiones receptoras de inmigrantes, como el departamento de Tarija donde fue realizado el estudio de campo.

Tarija vivió tardíamente el denominado *ciclo rebelde*[5] que vivió intensamente Bolivia, le llegó recién a partir del 2008. Recordemos

situación de exclusión, pues como veremos también, la utilización de las abundantes y beneficiosas redes de privilegio, quedan legitimadas por una conceptualización que obedece a la lógica de lo que Bourdieu (2000) llamaría "dinámica de reproducción social".

5 Denominamos "ciclo rebelde" a una etapa histórica que concatena momentos de latencia, empoderamiento y re-emergencia de los movimientos sociales en

que Santa Cruz[6] y Tarija fueron en su momento los casos más emblemáticos en los pedidos de autonomía y desde sus comités cívicos —actualmente la oposición más férrea al partido de gobierno actual— llegaron a plantearse incluso la posibilidad del secesionismo. Ambos departamentos fueron aliados estratégicos en la llamada "media luna"[7], pero además son estadísticamente los más importantes en cuanto a recepción de la inmigración interna en el país. El segundo punto relevante para nuestra elección fue pensado desde el interés por un aporte constructivo y crítico al debate polarizado que vive el país, es decir, cuando se habla sobre los temas regionales de Bolivia se entiende como si el problema fuera solo entre oriente y occidente; con la presente investigación queremos demostrar que el tema es complejo e involucra a todo el país. Así por ejemplo cuando se trata de debatir sobre los cambios políticos y sociales de la Bolivia del siglo XXI, la tendencia es avivar y mantener la dicotomía simplificada de kollas y cambas, oriente y occidente, ricos y pobres, indígenas y no indígenas; esto obedece, en parte, a la tendencia que existe por apoyar

Bolivia, articulándose estos en torno a la lucha contra un contexto de matriz colonial que ha producido un empobrecimiento galopante de los sectores subalternos. Varios autores (García Linera 2004a, Patzi 2003, Schorr 2012, Cabezas 2007) coinciden en apuntar que este período se define entre el 2000-2005 y que se caracteriza por las masivas protestas que interpelan, cuestionan y critican la forma excluyente del Estado, así entonces tenemos a la llamada "Guerra del Agua" en el 2000 y el levantamiento popular de septiembre de 2000, ambos en Cochabamba pero con alcance nacional, el bloqueo de caminos de junio del 2001 en La Paz, la revuelta de los cocaleros en febrero del 2002 en la zona del Chapare, el "febrero negro" en el 2003, la "Guerra del Gas" entre septiembre y octubre del 2003, que comenzó como el pedido de liberación de presos políticos y acabó con la renuncia de un Presidente, la movilización alteña para expulsar a Aguas del Illimani en enero del 2005 y las movilizaciones de junio del 2005.

6 Sobre el caso cruceño, véase Pedraza 2011, Maclean 1987, Román 2004, Peña y Boschetti 2008, Waldmann 2008, Antelo 2003, Molina *et al.* 2008, Paredes 2003.

7 Este término se refiere al gráfico que provoca en el mapa de Bolivia la unión de los departamentos de Santa Cruz, Beni, Pando y Tarija. Uno de los factores que unió a los comités cívicos de estas regiones fue el querer diferenciarse del occidente altiplánico. En algún momento la media luna llegó a plantear la división del país, y más tarde el discurso se transformó en el pedido de las autonomías. Llama la atención que el tema de planteamientos desintegradores no es para nada novedoso, sino que trastoca la historia boliviana llegando incluso a las épocas de la colonia. Para más detalles sobre temas separacionistas nos remitimos al trabajo de Potthast y Hensel (1999).

el camino de la polarización. Tarija no es considerada ni el occidente ni el oriente, es el sur por su situación geográfica y se habla de chapacos cuando la discusión es sobre cambas y kollas.

Si bien no hemos encontrado trabajos que incluyan en un mismo análisis las variables política y migración para Bolivia, y la literatura respecto a migración interna y/o sobre desarrollo político y en el departamento de Tarija es muy escasa, los pocos estudios sobre inmigración acaparan o se concentran sobre todo en los departamentos del denominado eje troncal (La Paz, Cochabamba, Santa Cruz) o regiones como El Alto, y nos hablan más de migración de bolivianos hacia países como España, Argentina, Estados Unidos o Brasil. De allí que vimos que el enfoque dominante en el estudio de la migración en Bolivia es la referida a la migración transnacional, y cuando se refiere a migración interna la mayoría de —si no todos—los estudios están orientados a la migración campo-ciudad. Por su lado el Estado boliviano no tiene una política de población definida formalmente[8], sino que esta depende fuertemente de los intereses de los gobiernos de turno; eso significa que lo que se ha hecho o investigado en la materia responde más a demandas de las cooperaciones u organismos internacionales, y que sus resultados responden más a políticas internas de quien financia la investigación que a las demandas de un análisis objetivo del fenómeno[9]. Los escasos estudios que abordan —de forma transversal— el tema de migración interna en Bolivia han

---

8 Un ejemplo de esto se ve en el caso de CODEPO (Consejo de Población), que en el 2007 fue transferido al Ministerio de Desarrollo y no es más una oficina independiente ni tiene la fuerza que tuvo en gestiones anteriores. Durante más de siete meses su biblioteca estuvo cerrada (lo comprobamos en el estudio de campo del 2008). En febrero del 2009, cuando se intentaba reconstruir esta biblioteca, fuimos testigos de que material importante había sido penosamente acumulado en bolsas plásticas sin el debido cuidado, pero además los encargados nos explicaron que en el traslado valiosos documentos habían sido maltratados y su recuperación era imposible.

9 Sobre la manipulación en los datos estadísticos y su consecuente interpretación podríamos citar el ejemplo de los datos que hablan sobre el tamaño de la población en Bolivia. En este sentido, recomendamos una mirada a los datos recogidos entre 1999-2004 por el INE (Instituto Nacional de Estadísticas), pero también a los que, en el mismo rango de tiempo, manejan el LAPOP (Proyecto de Opinión Pública de América Latina) y el PNUD (Proyecto de Naciones Unidas para el Desarrollo); podemos adelantar que las diferencias son abismales.

sido considerablemente pragmáticos en sus enfoques, pues se centran en la variable económica como causa y como efecto del fenómeno migratorio. De allí que hagamos hincapié en nuestro cuestionamiento al pre-juicio de que solo se migra a lugares más urbanos y que como veremos esto no siempre pasa; es posible también que sean los inmigrantes quienes conviertan su lugar de destino en una ciudad más urbana.

Aspectos metodológicos

En la búsqueda por llegar de lo abstracto a lo concreto, presentamos una investigación analítica desarrollada desde la práctica de los inmigrantes de las tierras altas en Tarija y sustentada en un marco teórico, con la intención de conocer la participación de la población inmigrante en las esferas políticas y sociales de la sociedad que los acoge; para ello recurrimos en primera instancia al análisis histórico, conscientes de la importancia de la comprensión del devenir de la comunidad inmigrante para la lectura de sus transformaciones, pues:

> La investigación histórica significa estudiar y examinar los fenómenos como producto de un determinado desarrollo, desde el punto de vista de cómo han aparecido, evolucionado y llegado al estado actual. Como procedimiento propio de la investigación teórica, esta modalidad no toma en consideración cualquier cambio (aunque sea cualitativo), sino tan sólo aquel en que se expresa la formación de propiedades y de nexos específicos determinantes de la esencia y de la peculiaridad cualitativa de las cosas. [...] [L]o histórico expresa el proceso real del origen y la formación de un objeto dado y lo lógico, la relación —las leyes de enlace e interacción entre sus dos aspectos— que existe ya desarrollada. Lo histórico es respecto a lo lógico, lo que el proceso de desarrollo respecto a su resultado, en el cual los nexos se van estableciendo sucesivamente en el decurso de la historia y han alcanzado "plena madurez". Esta concepción se le identifica muchas veces en término de "método histórico" (Cerda 2005: 59-60).

Investigar las relaciones entre las prácticas y construcciones locales de la inmigración y las estructuras de exclusión/inclusión requiere de una metodología que reconozca la complejidad de la relación entre sujetos individuales y estructuras objetivizadas, por ello trabajamos de manera interpretativa en el caso del material documental al cual tuvimos acceso, si bien no profundizamos en las reglas de la formulación de las normas —leyes o decretos—, porque nuestro estudio no es de carácter jurídico, sino que nuestro interés se centró en el vínculo de las normas con el proceso histórico.

El enfoque metodológico sobre el que elaboramos el cuerpo de la investigación integra el interaccionismo simbólico, el método etnográfico/hermenéutico y la codificación teórica. Del primero extrajimos el criterio de la importancia que revisten los significados sociales que las personas asignan a las cosas del mundo que las rodea (Chiriboga *et al.* 2001, Blumer 1982); como nuestro objetivo es un estudio a través de las percepciones de cotidianeidad en un determinado espacio geográfico, nos pareció imprescindible recurrir al método hermenéutico —porque lo concebimos como una técnica que tiene como característica interpretar y comprender, para desvelar los motivos del actuar humano (Nava 2001)— y finalmente al método de codificación teórica, que nos permite la construcción de conocimiento sobre la base de conceptos, pues considera que la recolección de datos está intrínsecamente ligada a su interpretación. Así entonces, los procedimientos de análisis de este enfoque nos permiten reconstruir las representaciones en dos etapas, por un lado un análisis descriptivo que reconstruye inductivamente categorías generales a partir de elementos particulares, así como contenidos socialmente compartidos por medio de comparaciones de representaciones singulares, y por otro un análisis relacional que reconstruye la estructura interna de las entrevistas, es decir las relaciones y jerarquías existentes entre sus diferentes contenidos (Strauss y Corbin 2002).

En cuanto a los criterios que guiaron la metodología, nos enfocamos primero en el *inductivo*, porque a partir de los datos obtenidos buscamos la teoría que creímos correspondiente para explicar los hechos; y en el *holístico*, porque la observación de la población meta de la investigación se hizo en el contexto donde esta actúa. Subrayamos el uso de la estrategia de *construcción de mapas* que nos "suponen un acercamiento formal a partir del cual se construyen esquemas sociales, espaciales y temporales de las interacciones entre individuos e instituciones, organigramas de funcionamientos, utilización de espacios, tipologías de actividades, etc." (Pérez 1994: 14). Así, por ejemplo, las primeras observaciones del cuaderno de campo fueron la base del primer mapa que nos resultó fundamental para distinguir los componentes: *acción colectiva y redes.*

Desde el comienzo fuimos conscientes de la posible resistencia —por parte de los inmigrantes y de los no migrantes— a nuestra investigación, no solo porque este estudio significaba poner sobre la mesa temas y puntos que los propios actores se niegan a tocar, sino también porque, en Bolivia, la mayoría de las veces resulta complicado explicar el porqué de la investigación:

> Es más, un intento de declararlo de entrada puede crear malentendidos. Se debe recordar que en Bolivia, "investigación" es algo que hace la PTJ [Policía Técnica Judicial], es decir, se asocia con actividades ilegales y conduce a algún tipo de castigo. La actividad de recoger datos en sí se asocia con entidades del Estado, como la Renta, y se sospecha que se dirige a identificar a los incumplidos (que no tienen títulos de sus casas o terrenos, no han pagado impuestos, no han registrado el nacimiento de sus hijos...). Dado que la búsqueda de conocimiento como tal carece de significado para la mayoría de la población, cuando el/la investigador/a la declara y explica, de todos modos suele ser descartada y se busca otra explicación más comprensible: se trata de un/a espía, está relacionado/a con algún partido político o la Renta, etc. Hacer aprobar el proyecto con los dirigentes cupulares o en una asamblea, no garantiza que las bases en general se sientan obligadas a colaborar con la recolección de datos (Spedding 2006: 147).

En este contexto reflexionamos sobre cómo explicar a los actores los propósitos del estudio, nos preguntamos muchas veces si era ético comenzar con la pre-noción de que entrábamos a un espacio de discriminación —incluso de racismo—, de machismo y de enfrentamiento. Sin resolver la duda, nos presentamos ante los dirigentes sindicales y barriales y también ante los miembros del Comité Cívico y les expusimos el objetivo; fue entonces que comprendimos que había que intentar superar las prenociones para poder percibir, entender y explicar aquello con lo que íbamos a encontrarnos. Las acreditaciones y/o permisos escritos nos posibilitaron acceder al espacio, pero no nos aseguraban el acceso a información, esta debía ser negociada, de acuerdo a quien correspondiera, en cada ámbito que abordábamos.

El trabajo de campo

El comienzo del trabajo de campo lo dedicamos a una revisión sobre nuestra propia posición respecto al tema que investigábamos, es decir, nuestras experiencias, los conocimientos previos adquiridos, lo que nos había motivado a escribir sobre el tema, la agenda de contactos personales e institucionales con la que contábamos. Elaboramos un mapa de las organizaciones, instituciones y personas (autoridades, dirigentes, etc.) que de alguna forma estaban vinculadas con nuestro tema. En principio la lista fue larga, pero a medida que avanzábamos el círculo fue cerrándose y la lista acortándose, esto permitió visualizar las demandas, las acciones colectivas y la base de movilizaciones que caracterizan a las organizaciones de migrantes; pero también nos permitió el ejercicio de la autoubicación, que de acuerdo a Rance y Salinas (2001) sirve para identificar desde qué punto estamos mirando el mundo del otro, ya que "la investigación cualitativa no es en modo alguno una sucesión de etapas que se cumplen de manera lineal" (Rodríguez *et al.* 1997: 66), pues se trata de un proceso en el que la investigación se retroalimenta de forma dinámica, intentando comprender la realidad desde la práctica.

Ya en los primeros días de nuestra estadía comprendimos que, para evitar frustraciones, era necesario realizar el trabajo de campo en base a un esquema de acción flexible, por lo cual las fases del proceso estuvieron sujetas a la dinámica del acontecer de la sociedad donde desarrollábamos el trabajo de campo; ello significó acomodar la agenda de acuerdo a los percances con los que nos encontrábamos. La epidemia del dengue que sufrieron las tierras bajas de Bolivia durante nuestra estadía más larga, los sucesivos bloqueos durante los viajes, los momentos de emergencia que tuvieron los movimientos que queríamos entrevistar, la cancelación de vuelos sin previo aviso por parte de la única línea aérea que por entonces operaba en Bolivia son algunos de los muchos ejemplos que podríamos citar. Sin embargo, tenemos que reconocer que estos percances sirvieron también para comprender la dinámica del país que tenemos como centro de estudio y ordenar nuestras reflexiones teóricas.

Las entrevistas abiertas permitieron que los entrevistados se expresaran en sus propios términos, utilizando palabras cotidianas o culturalmente definidas, lo que facilitó la identificación del uso de un discurso propio y la reformulación de algunos términos que, en un principio, se daban como obvios pero que dentro del ámbito del quechua, por ejemplo, descubrimos que pueden tener significados distintos. Así, obtuvimos información a partir de significados, contextos y situaciones, captando la visión subjetiva de los propios actores en el marco semiótico. La información recogida en las entrevistas fue complementada con observaciones directas no participantes, como la asistencia a reuniones de padres de escuelas de mayoría inmigrante, a reuniones realizadas en sindicatos o fraternidades de grupos culturales con mayoría inmigrante, a reuniones abiertas del Comité Cívico, a jornadas informativas sobre las propuestas para la reforma de la Constituyente, a actividades culturales y políticas de los barrios de inmigrantes, todas estas con el fin de dar significado a la información recogida y reconocer los principales intereses y demandas.

En cuanto a la elaboración de las entrevistas, comenzamos por el diseño de una pauta semi-estructurada, la cual abordaba los principales elementos definidos en el estudio; esta pauta procuró en todo momento ser lo suficientemente flexible, de manera que durante el proceso de la entrevista pudiera ser complementada o reformulada en virtud de las necesidades de información detectadas. Se establecieron tres tipos de registro: nombre, pseudónimo o cargo que desempeñan (o desempeñaban) en sus organizaciones. Recurrimos a una nomenclatura específica para nominar a los entrevistados, ello como una forma de respetar el derecho a, pero también a solicitud de, confidencialidad en la información; al concluir cada entrevista se consultó a los participantes cómo querían que se los citara en el estudio. Las entrevistas fueron analizadas de forma individual, reconstruyendo la realidad del entrevistado, para ello se utilizó el método de codificación teórica, que nos permitió construir una matriz comparativa de categorías que facilitó el análisis de códigos y relaciones; esta se encuentra en el anexo nº 1.

Cuando registrábamos los comentarios u opiniones teníamos el cuidado de registrar el contexto en el que estos eran emitidos. Esto nos permitió identificar desde qué escenario teórico tendríamos que abordar el tema, y percibir los inconvenientes que tendríamos que superar, pues "a medida que las ideas teóricas se desarrollan y cambian, también cambia lo que es significativo y lo que debe ser incluido en las notas de campo" (Hammersley y Atkinson 1994: 198); entonces pareció necesario desarrollar una metodología que pudiese reconocer las construcciones colectivas como procesos simultáneos "de arriba hacia abajo" y de "abajo hacia arriba"; respetando a la comunidad como actor central en la construcción de sus hegemonías (Saldías 2008), eso significó incluir técnicas de investigación como el levantamiento de testimonios y análisis de discursos. Finalmente, el trabajo de hemeroteca nos permitió, entre otras cosas, una aproximación con la historia de la migración interna y la formación de los movimientos sociales, pero también, y esto fue esencial, la autopercepción sobre el problema que tratábamos.

Estado de la cuestión y consideraciones en los estudios revisados

Como lo adelantamos, la mayoría de las investigaciones sobre migración están dedicadas a los emigrantes bolivianos en Argentina, Brasil o Chile y (en los últimos años) en España y otros países europeos. Los datos estadísticos hablan de cientos de miles de inmigrantes bolivianos en Italia, por ejemplo, donde, según medios italianos, en Bérgamo las cholas bolivianas han inmigrando con sus ropas indígenas y sus costumbres y se las puede ver paseando sus polleras por las céntricas calles de esta ciudad italiana (Marzadro 2009). Un trabajo de carácter biográfico sobre la comunidad de inmigrantes bolivianos en Suecia nos habla de la realidad de los exiliados bolivianos de las dictaduras que decidieron quedarse, pero también de aquellos que viven en vilo por causa de la, así llamada, ilegalidad (Montecinos 2008). Vale la pena mencionar la existencia de una radio en Estocolmo que emite su programación en español y quechua. Hacemos hincapié en la ausencia de trabajos que nos hablen sobre el tipo de migración boliviana que hay en países como Alemania, donde la sobrevivencia sin el permiso de residencia correspondiente está entre los más restrictivos del mundo, y donde los migrantes se enfrentan no solo a un idioma sino a un episteme lejano al suyo. Los inmigrantes son entonces —en muchos casos— parejas bi-nacionales que por matrimonio o convivencia llegan al país; es un tipo de migración sui géneris y que merecería una mirada más profunda; por otro lado, para más detalles léase la prensa (DW 23.05.10, RBB 27.05.12) sobre cómo esta comunidad mantiene el contacto cultural con el país de origen y la lucha por mantener sus ritos y tradiciones en sus hijos, los cuales muchas veces conocen el país de sus padres solo por fotografías y referencias.

Siguiendo un recorrido por las últimas décadas de trayectoria sobre el conocimiento acumulado en cuanto a emigración en Bolivia encontramos trabajos de corte, por ejemplo, antropológico que plantean casos de estudio de la población objetiva (los migrantes); también los trabajos sociológicos, que a partir de información a nivel censal y muestral infieren los rasgos que comparte la mayor parte de la población, y los económicos, que tienen como base el estudio de las remesas. En este sentido podemos ver los trabajos de Hinojosa (2004, 2004a, 2008, 2009), Bologna (2003), Benencia y Karasik (1995), Godard y Sandóval (2008), pero también a Caggiano (2005), Cortés (2004), De la Torre (2006), Roncken (2009), Domenach *et al.* (2007), Marzadro (2009) y Martin (2012).

Los estudios sobre migración interna representan una ínfima parte respecto a otros campos de investigación dentro del tema migratorio, y la mayoría de ellos nos habla de una migración campo-ciudad, tal es el caso de Andersen (2002) o CODEPO (2004). Vargas (2005) habla de municipios y Mazurek (2007, 2007a) y D'Andrea y Martin (2007) toman como base a las regiones. En el campo histórico es importante remarcar el trabajo de Dillehay y Núñez (1979), Murra (1975) y Saignes (1987), que analizan las migraciones de la época colonial y pre-colonial. La revisión bibliográfica nos obliga una vez más a redundar en aquello que venimos aseverando, el espacio de debate académico boliviano es reducido, polarizado y centralizado —siempre en las ciudades del eje troncal—, de allí que se justifique también el aporte del presente estudio.

Sobre la teoría del capital social en general, vemos que la mayoría de los estudios están orientados a explicar el desarrollo económico o el funcionamiento del sector público, pero también la gestión de las organizaciones, la estabilidad de los sistemas democráticos determinando las causas de tasas de desempeño institucional y de desarrollo económico de una región respecto a otra, pero esto siempre en un mismo país, como lo hicieron Putnam *et al.* (1994), por ejemplo, o como en el caso de Portes (1995), que buscó comprender los resultados que logran ciertos grupos de inmigrantes respecto de otros en el acceso a puestos de trabajo, en condiciones de oportunidades similares. Sin embargo los trabajos de Paxton (1999) o Stone y Hugues (2002) son ilustrativos sobre la debilidad de la teoría en cuanto a la medición de las variables, es decir, sobre el tipo de preguntas que se utilizan para medir aspectos como la confianza o la reciprocidad, pues estas pueden tener distintas interpretaciones dependiendo del contexto en el que se apliquen, por lo que Knack y Keefer (1997) advierten del peligro de hacer generalizaciones de los resultados. Stone y Hugues (2002) advierten además que aunque la literatura teórica enfatiza la importancia de distinguir entre *bonding*, *bridging* y *linking*, pocas veces los investigadores lo toman en cuenta en los trabajos empíricos. Al igual que sucede con el desarrollo teórico, el desarrollo empírico del capital social tampoco ha quedado exento de la polémica. Las principales controversias están, por ejemplo, en la creación de instrumentos pertinentes, la disponibilidad de datos adecuados y, principalmente, en la definición de variables e indicadores que puedan ser directamente relacionados con el capital social; para una mejor apreciación de lo expuesto véase Woolcock y Narayan (2000), Portes (1998), Inkeless (2000) o Grootaert *et al.* (2002).

Sobre la teoría del capital social aplicada a la realidad boliviana, destacamos dos trabajos, Banco Mundial (1998) —aunque tal vez vale la pena subrayar nuestra crítica a este, primero por la representatividad de su muestra y segundo por la construcción de sus variables en las encuestas— y Sánchez (2007), quien aborda las posibilidades de desarrollo en los municipios a través del capital social.

Hasta aquí hemos querido presentarle al lector un mirada general de cómo se hizo esta investigación, las preguntas que la orientaron, el material con que contamos y el uso que le hemos dado, pero también las restricciones y limitaciones, que, lejos de desanimarnos o crear huecos en el trabajo, fueron alicientes y que podrían servir al lector como fuentes para futuras investigaciones. A continuación nos enfocaremos al marco teórico que sustenta nuestras reflexiones.

I. MARCO TEÓRICO

En este capítulo detallamos las teorías, enfoques y conceptos que trabajamos a lo largo del estudio; entramamos estos en una especie de matriz que se convierte en la base de nuestras interpretaciones y traducciones de las representaciones y estructuras del objeto de estudio. Es preciso aclarar que no trabajamos con una perspectiva teórica única sino más bien combinamos posicionamientos que entendemos son complementarios. Así entonces, comenzaremos trabajando el concepto de migración, y allí abordaremos los enfoques y modelos, deteniéndonos en el aporte latinoamericano que se ha hecho para el avance del término *migración*; esto nos interesa para poder aterrizar con conocimiento en uno de los conceptos centrales del tema: la migración interna. Posteriormente vamos a tratar otros conceptos que trabajamos en la investigación y que consideramos centrales para la comprensión del tema.

1. Acerca del concepto de migración

La migración es difícil de definir, complicada de medir, polifacética y multiforme y se resiste a la teorización. (Arango 2000: 45).

La migración es un fenómeno que acompaña a la Humanidad desde sus inicios; de hecho, la civilización misma está desarrollada en base a la dialéctica que se da entre sedentarización e intercambio. Por un lado surge el proceso de aglomeración de los individuos en colectivos dando origen a lo urbano, y por otro lado se produce la especialización y la división social del trabajo, originando la necesidad de un flujo permanente de personas y bienes entre territorios tanto locales como mundiales (Mazurek 2009) en este sentido, las causas e impactos de la migración suponen fecundos campos de indagación que contribuyen al saber acumulado de distintas disciplinas, lo cual también ha generado un elevado número de estudios registrados sobre el tema. Pese a ello, autores como Arango (2000), Herrera (2006) o Petersen (1975), entre otros, señalan la ambigüedad conceptual del fenómeno, que está ya dada al momento de distinguir entre quién debe ser considerado un migrante y quién no. Por esto, se considera necesario el ajuste constante en las formas de explicar y abordar el estudio de las migraciones, y esto incluye también comprender el concepto de la migración como un proceso.

Son varias las definiciones que sobre migración se han escrito, sin embargo para el presente estudio tomamos una concepción general que delinea el tema y otra más específica para dar cuenta de la perspectiva que abordará el presente estudio. En la concepción general estamos de acuerdo en que:

> Desde del punto de vista demográfico, se suele denominar migración al desplazamiento que trae consigo el cambio de residencia del individuo, de un lugar de origen a uno de acogida y que conlleva el traspaso de divisiones geográfico administrativas, bien sea al interior de un país (regiones, provincias, municipios) o entre países. Se habla de estadías no inferiores a un año, sin embargo la medición está determinada por la definición que al respecto haga cada país (Oso 1998: 33).

Esta definición pone como elemento a tener en cuenta la demarcación geográfica, un tema importante para nuestro estudio que trata de la emigración de las tierras altas bolivianas hacia otras regiones del mismo país, pero también hace una puntualización acerca del tiempo de duración de las estadías. Por otra parte, se precisa que:

> Serán consideradas migraciones los movimientos que supongan para el sujeto un cambio de entorno político-administrativo, social y/o cultural relativamente duradero; o, de otro modo, cualquier cambio permanente de residencia que implique la interrupción de actividades en un lugar y su reorganización en otro (Blanco 2000: 17).

Se habla de un cambio no solo político, administrativo o social, sino también cultural, que es el punto que para nuestro tema nos interesa explorar, así como el tema de la reorganización en su nuevo lugar de residencia.

Hemos dicho al principio de este subtítulo que vamos a entender la migración como un proceso, en este sentido seguimos a Tizón (Tizón *et al.* 1993), quien identifica como primera etapa la *preparación*, una etapa donde las personas hacen una valoración de lo que tienen y de lo que desean conseguir en el futuro, tomando conciencia de lo que están viviendo y valorando la información que reciben de otros inmigrantes, dando a veces lugar a idealizaciones; una segunda sería el *acto migratorio*, aquí la convicción de que se regresará tiene una función muy importante para el migrante, ya que facilitará la decisión de partir (el traslado puede ser directo o por etapas); después está el *asentamiento*, aquí entra en escena el tema del manejo de conflictos, pues se puede llegar a una adaptación primero y a una integración después, o si se agudiza la situación dar paso a actitudes regresivas; finalmente tenemos la *integración*, en esta etapa el inmigrante no solo conoce la nueva cultura, sino que empieza a sentirse uno más entre los otros habitantes, lo que unas veces implica una renuncia a viejas pautas culturales y otras dejar estas en la intimidad del hogar, pero también puede darse la acomodación, es decir, aceptar las nuevas reglas y pautas culturales para no entrar en conflicto

El estudio que usted tiene en las manos ha sido construido estructuralmente por estos momentos, es decir, asumimos la *preparación* como el capítulo donde explicamos la historia, estructuras y contextos de los escenarios de análisis; el *acto migratorio* lo reflejamos en el capítulo que se refiere al movimiento migratorio en Tarija; sobre el *asentamiento* nos enfocamos en el escenario político, y finalmente, sobre la *integración* —que no damos por sentada sino que llegamos a ella a través de interrogantes—, será descrita y analizada en el capítulo dedicado al capital social en las prácticas políticas.

Para hablar de los *tipos de migración* son varios los criterios que se toman en cuenta, sin embargo, para el presente estudio seguimos los parámetros que Petersen (1975), Herrera (2006), Tizón *et al.* (1993) y Blanco (2000) utilizaron en sus estudios, debido al encaje del estudio de caso que llevamos a cabo. Las migraciones entonces pueden definirse según el tiempo (estacionales, temporales, de varios años, indefinidas), según la edad (infantil, de adultos, de ancianos), según el grado de libertad (voluntarias, forzadas), según el límite geográfico (internas, internacionales) y según la causa (ecológicas, políticas o económicas).

Sobre el *estudio de las migraciones*, dos grandes líneas guían el desarrollo teórico en el estudio de las migraciones. La primera centra su atención en las implicaciones psicosociales del hecho de migrar, es decir, se estudia la migración desde el análisis de factores culturales. La segunda línea defiende que el motor de las migraciones son las disparidades regionales a nivel de renta y volumen de empleo. El exponente más célebre de esta corriente es Ravenstein[1], que enuncia los factores *push-pull* como una serie de elementos asociados al lugar de origen que empujan (*push*) a abandonarlo al compararlos con las condiciones más ventajosas que existen en otros lugares (factores *pull* asociados al posible destino). Coincidimos con Zúñiga (2009: 72) cuando señala que este enfoque "no proviene de la razón científica, sino [que] responde a una querella política y ética". En todo caso, nuestro estudio se centra más bien en las fronteras, entendidas estas como lugares de generación de nuevas identidades, es decir nos distanciamos de aquellos enfoques que hablen de *lugares de expulsión* (*sic*) o de *lugares de atracción* (*sic*).

Los numerosos aportes sobre migración se alinean en cuatro *teorías explicativas*; haremos un breve repaso de ellas para justificar la adscripción de nuestro trabajo en la última teoría.

1. *La teoría neoclásica*. Fue la primera teoría sobre la migración. Está basada en principios como la elección racional, la maximización de la utilidad, los rendimientos netos esperados, la movilidad de factores y los diferenciales salariales. En este sentido el migrante es simplificado como una mera fuerza de trabajo. El predecesor directo de la teoría neoclásica es Lewis (1954), aunque su máximo exponente sea Stark (1991), quien concibe la migración como una estrategia familiar que procura la maximización en los ingresos; su estudio es ampliado por Ranis y Fei (1961) ofreciendo una curva de oferta laboral ascendente determinada por efecto de las diferencias en la remuneración del trabajo. La crítica a este modelo proviene precisamente de la Sociología, y aduce que esta teoría trata a migrantes y sociedad como si fueran homogéneos (Arango, 2000: 37).

---

[1] Ravenstein se ocupó por primera vez del tema en 1885 sobre la base de información del censo británico de 1881, y para 1889 hizo un estudio comparativo con datos de más de 20 países (Lee, citado en Elizaga y Macisco 1975), el autor concibe principios a los que da peso categórico, elevándolos a la calidad de leyes de la migración.

2. *La teoría de los factores push-pull.* Esta teoría considera como móviles de la migración tanto las condiciones prevalecientes del lugar de origen como las de destino, y destaca las motivaciones personales de los migrantes que, tras un análisis de racionalidad instrumental, les induce a elegir libremente entre las oportunidades que ofrece el mercado dentro y fuera del país. El trabajo de Taylor (1987) sobre la migración mexicana a Estados Unidos es un ejemplo de la aplicación de esta teoría. Son numerosas las críticas a este enfoque, que le reclaman no tener en cuenta el entorno social ni político y su ahistoricidad, pues el modelo no es capaz de explicar por qué los migrantes eligen unos destinos en vez de otros, ni de reconocer que la migración es un tema social y no individual.

3. *Teorías con perspectiva histórica estructural.* En esta teoría se concibe a la realidad social como el escenario de lucha entre los diversos sectores sociales con intereses contrapuestos; se inscribe por tanto dentro del ámbito de la desigualdad, la explotación y el conflicto (Laraña 1993). Considera entonces a las migraciones internas, por ejemplo, como la expresión de los cambios en el sistema social de los países, por eso encontrar los límites de la configuración histórica que dan sentido a un flujo migratorio es el primer paso para su estudio (Singer 1973). Esto significa analizar las presiones que conducen a cambios en la organización social de la producción (Richmond y Verna 1978). Con esta observación la migración rural-urbana es vista como parte del proceso de proletarización. Las críticas a este enfoque vienen de Bach y Schrami (1982), que identifican limitaciones en explicar la migración desde los tipos de relaciones sociales solamente, y de Wood (1982), quien hace notar que la correlación entre pertenecer a una categoría social particular y la propensión a migrar no necesariamente tiene que existir.

4. *Teorías sobre la perpetuación de los movimientos migratorios.* En este acápite las teorías sobre migración centran sus explicaciones en el proceso de perdurabilidad de las migraciones, entendidas bajo su dimensión social y colectiva (Micolta 2005); desde aquí se desprenden las siguientes teorías:

- Teoría institucional: Destaca el papel de las instituciones públicas o privadas en el tema migratorio, postula que, a medida que crecen los colectivos de los inmigrantes, también crece el número de agencias en las sociedades receptoras, pues este crecimiento repercute sobre el mantenimiento de los flujos migratorios (Massey, en Micolta 2005).

- Teoría de las redes sociales: Esta teoría entiende las redes como una forma de capital social que reduce costos y la incertidumbre que genera la inmigración (*ibid*.: 42-43); en este sentido, las redes migratorias pueden definirse como conjuntos de relaciones interpersonales que vinculan a los inmigrantes, ya sea en el país de origen o en el de destino. Este punto de vista fue sugerido por primera vez por Massey *et al.* (1993), recurriendo a la teoría del capital social, asociada a Coleman (1988) y Bourdieu (1987).
- Teoría de la causación acumulativa: El representante de este enfoque es Myrdhall (1957), quien sostiene que la migración genera por sí misma fuerzas que sostienen su desarrollo, de tal forma que mientras el fenómeno adquiere prominencia se fortalece y genera fuerzas a favor de su continuidad. La causalidad acumulada tiene efectos que han sido identificados por distintos autores sobre la economía, el significado social del trabajo y la cultura.

Hasta aquí podemos inferir que cada sociedad vive la experiencia de la movilidad espacial de acuerdo a la coyuntura y al proceso histórico que la define, por eso no todas las teorías son aplicables a todos los casos; sin embargo, y para esto seguimos a Castles y Miller (2004: 21-22), hay puntos que parecen ser comunes en casi todas las realidades, y nos parece pertinente tomarlos en cuenta.

1. *Globalización de la migración.* La migración es un tema que involucra cada vez a más países; asimismo, su carácter multidimensional afecta a más y diferentes dimensiones de las sociedades involucradas. En nuestro texto trabajaremos particularmente el cómo la migración interna afectó a la nueva estructura política de principios de este siglo en Bolivia.

2. *Aceleración de la migración.* La aceleración del proceso hace que aumenten tanto las necesidades como las dificultades de las políticas de gobierno respecto al tema migratorio. No solo pasa respecto a la inmigración y emigración externa sino también, como veremos en los siguientes capítulos, en la migración interna.

3. *Diferenciación de la migración.* Los países no presentan un solo tipo de migración, sino que el abanico se abre a más posibilidades. En el caso boliviano, como veremos más adelante, además de la migración campo-ciudad está la migración internacional, la migración

de regiones (de las tierras altas a las tierras bajas) o las migraciones de ciudad a ciudad.

4. *La feminización de la migración*. Hoy las estadísticas hablan de una relación directa entre pobreza y emigración femenina. Concretamente en Bolivia, la feminización de las migraciones se produce en sentido ascendente, cuantitativamente (Martínez 2003) pero también en sentido cualitativo, pues las mujeres migran preponderantemente bajo el patrón independiente, y cada vez menos bajo el patrón asociativo (reunificación familiar) (Balbuena 2004).

5. *La politización de la migración*. La motivación para el presente estudio partió precisamente de este punto, y se traduce en entender cómo la migración interna en Bolivia afectó la estructura política de los últimos veinte años. Brettell y Hollifield (2000) observan que a las Ciencias Políticas, al ser relativamente nuevas en el estudio de las migraciones, todavía les quedan puntos claves que precisar, como por ejemplo la soberanía y el Estado-nación a partir de las leyes de migración internacional o la de ciudadanía.

Aplicando estos puntos a la realidad latinoamericana, diremos que esta región ha sido históricamente una región de movimiento poblacional intenso; sin embargo, el principio del presente siglo se caracterizó por un vertiginoso aumento de la emigración de los países andinos al sur de Europa, especialmente a España, donde los flujos han diversificado las modalidades y perfiles. Es decir, el migrante latinoamericano es predominantemente joven, cada vez más femenino, se adscribe a distintos grupos étnicos, proviene de distintos niveles educativos y las causas de su migración no son solo económicas, sino también culturales (Herrera 2006).

Dos ampliaciones en la reflexión teórica en torno a los procesos migratorios han dado como resultado una perspectiva más multidisciplinaria, dinámica y de carácter más global. La primera ampliación consistió en abandonar la tendencia a analizar de forma separada las condiciones sociales, culturales, políticas y económicas tanto de la región de procedencia como de la región de llegada para analizar *cadenas migratorias dentro de sistemas migratorios* (Boyd 1989; Faist 1995); y la segunda ampliación se refiere a una reorientación conceptual, es decir, ya no se trata solo de un proceso que involucra el lugar de origen y el lugar de llegada, sino que hay lugares intermedios y de paso; a partir del estudio de este fenómeno en la migración surge el término *transmigración*. Un caso emblemático sobre este tema es México, que además de ser un país con altas tasas de emigración es también un país de transmigración, pues su situación geográfica como país fronterizo de Estados Unidos lo ubica como el paso principal de los migrantes latinoamericanos hacia aquel país (Paciuc y Arjona 2005; Casillas 2011; De Lora 2006; Santiago-Cruz 2010). Se define la transmigración en los siguientes términos:

> [...] los movimientos de transmigración de población centroamericana cobraron importancia a partir de los años ochenta, cuando el deterioro de la situación económica en la región, sea por problemas en el mercado internacional o por la devastación debida a fenómenos meteorológicos, ponía en riesgo la sobrevivencia y empujaba a la población a buscar otras opciones de vida. [...] La transmigración es en su mayoría un fenómeno indocumentado y fluctuante. No existen registros y su magnitud sólo puede estimarse con base en los "aseguramientos" que las autoridades mexicanas hacen, a través del Instituto Nacional de Migración. [...] Entre las causas de origen político que han incidido en la transmigración de centroamericanos se ubican las guerras internas que algunos países como El Salvador padecieron en los años ochenta del siglo XX y que movió a grupos poblacionales en diferentes direcciones, en la misma región centroamericana o hacia México (Santiago-Cruz 2010: 3).

Este fenómeno cobra visibilidad porque ya no se trata de un cambio uni-direccional y único de recipiente geográfico (de la comunidad local a la sociedad de origen), sino más bien de múltiples movimientos bi-direccionales, de este modo la migración cambia cualitativamente: de un acto de mudanza de la ubicación habitacional en una fase temporal muy limitada y transitoria cambia a un estado y una forma de vida, es decir, de un medio de cambio de residencia se transforma en un contenido de una nueva existencia:

> Aún antes de partir, el transmigrante de hoy ya abreva de un imaginario social, y puede hacerlo por un tiempo indefinido, enriquecido por voces cercanas que le aconsejan. Sin haber cruzado la puerta de su casa, ya participa del saber colectivo; por tanto, no va solo y aunque forme parte de un reducido grupo, va como parte de un tejido social, así sea circunstancial y efímero, que al desplazarse territorialmente hila entramados sociales al reunirse con otros migrantes

> durante el trayecto, articula identidades de paso, duraderas como dura la transmigración, tan cohesionadas como las obligue a ser la exigencia y riesgos que enfrenten. Encarnan la otredad nacional, la otredad centroamericana móvil, la que por decenas o centenas cubren de cuerpos esperanzados los vagones metálicos del tren (Casillas 2011: 148).

La transmigración por México ha llegado a tener alcances políticos debido a la violencia[2] que la ha caracterizado, y muchas instituciones de defensa de los derechos humanos, o incluso los mismos estados involucrados, han llamado la atención al gobierno mexicano sobre su desidia y omisión. El escalofriante relato, entre muchos otros, titulado "No te duermas, sobre todo no te duermas" de *El País* (13/01/13) puede darnos cuenta de esta terrible realidad.

2. Migración interna

Intuitivamente se podría definir a la migración interna como un movimiento dentro del mismo país, sin embargo la falta de una distinción contundente entre migración interna y migración internacional ha generado ciertos problemas. Así entonces, mientras la migración internacional puede incluir distancias muy cortas y poblaciones culturalmente similares, la migración interna puede cubrir grandes distancias y conllevar el contacto entre poblaciones marcadamente diferentes. En este sentido, podríamos decir:

> Migración interna significa movimiento de la población dentro de un país, cuando dicho movimiento implica cruzar de una subdivisión política/administrativa a otra y establecer residencia de carácter permanente. A este respecto tenemos migración "inter" e "intra" unidades espaciales/administrativas. [...] El intercambio de población entre ellas o con cualquier otra unidad se convierte en migración interna interespacial mientras el movimiento de población dentro

[2] *La bestia, el tren de la muerte, el devoramigrantes,* son algunos de los nombres con que se conoce al tren que une México y Estados Unidos. Cada año alrededor de 50 000 personas (Santiago-Cruz 2010) provenientes sobre todo de países latinoamericanos intentan tomar este tren; miles de ellos han muerto o ha sido mutilados al quedarse dormidos o ser atacados por las mafias.

> de la unidad de análisis se convierte en intraespacial. Varios estudios han examinado los determinantes socioeconómicos de la corriente de migrantes internos, mientras otros se han ocupado del volumen de los mismos (Ebanks 1993: 40).

Entonces, la movilidad de una persona o grupo no siempre supone un traslado, y un traslado tampoco es condición suficiente para que exista una migración. Entonces la determinación del límite jurisdiccional que se traspasa y el tiempo de duración de la residencia en el lugar de destino constituyen definiciones inevitablemente subjetivas, que pueden hacer variar el alcance y la intensidad del fenómeno. La migración interna es un proceso complejo y tiene objetivos múltiples, que pueden ser incluso contradictorios entre sí, por eso Arriaga (en Herrera 2006: 21) precisa que "es difícil precisar y totalizar lo que constituye un migrante interno".

Ebank (1993) propone tres tipos de estudio de la migración interna: desde las zonas rurales hacia otras zonas rurales, desde zonas urbanas hacia otras zonas urbanas y desde las zonas rurales hacia las zonas urbanas; este último tipo es un fenómeno que ha afectado sobre todo, pero no solo, el devenir de los países latinoamericanos. Más que la pobreza en el área rural, lo que ha alentado a la migración es la desigualdad entre el nivel de vida del campo y de la ciudad. Las ciudades como símbolos de la riqueza y el progreso, pero también como generadoras de desigualdades, surgieron con fuerza a partir de 1930 (Gilbert 1996). Sobre las ciudades latinoamericanas, engrosadas básicamente por la migración rural a finales del siglo XIX y principios del siglo XX, Potthast (2004) acota:

> Einige autochthone Kulturen beeindruckten die Conquistadores durch ihre hochentwickelten Städte, und spätestens in der Kolonialzeit wurde die Stadt zum Inbegriff allen politischen und kulturellen Lebens. Dieser Prozess intensivierte sich nach der Unabhängigkeit, die ebenfalls von den Städten ausging und die Dominanz der Städte, vor allem diejenige der Hauptstädte, verstärkte. [...] Zu den politisch-administrativen und kulturellen Faktoren kam mit der beginnenden Industrialisierung ein weiterer Faktor hinzu, der das Wachstum der Städte und deren Dominanz begünstigte. So setzte gegen Ende des 19. Jahrhunderts in den meisten lateinamerikanischen Staaten ein Verstädterungs- und Metropolisierungsprozess ein,

> der bis heute anhält. Während am Ende der Kolonialzeit die weitaus überwiegende Mehrzahl der Bewohner im ländlichen Raum lebte, wohnen heute 75,3 Prozent aller Lateinamerikaner in Städten. [...] In den großen Städten ballen sich nicht nur Kultur, Bildung, politische und ökonomische Macht, sondern auch Schmutz, Armut und Gewalt. Während sich heute der Blick auf die Verkehrs- und Umweltprobleme, die *favelas* und Straßenkinder richtet, zogen zu Beginn des 20. Jahrhunderts vor allem die Infrastruktur probleme und die mangelhafte Hygiene, aber auch die "unmoralischen" Lebensverhältnisse und Freizeitvergnügen der Unterschichten die Aufmerksamkeit der Beobachter und Politiker auf sich. Diese Phänomene und ihre Wahrnehmung sind Indikatoren gesellschaftlicher Veränderungen und Konflikte[3] (*ibid.* 99).

Uno de los procesos más relevantes experimentados por América Latina durante el siglo xx ha sido su acelerada expansión demográfica; la intensidad de este proceso en los años sesenta hizo que más de algún especialista lo calificara como una "explosión demográfica", pues la población urbana se acrecentó con una celeridad mucho mayor que la total. Es así que si para 1925 un cuarto de la población de América Latina y el Caribe residía en localidades urbanas, proporción

---

[3] Ciudades altamente desarrolladas en varias culturas autóctonas impresionaban ya a los conquistadores, y durante la época colonial, como más tarde, la ciudad se convirtió en la esencia de la vida política y cultural. Después de la independencia, que también partió desde las ciudades, este proceso se intensificó, acrecentándose aún más la preponderancia de las ciudades y especialmente de las capitales. [...] A los factores político-administrativos y culturales ya existentes, la industrialización incipiente añadió otro factor más que favorecía el crecimiento de las ciudades y su dominio. A finales del siglo xix empezaba en la mayoría de los Estados latinoamericanos un proceso de municipalización y metropolización que continúa hasta hoy. A finales de la época colonial, la gran mayoría de los habitantes vivía en el entorno rural, mientras que hoy en día el 75.3 % de todos los latinoamericanos viven en ciudades. [...] En las ciudades grandes no solo se aglomeran la cultura, la educación y los poderes político y económico, sino también la suciedad, la pobreza y la violencia. En la actualidad llaman la atención los problemas del tráfico y del medio ambiente, las favelas y los niños de la calle, mientras que al principio del siglo xx los problemas de infraestructura, la escasez de higiene pero también las condiciones de vida y las actividades de tiempo libre "amorales" de las clases bajas atraían la atención de los observadores y políticos. Estos fenómenos y su percepción son indicadores de cambios y conflictos sociales (traducción propia).

que se ubicaba a mitad de camino entre las detentadas por Europa y América del Norte (con un 50 %), en el extremo superior, y por África y Asia (con menos del 10 %), en el otro, todos los datos posteriores señalan que el nivel de urbanización de la región ha estado más cercano a las cifras de Europa y América del Norte que a las de África y Asia, y las proyecciones indican que tal convergencia continuará en las próximas décadas (Rodríguez y Villa 1998). Para 1995 la región aparecía como una de las más urbanizadas a nivel mundial, con un 73.4 % de su población residiendo en localidades urbanas, cifra que aumentaba hasta el 77.4 % en el caso de América del Sur. Ahora bien, los cambios en la distribución espacial de la población en América del Sur especialmente no se han desenvuelto de manera homogénea a lo largo y ancho de la región; así entonces, mientras Argentina, Chile y Uruguay ya registraban un predominio urbano en la década de los años 30, en la mayoría del resto de países de la región dicha condición se alcanzó con posterioridad a los años cincuenta, como es el caso de Bolivia.

En América Latina, aunque las crisis económicas de los últimos 20 años han golpeado con particular rigor al medio urbano, elevando, a veces dramáticamente, sus índices de pobreza, las ciudades siguen atrayendo población. La discusión sobre las ventajas y desventajas de la concentración poblacional no está agotada, ni teórica ni empíricamente[4], pero no solo a nivel regional sino también global, pues las migraciones internas como respuesta y consecuencia de los desequilibrios estructurales no son exclusivas de los países no hegemónicos, o también llamados por algunos "en desarrollo", sino que son un fenómeno de alcance global. Un ejemplo concreto de esto es Alemania y su migración interna, del este al oeste; aunque el fenómeno es relativamente reciente, pues comenzó en 1990 con la reunificación de los dos estados alemanes, todavía no se ha detenido (Werz 2001). Lo cierto es que el fenómeno de una población joven que deja la región del este de Alemania —los estados que antes conformaban la República Democrática Alemana (RDA)— en busca de mejores opciones de trabajo y se trasladan al oeste del país ha bajado de intensidad, sin embargo es notorio el problema de desequilibrio poblacional que vive el país teutón. Mírese por ejemplo la región de Renania

[4] Sobre el tema, para el caso boliviano, véase Andersen (2002).

del Norte-Westfalia, con una densidad poblacional del 529 hab/km^2, mientras que Mecklenburgo cuenta con 73 hab/km^2; la primera se encuentra en el oeste del país, en tanto que la primera en el este.

En otras partes del mundo, como Asia, India y África, la migración interna ha tenido también una repercusión a escala regional, pues es

> ... un incuestionable indicador de transformaciones económicas heterodoxas del que no están exentas las medidas tomadas por efectos de la globalización y las inversiones extranjeras. De acuerdo con investigaciones recientes (2002), la caída en los precios de las materias primas causada por reformas macroeconómicas de liberalización del mercado, demuestra que los precios cayeron bruscamente en más del 50% desde 1999 en el oeste de Bengala, situación que fue creada por la drástica reducción de subvenciones al sector agrícola y el levantamiento de las restricciones de transporte (Herrera 2006: 118).

Esta cita nos lleva a la conclusión de que los cambios en el modelo económico presentan variadas repercusiones en los flujos migratorios; la diversificación y volatilidad de la migración interna implica que sus efectos a escala local son más variados y complejos. Como veremos con el ejemplo boliviano, el tema de las corrientes migratorias es mucho más diverso y complejo que aquella que surge del intercambio entre campo y ciudad. En Bolivia, los trabajos sobre migración interna son escasos en comparación a los que se refieren a la migración internacional, aunque para el 2001 se estimaba que más de 1.2 millones de personas residían habitualmente en un departamento diferente al de su nacimiento (CODEPO 2004); esta resulta una cifra importante si pensamos que en aquel año la población total boliviana era de alrededor de los 8 millones de habitantes, pero más todavía si consideramos que, en 1976, poco más de 370 000 personas vivían en un departamento diferente al de su nacimiento; en 1992 el número se incrementó a 850 000 y en 2001 superó el millón, cifra que representa el 14,9 % de la población censada en ese año, siendo los departamentos de Santa Cruz, Cochabamba y La Paz los mayores receptores de población, que en conjunto concentran el 74 % de los inmigrantes internos del país

En base al análisis de las Encuestas Nacionales de Hogares, Pereira (2009) estima que la población que declaró haberse trasladado a un lugar diferente al que nació era para el 2008 de 2 704 767 personas, es decir, el 27 % respecto a la población total, y para el año 2009 el volumen migratorio se habría incrementado a 2 819 191, que constituye el 27,4 % en relación al total poblacional del país. Vemos entonces cómo el movimiento poblacional interno es una cifra siempre en ascenso. Esto significa que miles de habitantes miran en Bolivia a las ciudades como los principales territorios de destino, "pero no a todas, sino a aquellas cuyos niveles de conurbación son tan significativos que han dado pie a las regiones metropolitanas" (*ibid.* 12). Hay que remarcar que la velocidad en la escala de la urbanización en Bolivia pone a prueba tanto la capacidad del gobierno nacional como de los gobiernos locales (gobernaciones) para planificar adecuadamente y satisfacer las necesidades del creciente número de habitantes de las ciudades. Las migraciones internas continuarán impactando seriamente sobre la actual distribución de la población en Bolivia, pero también y muy significativamente en la estructura política del país.

3. Sobre el capital social

Las visiones transdisciplinarias como lo variopinto de la aplicación de la teoría del capital social han estimulado un debate rico en cuanto al uso del concepto[5], aunque muchas veces estas resultan también disímiles e incluso contrapuestas, como el lector podrá deducir al final de este subtítulo. Para precisar el manejo conceptual que haremos a lo largo del presente trabajo, presentamos tres ideas que definen nuestro posicionamiento:

> Conjunto de atributos que están presentes en una sociedad. Estos atributos potencian formas de acción social que propenden a los acuerdos y la acción en común por la vía de redes o de conductas asociativas. El capital social no es la participación grupal en sí misma, sino los factores intangibles que lo explican y que generan consecuencias positivas (Putnam, en Serrano 2001: 6).

[5] El origen mismo del concepto es motivo de fuertes discrepancias; para Woolcock (2000) y otros, Hanifan es quien introdujo el término *capital social*, mientras Portes (1998) y Ramos-Pinto (2006) mencionan el trabajo de Pierre Bourdieu como el pionero en el uso del término, y Coleman (Ramírez 2005) reconoce el trabajo de Ben Porath como incursor en el concepto.

> Conjunto de normas, instituciones y organizaciones que promueven la confianza y la cooperación entre las personas, en las comunidades y en la sociedad en su conjunto (Durston 1999: 103).
> La idea básica de capital social es que la familia, los amigos y los socios de una persona constituyen un activo de suma importancia, al que puede recurrir en momentos de crisis, disfrutar como un fin en sí mismo y, también, utilizar para obtener ganancias materiales (Woolcock y Narayan 1999: 2).

Para Alarcón y Bosch (2003), como para Newton (1997), el capital social involucra las relaciones y normas que conforman la calidad y cantidad de interacciones sociales de una determinada sociedad; estas relaciones no solo conforman las instituciones y la organización de una comunidad, sino también la materia que las mantiene unidas, por tanto es un componente del capital humano que permite a los miembros de una sociedad confiar en los demás y cooperar en la formación de nuevos grupos y asociaciones (Coleman 1988). El capital social tiene implicaciones sociopolíticas, pues una carencia de cooperación en la sociedad puede tener efectos adversos en la democracia (Cox, 1995). En este sentido, North (1993) postula que las instituciones facilitan el establecimiento de relaciones estables de confianza y cooperación en términos de producción de bienes públicos y de constitución de actores sociales dispuestos a actuar conforme con las normas jurídicas. En consecuencia, el capital social no es un bien individual, sino un recurso que emerge desde lo colectivo mediante vínculos directos o indirectos entre personas y entre grupos, donde circulan flujos de información que reducen los costos de transacción, pues las redes sociales de confianza y reciprocidad otorgan a los participantes de dicha red credenciales sociales. Sin embargo, aunque todas las sociedades tienen alguna acumulación de capital social, el *radio de confianza* puede ser diferente (Fukuyama 1996), y Durston (2003: 1) acota que las relaciones sociales implican actitudes de confianza, reciprocidad y cooperación, y que proporcionan más beneficios a quienes las poseen en relación con lo que podría lograrse sin este activo.

Una de las instituciones que más ha trabajado el concepto ha sido el Banco Mundial[6], definiendo el capital social como "las institucio-

[6] Dentro de la naturaleza compleja del Banco Mundial encontramos diferentes alternativas, por un lado su papel como generador de conocimiento a través

nes, relaciones y normas que conforman la calidad y cantidad de las interacciones sociales de una sociedad siendo la cohesión social un factor crítico para que las sociedades prosperen económicamente y para que el desarrollo sea sostenible" (*ibid.* 2001: 1), y reconociendo que las relaciones sociales son necesarias para dar un sentido de identidad y un propósito común a las comunidades.

El aporte de los trabajos de Bourdieu, Coleman y Putnam para la construcción conceptual del capital social han enriquecido sustancialmente nuestro trabajo, y por ello queremos resaltar los puntos que más han impactado en la investigación que el lector tiene en sus manos. En primer término, Bourdieu utiliza el concepto para explicar por qué dos personas con cantidades equivalentes de capital económico o cultural obtienen diferentes beneficios; vincula el concepto con los fenómenos de poder, más concretamente con los problemas de la representación política, y reconoce al capital social como un poder que es a la vez causa y efecto de las diferencias entre clases sociales, especificando que "el capital social junto al económico, cultural y simbólico son esos poderes sociales fundamentales que forman la estructura de un espacio social dado; los individuos se distribuyen en ese espacio social en función del volumen de capital que poseen, de la composición de ese capital y de su evolución en el tiempo" (Bourdieu 2000: 148). En la relación capital social-poder se identifican tres aspectos: los poderes sociales fundamentales, la conexión entre capital social y diferenciación social —al ser el capital social un recurso desigualmente distribuido entre los diversos grupos o redes que conforman una sociedad esta crea fuerzas y refuerza relaciones sociales asimétricas— y el capital social como objeto de delegación institucionalizada, lo que conlleva entender el clientelismo como una distorsión del capital social (*ibid.* 154).

---

de los estudios que ha financiado y/o propiciado, importante en cuanto a la producción académica (ver Bebbington *et al.* 2004). Para el caso boliviano ver las encuestas que se ha trabajado, aunque no las aplicaciones de ellas, por ejemplo; otra cosa es, a partir de ese proceso, su función de carácter político como constructor de discursos de hegemonía; y otra es, aunque vinculada con esta, la imposición en nombre del *desarrollo* de sus líneas de intervención de acuerdo al modelo económico predominante. Con esta aclaración vamos a hablar a lo largo de la investigación del uso que hace el Banco Mundial del concepto de capital social y de lo que ello significa en nuestro trabajo.

La definición bourdiana distingue cuatro elementos a la hora de delimitar el grupo donde se quiere estudiar el capital social; primero *la pertenencia a un grupo*; segundo, *la existencia de relaciones de intercambio material y simbólico que se dan en su interior*, en nuestro caso, por ejemplo, el comercio y las actividades culturales, como el carnaval y sus fiestas religioso/paganas que comparten; tercero, *el grado de institucionalización*: los grupos que comenzaron como fraternidades de baile se convierten poco a poco en sindicatos, asociaciones de negocios, juntas vecinales…, todos reconocidos y acreditados; y cuarto, *los recursos que posee dicho grupo*, recursos que como veremos pueden ser económicos o culturales.

Para Coleman, en cambio, el capital social constituye un recurso cuya particularidad radica en ser algo inherente a la estructura de las relaciones sociales; como él mismo lo explica, "una diversidad de entidades con dos elementos en común: todos consisten en algún aspecto de la estructura social y facilitan ciertas acciones de los actores dentro de la estructura […] pues los individuos no actúan independientemente, los objetivos no son alcanzados independientemente, y los intereses no son completamente egoístas" (Coleman 1990: 302). La creación de capital social se pone en marcha en el momento en que un individuo hace algo por el otro confiando en que aquel se comportará de manera recíproca en el futuro. Un caso concreto sería, en el caso de la migración, el de los inmigrantes que recién llegan y que encuentran en las asociaciones de inmigrantes una ayuda, sabiendo que en un futuro ellos también tendrán que ayudar a los recién llegados. Una de las principales diferencias respecto de las otras formas de capital es que no solo se benefician los que invierten en él, sino todos los que están insertos en la estructura social. El capital social puede depreciarse como cualquier otra clase de capital, pero por ello habrá dispositivos dispuestos a retroalimentarlos, pues "las relaciones sociales mueren si no se mantienen; las expectativas y obligaciones se marchitan con el paso del tiempo y las normas dependen de la comunicación regular" (Coleman 2000: 321). El autor distingue tres formas de capital social, por un lado como *obligación en forma de pagaré*, para lo que es vital la presencia de la confianza, que varía de acuerdo a las modalidades culturales de dar y pedir; luego está la forma *potencial de información*, lo cual puede convertirse en un beneficio a la hora de buscar trabajo como inmigrante recién llegado, y finalmente está la forma *normas y sanciones efectivas*, que inhiben ciertas acciones y estimulan otras, por ejemplo las que facilitan caminar por la noche pese a la inseguridad de la que se habla en los barrios de inmigrantes o la movilidad social que se verifica en muchas de sus escuelas. El punto polémico de la conceptualización de Coleman (1988, 2000) está en que considera destructivo del capital social *todo aquello que haga a las personas menos dependientes*; bajo este argumento la ayuda gubernamental resultaría ser nociva, lo que se correspondería con la idea de que toda intervención estatal es nociva.

Por otro lado, Putnam (2002) explica los cambios experimentados por la sociedad estadounidense, a través de la teoría del capital social, y para ello emplea como ejemplo el descenso cuantitativo de agrupaciones asociativas en las ligas de bolos. El autor (2003) también analiza las relaciones sociales en ocho democracias europeas, incluida la alemana, ofreciéndonos ejemplos de cómo se puede impulsar desde el Estado la creación y el fortalecimiento del capital social en la sociedad; para ello (Putnam *et al.* 1994) busca comprender los factores que influyen en el desempeño de las instituciones democráticas y, más particularmente, en explicar por qué algunos gobiernos democráticos tienen éxito y otros fracasan, y comienza relatando el proceso de descentralización que en la década de los setenta llevó a cabo el gobierno italiano. En todo caso, es claro que para Putnam el capital social se puede explicar de la siguiente forma:

> Las reservas (stocks) de capital social tales como la confianza, las normas y las redes, tienden a ser autorreforzantes y acumulativas. Círculos virtuosos resultan en equilibrio social con altos niveles de cooperación, confianza, reciprocidad, compromiso cívico, y bienestar colectivo. [...] Las normas y redes de compromiso cívico han promovido el crecimiento económico, no lo han inhibido. Este efecto continúa ahora. A lo largo de dos décadas desde el nacimiento de los gobiernos regionales, las regiones cívicas han crecido más rápido que las regiones con pocas asociaciones y más jerárquicas (Putnam 1994: 117).

El autor insiste en que las reservas de capital social de una sociedad tienen implicaciones profundas no solo para el desarrollo económico y democrático, sino incluso para la salud y la felicidad de las personas. De acuerdo a las explicaciones convencionales, las diferentes condiciones socioeconómicas deberían explicar las diferencias en el desempeño institucional, pero Putnam rebate esta tesis porque impide comprender los casos híbridos: gobiernos exitosos en regiones no bien dotadas socioeconómicamente, y gobiernos cuyo desempeño es ineficiente, pero incrustados en sociedades relativamente más ricas.

Haciendo un repaso a lo expuesto podemos concluir que los tres autores citados comparten una visión dinámica del capital social —lo cual rescatamos para nuestro trabajo— en tanto representa un conjunto de recursos que puede ser creado y mantenido o bien destruido y desgastado. Bourdieu enfatiza la necesidad de comprender la lógica de transformación del capital social en capital económico y viceversa, y Putnam apuesta por la idea de que el capital social puede ser formado a voluntad; sus análisis más consistentes colocan la formación o deterioro de este en una visión histórica de largo plazo y a escala societaria Habría que atribuir estas diferencias —lo individual y social— a las elecciones de teoría que están detrás de cada visión del concepto. Si Coleman incluye las relaciones de autoridad y jerarquía, Putnam tiene mucho cuidado en dejarlas fuera; desde su análisis las relaciones verticales que ligan a las personas con otras a través de mecanismos de autoridad, clientelismo o poder son consideradas contraejemplos de las relaciones que se forman en el seno de asociaciones cívicas (Ramírez 2005).

Las teorías de la estratificación, de la elección racional y del comunitarismo, que respectivamente suscriben Bourdieu, Coleman y Putnam, conducen a formulaciones prácticamente irreconciliables, y es este el punto donde queremos hacer nuestro aporte, con el ejemplo de los inmigrantes de las tierras altas en Tarija y su capital social. En cuanto a las consecuencias negativas de una concetración de capital social, Putnam señala al capital social vinculante como susceptible de atraer los efectos negativos, mientras para Bourdieu el peligro del capital social está en que se trata de un recurso que en el interior de un grupo puede concentrarse de manera desigual y tender a una apropiación asimétrica vinculada con la posición de clase; en Coleman se encuentra un planteamiento parecido, en la medida en que reconoce que un actor puede acumular a su favor obligaciones de terceros o bien derechos de control sobre acciones de otros.

En conclusión, si entendemos el capital social como el conjunto de recursos socio-estructurales que constituyen un activo de capital que facilita la acción colectiva, entonces observamos el vínculo entre migración y capital social en el momento en que las personas migran, debido a que los migrantes hacen uso de sus redes sociales, de los recursos de sus familiares y de los conocimientos de sus vecinos y amigos para alcanzar sus fines, pues:

> Las redes pueden llegar a perpetuar la migración porque cada actor de la migración ayuda a crear la estructura social necesaria para sostenerla. Cada nuevo migrante reduce el costo subsiguiente de una nueva migración por la ayuda de un amigo y algunas otras personas involucradas en la migración quienes a su vez expanden el proceso. [...] Las redes transmiten información, proporcionan ayuda económica o alojamiento y prestan apoyo a los migrantes de distintas formas. Estas múltiples formas facilitan la migración al reducir sus costos y la incertidumbre que frecuentemente la acompaña (Massey 1998: 42-43).

Las redes migratorias son comprendidas entonces como una forma importante de capital social, en la medida en que se trata de relaciones sociales que permiten el acceso a otros bienes como el empleo o, en el caso de nuestro estudio, el acceso a formas de decisión/poder (político) o a servicios básicos.

4. Formas, enfoques, elementos constitutivos y manifestaciones del capital social

Las definiciones del capital social pueden dividirse entre las que lo consideran un atributo de individuos expresado en las redes de reciprocidad a las cuales tienen acceso (Portes 1998) y aquellos que opinan que el capital social es más bien un atributo de estructuras sociales (Coleman 2000, Putnam 1993 y Bourdieu 1987). En este sentido, el análisis del concepto se puede dividir en tres niveles:

a. Nivel individual. Se enfatiza el valor de los individuos en la forma de relaciones sociales (Côté y Healy 2001). Según sus defensores, una definición de capital social debe comenzar por el nivel individual, de lo contrario no podríamos entender cómo se forma o cómo se construye, pues son los individuos los poseedores de sus recursos principales (Glaeser 2001). Para críticos como Coleman

(1988), Woolcock y Narayan (1999) e Inkeless (2000) las personas son el *motor* que pone en funcionamiento el capital social, pero solo en la medida en que sean capaces de generar redes de interacción y colaboración con otros; por lo tanto, solo se materializa a través de las redes de relaciones que ellas generan.

b. Nivel societario. Se considera que los estudios a este nivel han transferido características de instituciones democráticas anglosajonas a otras partes del mundo, asumiendo que son sociedades con iguales características e iguales formas de participación cuando, por el contrario, la definición característica de muchas sociedades modernas es la heterogeneidad (Lijphart 1991). El capital social a nivel societal ha recibido una serie de críticas relacionadas con la escasa atención que presta a los aspectos del contexto, tales como la heterogeneidad.

c. Nivel comunitario. Narayan y Pritchett (2000) presentan una definición que puede facilitar la comprensión de lo que se considera capital social a este nivel:

> Sea una "sociedad" constituida por N nodos distintos (los cuales pueden ser hogares, si se ignoran las relaciones intrahogar, o individuos). Entre dos nodos i y j hay una conexión direccional (no necesariamente simétrica) que puede llamarse la intensidad de una relación social dada entre i y j. Esta relación social puede ser desde una disposición o actitud (por ejemplo un sentimiento de mutua confianza, una buena voluntad para posponer la reciprocidad en el cumplimiento de las obligaciones), a una identificación de parentesco, étnica o de grupo social culturalmente definida y construida (por ejemplo, primos, tribu o clan), hasta una unión o vínculo social adoptado voluntariamente (por ejemplo, un amigo o un miembro del mismo club de voluntarios). En esta abstracción de la sociedad una definición general de "capital social" es una cierta agregación de las relaciones entre los nodos (Narayan y Pritchett 2000: 279).

Inscribimos nuestro estudio en este nivel porque creemos que la comunidad inmigrante posee características comunitarias que siguen manteniéndose vigentes aún en las zonas urbanas. Según Durston (2000) el capital social puede ser creado, reforzado o desarrollado intencionadamente por agentes externos (allí donde falte o donde haya sido destruido) utilizando un amplio repertorio de metodologías de capacitación en participación; de esta forma nuestro estudio toma validez, porque demostramos que su fortalecimiento dependerá de las capacidades que estas generen a partir de sus relaciones con otros actores que pueden influir en sus dinámicas. Por tanto, para el desarrollo de la comunidad de inmigrantes de las tierras altas no solo se requiere de fuertes lazos internos, sino también de su capacidad para generar lazos con otras comunidades o con otras instituciones que les permitan compartir e intercambiar información y conocimientos.

Las posturas sobre el uso del capital social se aglutinan en tres visiones:

a. Maximización individual con determinismo culturalista. Se ve al capital social como norma de convivencia y conducta de cooperación que surge de la elección racional de la maximización de beneficios (Fukuyama 2000).

b. Relación de clases y distribución de bienes. Se percibe la cultura definida en términos de creencias y normas (Robinson y Siles, en Durston 2002).

c. Sistemas sociales complejos basados en múltiples agentes. Esta visión centra su análisis de instituciones en el nivel comunitario, pues entiende que la naturaleza de las relaciones no deriva de la suma de interacciones entre individuos, sino de sistemas complejos que emergen de la evolución de decisiones e interacciones (North 1993). Es la visión que vamos a perfilar a lo largo de nuestro estudio de caso, pues entiende la sociedad como un sistema complejo con mecanismos de retroalimentación, y la cultura como una acumulación de repertorios alternativos y hasta contradictorios en constante retroalimentación y redefinición (Durston 2001); con estos elementos el capital social es visto como un activo intangible que moviliza múltiples agentes en sus estrategias y emprendimientos. Como en todo sistema complejo la causalidad no es unidireccional, y un cambio en las normas o en las relaciones sociales puede originar un shock en cualquier parte y en cualquier plano del sistema (Boisier 2000; Bebbington 2000).

Sobre los *elementos* que forman el capital social Inkeless (2000) sugiere:

- *Instituciones sociales.* Familia, clan, tribu son algunas de las instituciones que componen el capital institucional de una sociedad. Vemos que en la comunidad de inmigrantes de las tierras altas en Tarija hay una clara jerarquía, determinada por la edad y la generación de arribo, lo cual es central para la definición de estas instituciones constituyentes.

- *Patrones culturales.* Entendidos como sistemas de ideas dominantes expresadas a través de la religión, la ciencia, la filosofía y la cosmología, junto con normas culturales como aquellas que gobiernan las relaciones. El grupo que estudiamos se diferencia por seguir unos patrones culturales diferentes a los que corresponden a los no migrantes.
- *Modos de comunicación y asociación entre individuos y entidades colectivas.* Se incluyen las relaciones dentro de una organización, las relaciones entre organizaciones y también a través de diferentes escenarios. Enfatizamos este punto, pues interesa comprender los modos de comunicación y de asociación de nuestro grupo de estudio en el plano político.
- *Características psicosociales.* Tales como la confianza, la reciprocidad y la colaboración, entre otros elementos.

Kliksberg (2002) y Neira y Portela (2003) especifican *manifestaciones* que identifican la presencia del capital social en la sociedad, y que son:

- *Clima de confianza.* A mayor confianza mayores posibilidades de cooperación y menos costos de transacción y adherencia a las normas.
- *Capacidad asociativa.* Formas de cooperación. Aunque la existencia de asociaciones locales constituye un indicador de capital social, este existe independientemente de que haya o no instituciones locales formales o informales.
- *Conciencia cívica.* Son actitudes frente a asuntos de interés colectivo, es decir, indicadores de acción colectiva.

Sobre la *dimensionalidad* del concepto de capital social, Granovetter (1973: 1360-1380) consideraba que los actores económicos no actúan como átomos aislados, sino que sus interacciones económicas están incrustadas[7] en las redes y estructuras sociales; el autor introduce el concepto de "fuerza de los lazos débiles"[8] para referirse al poder que las relaciones de tipo indirectas tienen en la búsqueda y obtención de empleo. Los lazos fuertes, aquellos que se dan con mayor intensidad y frecuencia, no bastan para generar beneficios, sino que será necesario invertir esfuerzos en generar también lazos débiles, menos intensos y frecuentes pero que en determinadas ocasiones son los que

---

[7] *Embedded* es la palabra que se utiliza en la literatura inglesa.

[8] *The strength of weak ties* es lo utilizado en inglés.

permiten acceder a entornos más remotos y compartir información y conocimientos que, de otra forma, no serían accesibles a los individuos o grupos. Otros autores señalaron que la idea de *embeddedness* (enraizamiento en la propia comunidad) no resultaba suficiente para analizar las complejidades del capital social, por lo que buscaron complementarla con la de *autonomy* (capacidad de los individuos para relacionarse con grupos más amplios), la que hace alusión al grado en que los miembros de una comunidad tienen autonomía para acceder a grupos o áreas de interés situados fuera de su propio grupo de pertenencia. De esta forma, para convertir el capital social en un factor positivo del desarrollo sería necesario que las relaciones sociales entre sus miembros estuvieran impregnadas de esas dos dimensiones: *embededdness* y *autonomy* (Garrido y Moyano 2002).

El Banco Mundial (2001), sobre la base del modelo de Woolcock (1998) y de Putnam (1993), identifica tres *magnitudes* que influyen en el desarrollo de las comunidades sobre la base de su capital social. Para la definición de estas se propone reemplazar el concepto de *embeddedness* por el de *bonding social capital* y el de *autonomy* por el de *bridging social capital*, e introducen una nueva dimensión identificada como *linking social capital*. La traducción al español de estas tres dimensiones sería: horizontal, intergrupal y vinculante; Mendoza (Mendoza *et al.* 2006) las llama también: unión, enlace y vinculación.

En el trabajo utilizamos la nominación anglosajona, *bonding*, *bridging* y *linking*, y las definimos como:

a. Bonding o intergrupal/enlace. Relaciones entre miembros homogéneos, es decir, familiares, amigos muy cercanos o miembros de una misma comunidad. A esta dimensión se la conoce también como capital social tiende-puentes.

b. Bridging u horizontal/unión. Hace referencia a las relaciones entre conocidos, amigos distantes o asociaciones, es decir se ocupa de las relaciones establecidas entre miembros más heterogéneos y pertenecientes a distintas comunidades.

c. Linking o vinculante. Constituye la capacidad para apalancar recursos, ideas e informaciones desde las instituciones formales, principalmente las del Estado, reconociendo así el papel que le cabe a este en los procesos de desarrollo del capital social.

Las posibilidades de generar un mayor bienestar para las comunidades o grupos están en directa relación con la intensidad de estas dimensiones y de la gestión que estos colectivos puedan hacer de ella de acuerdo a la realidad imperante. Es decir, en algún momento será preferible privilegiar el *bonding*, pero luego será necesario fortalecer también el *linking* o el *bridging*.

Las *tipologías* sobre capital social se pueden distinguir desde diferentes enfoques:

- *Asociaciones horizontales y verticales*. Las primeras se refieren a aquellas que se generan dentro de las comunidades y propician el sentido de identidad, en tanto que las verticales se extienden a interrelaciones con otras comunidades, evitando de esta forma que los grupos se limiten a intereses particulares (Banco Mundial 2001).
- *Redes informales y formales*. Pira (2002) advierte que las normas de las redes informales van moldeando, y por tanto modificando, las redes formales; por ello es importante la presencia de las normas y las redes de participación cívica.

En el tema de los *impactos*, Robinson (Robinson *et al.* 2003) acota que cuando los miembros de una comunidad se sienten conectados entre sí forman un capital social de vinculación, pues poseen disponibilidad para invertir en bienes de beneficio comunitario. El capital social sugiere que las fallas de mercado a menudo se relacionan con la falta de capital social, y que en el campo económico una desviación del capital social se manifieste en la formación de elites económicas que promuevan favoritismos particulares, como los cárteles o los oligopolios. Asimismo se insiste en demostrar que tanto el desarrollo económico como el social requieren de capital social; en este sentido Grootaert (2002) concluye que las familias con alto capital social tienen mejor consumo per cápita, ingresos más altos y mejor acceso al crédito; en tanto que Portela y Neira (2003) se refieren a la inclusión de las minorías dentro de la sociedad como un reto que cada vez cobra mayor importancia. El capital social, por lo tanto, responde también a la necesidad de empoderamiento para los grupos excluidos, y se relaciona con el nuevo enfoque de pobreza de la UNESCO (2001), y que se refiere al concepto no solo en el sentido de carencia de bienes, sino también en cuanto a las posibilidades de acceso a las formas de decisión de una sociedad. En este sentido, el estudio del capital social es también una respuesta a la necesidad de generar sinergias entre el Estado y la sociedad que impliquen aumento en la confianza, lo cual repercutiría en el desarrollo de un país (Narayan y Pritchett 1997; Portela y Neira 2003).

Sobre las *formas de capital* social Putnam (2003: 17-20) propone analizar cuatro distinciones que resultarían útiles a la hora de entender y evaluar esta teoría:

- *Capital social formal frente a capital social informal.* En el capital social formal están las asociaciones con estructuras, autoridades y reglas de funcionamiento, mientras que en el capital social informal se pueden mencionar las comidas familiares y/o juegos deportivos espontáneos. A veces la asociación informal puede ser más útil que la formal para conseguir algunos objetivos valiosos, como el acceso a un puesto de trabajo.
- *Capital social denso frente a capital social tenue.* El primero se define por la frecuencia y la proximidad del contacto, pero también existen filamentos de capital social muy tenues, casi invisibles, como un encuentro casual con otro individuo, y esos vínculos débiles sirven para sustentar mecanismos genéricos de reciprocidad, mientras que los vínculos fuertes son mejores para fines como la movilización y la seguridad social.
- *Capital social vuelto hacia adentro y capital social vuelto hacia afuera.* Ciertas formas de capital miran hacia dentro (a sus propios miembros) por voluntad o por necesidad. Otras, en cambio, miran hacia afuera y se preocupan por el bien público. Resulta tentador considerar las organizaciones vueltas hacia afuera como altruistas e incluso superiores a las primeras por su carácter social, sin embargo Putnam (2003) como Fine (2001) entre otros, citan ejemplos que demuestran lo ambiguo de esta comparación.
- *Capital social que tiende puentes frente a capital social vinculante.* El capital vinculante une a personas en aspectos como etnia, edad, sexo, clase social, etc., mientas que el capital social que tiende puentes se refiere a las redes sociales que unen a personas con diferentes características. Los efectos externos de las redes que tienden puentes tienen una probabilidad de ser beneficiosos, mientras que las redes vinculantes corren un riesgo mayor de producir externalidades negativas, aunque "en realidad la evidencia indica que la mayoría de nosotros conseguimos más apoyo social de los lazos sociales vinculantes que de los que tienden puentes" (Putnam 2003: 17).

Sobre las *variables* del capital social, vamos a concentrarnos en dos categorías: por un lado tenemos al *capital social estructural*, que incluye los roles, las reglas y los procedimientos que se expresan materialmente en redes estableciendo modelos de interacción social (Uphoff 2000); por el otro lado está el *capital social cognitivo*, que es un concepto más subjetivo e intangible y se refiere a las normas sociales, confianza, reciprocidad y cooperación que predispone a las personas a colaborar (Grootaert y Van Bastelaer 2002). En la presente investigación utilizamos ambas categorías y sus variables constitutivas, lo que nos presupone una visión multidimensional del tema y hace que nos planteemos la necesidad de considerar el contexto en el que se desarrolla el capital social y los factores que influyen en este. A continuación presentamos un cuadro que resume lo que hasta aquí se expuso:

Cuadro nº 1
Tipología del capital social

Criterios de clasificación	CATEGORÍAS			
Tipos de relación Individuo/sociedad		- Individual - Societal - Comunitario		
Formas de expresión		Estructural	- Formal - Informal	
		Cognitivo		
Escala		- Micro - Macro		
Tipos de redes establecidas	Amplitud (grado de homogeneidad/alcance de reciprocidad)	- Intensivo - Extensivo	- *Bonding* - *Bridging*	- Restringido - Ampliado
	Inclusividad (representatividad de grupos de interés/ distribución del poder)	- Interno - Externo	- Horizontal - Intergrupal - Vinculante	
	Densidad (frecuencia de los contactos)	- Grueso - Delgado		

Fuente: Adaptación propia en base a Barbini 2008

Para concluir, quisiéramos insistir en que, para los fines investigativos que nos proponemos, nos concentramos en la influencia del capital social en las relaciones y estructuras institucionales, es decir que la capacidad de los grupos sociales para actuar depende crucialmente del apoyo (o falta de apoyo) que reciben del Estado, y este depende de la estabilidad social y del apoyo de sus ciudadanos, una idea que retomamos de Putnam (*et al.* 1994).

5. Otros conceptos para un análisis integral

Redes sociales: Para Barnes (en Reza 1997) las redes son comparables con un conjunto de puntos, algunos de los cuales estar*í*an unidos por líneas; en esta comparación los puntos son personas, o a veces grupos, el autor estudió tanto la sociedad moderna como la tradicional, y comprobó que esta última tenía un entramado de red más firme y compacto, al estar formada por relaciones más sólidas entre parientes y amigos, y menos entre conocidos del entorno económico o social más genérico. Las sociedades se desarrollan o se estancan conforme al tipo de redes que existan porque, a pesar de que aquellas compartan un espacio geográfico y recursos naturales más o menos parecidos, el nivel de desarrollo de cada una es diferente (Peyrefitte 1996).

La relación del concepto de redes con la teoría que usamos en la investigación bien podría resumirse en esta frase: "La idea central de la teoría del capital social es sumamente sencilla: las redes sociales importan. Las redes poseen valor, ante todo, para quienes se hallan en ellas. Utilizando el lenguaje de la microeconomía, las redes sociales producen beneficios privados o internos" (Putnam 2003: 13). Miguel (Miguel *et al.* 2007) sugiere que al rodearse de redes pertenecientes solo a la comunidad de inmigración pueda producirse un *encapsulamiento* en las comunidades de origen que, junto a un mayor control social, puede limitar los vínculos que los inmigrantes establecen, y con ello las oportunidades sociales. La conformación de redes sociales se da a partir de contactos interpersonales y de retribuciones mutuas, generando una interacción basada en expectativas sociales de confianza recíproca. El capital social se reproduce cotidianamente a partir de las intersubjetividades e interacciones que configuran las redes sociales, porque:

> Las redes de compromiso cívico estimulan la confianza social y la cooperación porque reproducen los motivos para desertar y la incertidumbre, y proporcionan modelos para cooperar en el futuro. La confianza en sí, además de atributo personal, es una nueva propiedad del sistema social. Las personas son capaces de confiar (que no es lo mismo que ser crédulas) en las normas y las redes sociales dentro de las cuales están insertas sus acciones (Putnam 1994: 225).

Una red social es capital social cuando los actores involucrados en la relación de intercambio aportan distintos tipos de recursos; estos recursos pueden ser parte del capital que tiene cada uno de los actores que entran en relación, pero también existen recursos que están integrados en las redes de otros actores con que se interactúa. Las redes tienen, por lo tanto, la capacidad de ampliar el espectro de recursos de que dispone cada uno de los agentes que la constituyen, que ponen la experiencia propia a disposición de otros para el logro de objetivos y metas comunes (Viteri 2007). La sociedad del conocimiento y los flujos de información que requiere halla en las redes su principal soporte, puesto que conectan los ámbitos de lo local, lo nacional y lo global; entonces la reproducción de las redes sociales es fundamental para que el capital social se extienda e incremente (Coleman 1990).

Memoria colectiva: Entendemos la identidad y la memoria como construcciones histórico-sociales producidas por los propios grupos sociales. La identidad social y cultural entendida como pertenencia e identificación con una región geográfica, con una cultura y por ende con un modo de vida, está unida estrechamente con la memoria que un grupo elabora sobre su pasado (Casas 2003). Para Halbwachs (2004), los ámbitos colectivos más relevantes implicados en la construcción de la memoria son la familia, la religión y la clase social, de ahí que la memoria sea un elemento importante en la constitución de la identidad colectiva, pues es producto del hacer colectivo de las generaciones pasadas, de los acontecimientos naturales o humanos que los conmocionaron, que les dejaron marcas en su constitución y que son transmitidas, más que por los medios institucionales, como la escuela y los medios masivos, por la memoria, haciendo uso de los relatos. En este sentido, la memoria colectiva heredada y retransmitida sufre cambios pero fija aspectos cruciales, pues:

> En la medida en que un grupo se inserta en una parte del espacio, lo transforma a su imagen, pero al mismo tiempo se pliega y se adapta a las cosas materiales que le ofrecen resistencia. [...] No es el individuo aislado, es el individuo en tanto que miembro del grupo, es el grupo mismo el que, de esta manera, se hace sumiso a la influencia de la naturaleza material, y participa de su equilibrio. Incluso si pudiéramos creer que ocurre lo contrario cuando los miembros de un grupo se dispersan y no encuentran nada en su nuevo entorno material que les recuerde a la casa y las habitaciones que han dejado, se mantienen unidos en el espacio, es porque piensan en esa casa y en esas habitaciones. [...] Cada aspecto, cada detalle de ese lugar tiene, él mismo, un sentido que no es inteligible sino para los miembros del grupo, porque todas las partes del espacio que ha ocupado corresponden a la misma cantidad de aspectos diferentes de la estructura y de la vida de su sociedad, al menos de lo que hay de más estable en ella (Halbwachs, en traducción de Rivera, 1997: 193-236).

La memoria colectiva configura representaciones que quedan fijadas y que se refuerzan en los lugares donde sucedió un acontecimiento, y que se constituyen por tanto en el patrimonio de una comunidad, que rompen la vida cotidiana, causan impactos en las configuraciones de la conciencia social y afectan a la identidad.

Actores políticos: La política no es una actividad exclusiva de los políticos, porque todo comportamiento político posee una dimensión colectiva, como la siguiente cita afirma:

> No solo los políticos "hacen política". También otros miembros de la comunidad intervienen en ella de maneras muy diversas. Con mayor o menor conciencia de ello intentan influir en el proceso político con intervenciones de distinto tipo: cuando mantienen esporádicas discusiones con sus familiares o amigos sobre algún episodio político de actualidad, cuando votan en unas elecciones, cuando asisten a un mitin o prestan atención —aunque sea superficial— a un programa televisivo dedicado a personajes o temas políticos. Estas intervenciones adoptan formas múltiples y cambiantes y son protagonizadas por una diversidad de sujetos (Vallés 2006: 321).

El acto político de un sujeto individual tiende a integrarse en un conjunto de actos realizados por otros, con el fin de aumentar su incidencia sobre la toma de decisiones y asegurarse su aceptación (Vallés

2006: 322). La mayoría de los autores coinciden en el hecho de que la participación electoral no es más que una de las modalidades de participación política y quizás ni siquiera la más importante (Pasquino *et al.* 1996), aunque probablemente la más difundida y la más universal. El voto como conducta política contiene una decisión individual, pero la suma de estas decisiones individuales se convierte en un hecho político colectivo. La actividad política se caracteriza entonces por relaciones que se producen de formas, modos, con frecuencias e intensidades distintas entre individuos, grupos, asociaciones e instituciones. Estas relaciones se clasifican y analizan fundamentalmente dentro de la categoría de participación política[9], que a su vez es un concepto importante para la comprensión del tema porque:

> La participación política es aquel conjunto de actos y actitudes dirigidos a influir de manera más o menos directa y más o menos legal sobre las decisiones de los detentadores del poder en el sistema político o en cada una de las organizaciones políticas, así como en su misma selección, con vistas a conservar o modificar la estructura y por tanto los valores del sistema de intereses dominante (Pasquino *et al.* 1996: 180).

Se pone de manifiesto que en democracia la participación invisible —vale decir la presencia de un público, de una opinión pública interesada en la política e informada sobre sus actividades— posee la capacidad de participar; dadas ciertas condiciones, ese público ya politizado entra en el terreno de la participación política influyendo sobre las opciones y las decisiones (*ibid.*).

El proceso de democratización obedece a una ampliación de las oportunidades, de las instancias, de los niveles de participación, del número de participantes y de la influencia sobre los detentadores de poder y sus decisiones, pero también —y ello será un aspecto importante que retomaremos en el estudio— a una interacción entre la dinámica de la esfera política y la dinámica de la esfera socio-económica que se plasma en el proceso de *movilización social*[10], la que impulsa a los individuos a una mayor disposición a participar para influir en

---

9 Sobre el tema, véase Pasquino (Pasquino *et al.* 1996) y Pizzorno (1994), entre otros.

10 Sobre el tema, véase Deutsch (1961).

procesos y decisiones que les afectan más de cerca, en especial las que atañen a la esfera político-administrativa (Pasquino 1996). La participación política mejora la sintonía entre la política pública y las necesidades y prioridades de los habitantes; es por tanto el involucramiento directo y activo de los ciudadanos en iniciativas o proyectos de bien común. Se realiza principalmente en el ámbito comunitario, y da cuenta de una motivación socioterritorial porque incide en la vida del lugar. Aunque la participación se liga al capital social, no por ello es constitutiva de capital social, y pueden darse acciones de interés estrictamente individual, trayectorias de carácter político o espacios de liderazgo alejados de los ámbitos de la confianza y la reciprocidad (Viteri 2007).

Acerca de la etnicidad: Entendemos que la etnicidad se desarrolla como una herramienta conceptual que nos explica el orden semántico de la agregación social a partir de la conjunción y yuxtaposición de rasgos específicos y circunscritos a momentos determinados (Oré 2010: 168); en este sentido coincidimos con Restrepo (2004: 61) cuando afirma que "el término étnico puede investir connotaciones diferentes de acuerdo con la sintaxis histórica específica en el cual opera". Aunque la etnicidad sea parcialmente producida desde el presente como efecto de luchas políticas y discursivas sobre sus significados, hay un fuerte anclaje en los contextos y experiencias históricas, lo que significa que la etnicidad se difunde atravesando la vida social contemporánea, donde desempeña una destacada tarea a través de procesos de autodeterminación, de resistencia o de negociación con los Estados; en definitiva, un proceso manifiesto de la construcción constante de las identidades que, sin eliminar las viejas connotaciones, adquiere nuevos contenidos (Méndez 2000: 35), resignificando, como apunta Pajuelo (2004: 9), "al despliegue colectivo de nuevas identidades".

Respecto a la heterogeneidad del término[11], Díaz Polanco (1995: 61-62) aporta que la etnicidad o lo étnico es un campo complejo que involucra ciertas características culturales, sistemas de organización social, costumbres y normas comunes, pautas de conducta, hábitos,

[11] Palpamos la heterogeneidad y complejización de lo étnico en los procesos de movilidad social y territorial, por ejemplo.

lengua, tradición histórica, etc., por lo que todo grupo social constituido posee su propia etnicidad, que puede ser entendida, según Degregori (1993: 114-117), como una condición primordial y situacional. El primero de esos aspectos definiría los vínculos que surgen del hecho de haber nacido en una determinada comunidad y de compartir ciertas prácticas sociales y culturales. Advertimos, sin embargo, que este punto del enfoque, si es intencionalmente mal interpretado, contribuiría a atribuir a los grupos étnicos características inmutables y exóticas; el segundo aspecto vemos que se convierte en un recurso al cual los individuos apelan con el fin de satisfacer necesidades tácticas. Desde este punto de vista las etnias se constituyen en grupos de interés que compiten por recursos y movilizan lengua, rituales y otros aspectos culturales para alcanzar objetivos por los cuales el grupo étnico se volvería autoconsciente de sí mismo y de sus fronteras con otros grupos, y también de su relación y/o confrontación con el Estado, como la siguiente cita lo expresa:

> La identidad es el conjunto de repertorios culturales interiorizados (representaciones, valores, símbolos…), a través de los cuales los actores sociales (individuales o colectivos) demarcan sus fronteras y se distinguen de los demás actores en una situación determinada, todo ello dentro de un espacio históricamente específico y socialmente estructurado (Giménez 2002: 12).

Así entendida, la etnicidad es un medio de acción para obtener logros culturales, económicos, políticos, etc., pudiendo demandar reconocimiento lingüístico, religioso, autonomía e inclusive autodeterminación, y que recurre a estrategias para su sobrevivencia y reconocimiento. Es precisamente esta lógica de la etnicidad la que nos interesa explorar para la presente investigación, o, dicho de otra forma, queremos ver las estrategias étnicas a las que se recurre. Para ello nos apoyamos también en Castells (1999: 28-34), quien resalta el tema de la identidad dentro de lo étnico, proponiendo que todas las identidades son construidas, y que para esta construcción se recurre a los materiales de la historia, la memoria colectiva, las fantasías personales, los aparatos de poder, las revelaciones religiosas… O sea, "la identidad es la fuente de sentido y experiencia para la gente […] el proceso de construcción del sentido atendiendo a un atributo cultural, o un conjunto relacionado de atributos culturales, al que se da prioridad sobre el resto de las fuentes de sentido"; entonces la etnicidad podría actuar como una fuerza contrahegemónica, pero también como una fuerza sustentadora de las clases hegemónicas. He aquí el doble carácter de la etnicidad y la importancia que hay en el hecho de diferenciar ambos filos de la espada. Pero hasta llegar a este momento constitutivo habrá un largo camino que recorrer, en este camino el proyecto indígena se abre un lugar en la arena de la política hegemónica articulando sus demandas a través de su cohesión identitaria y ocupando el espacio conceptual adjudicado a lo indígena. Así, el proyecto indígena se convierte en palestra desde donde reclamar derechos con relativa legitimidad (De la Cadena 2008: 28). Esto es, según Le Bot (1998: 203), lo que hace ejemplares y expresivos los movimientos indígenas modernos, la voluntad de emancipación y el proyecto de construcción de un sujeto político se combinan como "luchas por deshacerse de la 'indignidad negativa' (el indio como producto colonial y neocolonial) y convertirla en indignidad positiva", luchas por el reconocimiento, por la identidad, que articulan reivindicaciones socioeconómicas y políticas con la movilización de recursos culturales.

II. HISTORIA, ESTRUCTURAS Y CONTEXTO DE LOS ESCENARIOS DE ANÁLISIS

Una descripción cronológica implica aplicar diacronía a fenómenos que necesitan ser deconstruidos y analizados desde su particular evolución histórica, de ahí que nuestra búsqueda por saber *qué sucedió* y la necesidad de explicarlo posea varios niveles, y es de esperar que este capítulo brinde, cuando menos, algunos elementos para un mejor entendimiento del contexto de nuestro estudio, Bolivia en general y Tarija en particular.

1. Bolivia (1982-2005)

En el 2003 el PNUD ubicaba a Bolivia en términos de desarrollo humano casi al mismo nivel que Tayikistán y Honduras y al final de la lista de los países sudamericanos, con uno de los indicadores de pobreza rural más elevados del mundo[1]; pero Bolivia es, ante todo, un

---

[1] De acuerdo con el Informe de Desarrollo Humano del PNUD (2003), Bolivia ocupa el lugar número 15 entre los 20 países latinoamericanos, prácticamente en el mismo nivel promedio que El Salvador (107) y por encima de Paraguay (111), Honduras (120) y Haití (161). Con la excepción de Paraguay, no existe posibilidad real de comparar a Bolivia con sus vecinos sudamericanos en cuanto a índices de desarrollo humano. "En el 2009, alrededor de dos tercios (66.4 %) de los habitantes rurales bolivianos eran pobres moderados y más de dos quintos (45.5 %) se encontraban en la miseria" (página siete, 20/07/2014). Es evidente que la dramática realidad social boliviana se arrastra desde el nacimiento mismo de la República, y pretender cargarle toda la responsabilidad a la gestión actual de gobierno es cuando menos erróneo; caben sin embargo algunas consideraciones que permiten exigir mejores resultados, como por ejemplo que ningún país de la región ha experimentado un crecimiento económico de la dimensión del boliviano y, en comparación, los avances sociales en la última década de estos

país muy desigual[2], y para verlo basta con darse una vuelta por los exclusivos barrios de Equipetrol en Santa Cruz o la zona sur en La Paz y visitar después comunidades rurales del norte de Potosí, por ejemplo San Antonio de Esmoruco, donde, según datos del PNUD (2010), el 90 % de la población vive en situación de pobreza; mientras, la elite —al igual que sus pares de la región— de principios de siglo se orienta fuertemente hacia el extranjero, viviendo una situación de herodinismo[3] (Werz 2007). Pero quizás lo más llamativo de su composición social, no solo por ser numéricamente mayoritaria, sino por su innegable presencia, es su población autoidentificada como indígena, que llegó al 62 % (INE 2002), mayor que en cualquier otro país latinoamericano, excepto Guatemala (Unicef 2009: 67). Para que el lector se haga una idea de lo que esto representa en la realidad del país, incluimos la siguiente cita:

> En uno de los techos del mundo, un sol de castigo quema las pieles, que se tornan rápidamente viejas y duras, como los cueros, y se venga cuando se va, con un frío que hace oscilar el termómetro en más de 40º de diferencia entre la noche y el día. Sus habitantes viven en pobres casa de adobe y suelos de tierra, comen papas como alimento básico. Los más afortunados cuentan con un pequeño rebaño de llamas, su banco, que sacrifican por necesidad para ir convirtiéndolo en fideos, arroz o medicamentos. La jornada comienza a eso de las cuatro de la madrugada, cuando las mujeres se levantan para preparar algo caliente, una sopa de quinua, un cereal autóctono con el que calentar el estómago. Sus ingresos provienen de la cosecha anual, si la sequía se lo permite, y de la venta de leche de alguna cabra o burra,

---

países son muy parecidos a los bolivianos. Eso quiere decir que no se hace lo suficiente por avanzar en el tema de la pobreza.

2 Según un informe del Centro de Estudios Distributivos, Laborales y Sociales (CEDLAS) de la Universidad de La Plata, que titula *Pobreza y desigualdad en América Latina*, Bolivia superó a Brasil y se ubica en el primer lugar como el país más desigual de Latinoamérica en el 2013.

3 La palabra que define al concepto se deriva de Herodes, que vivía físicamente en Palestina pero culturalmente en Roma; con ello el concepto se refiere a que las elites latinoamericanas son sociedades que físicamente tienen su asiento en América Latina, pero que viven intelectual, económica y políticamente en los respectivos centros hegemónicos. Según esta explicación las capitales latinoamericanas se convierten en centros hegemoniales externos de Europa y Norteamérica (Werz 2007: 204).

> los que la tienen. Se calcula que, en las regiones más aisladas, la renta anual de estas familias oscila entre los 70 y 100 dólares. Es casi la misma película, la misma imagen que hace cinco siglos: un desayuno escaso y pobre, su forma de calentar el agua —con leña— y los paseos diarios de las mujeres a los pozos de la comunidad a por agua según se levanta el día. Luego ellas, casi siempre descalzas, lavan la ropa, van por leña, tejen sus trajes, sacan a pastar a las llamas, cuidan a los viejos, cardan la lana y si les queda tiempo ayudan en el campo, siempre con sus trenzas, símbolo de feminidad, y su bombín [sombrero], convertido en elemento de dignidad. Las armas para sacarle frutos a las tierras del duro altiplano, las mismas que antes de que llegaran los españoles. Los quechuas siguen labrando las tierras con el mismo arado de pie que sus antecesores precolombinos, un palo de madera con el que baten la descuartizada tierra. Los horarios y condiciones laborales también se repiten: trabajan de sol a sol todos los días de año, y no hay edad de jubilación (Lula Gómez, *El País*, 10/07/2005).

Bolivia tuvo muchas oportunidades para ser un país próspero; en la colonia, la ciudad de Potosí fue, junto a París, una de las más grandes, modernas y ricas; sin embargo hoy es una de las ciudades más pobres del continente. El país cuenta con alrededor de 11 millones de habitantes (INE 2014), los cuales circulan en un territorio tres veces más grande que el territorio alemán. Con una de las tasas de natalidad más altas del continente[4], 4 hijos por mujer (OPS en *El Diario* 2012), es uno de los países con el crecimiento poblacional más alto de la región, pero las estadísticas dicen también que al menos 4 millones de bolivianos viven en el exterior[5], la mayoría en Brasil, Argentina, España y Estados Unidos, muchos sin papeles y algunos incluso en condiciones de esclavitud[6]. Al igual que muchos países ricos en recursos y escasos en ingresos, su economía de exportación dependió siempre de las materias primas extraídas por una pequeña parte de la fuerza laboral[7].

---

4 Sobre el tema, véase *El Diario* (06/12/2012).

5 Sobre el tema, véase las estadísticas de ORBE (Organización de residentes bolivianos en el exterior).

6 Sobre el tema, véase *Jornal do Brasil* (17/06/2011) y *El Mundo* (16/01/2013), entre otros.

7 Sobre el tema, véase Biber (1996).

Bolivia es también uno de los mayores productores de hoja de coca del mundo, la materia prima de la cocaína, pero un programa de erradicación obligado por Estados Unidos ha provocado la bronca de miles de campesinos, para quienes esta hoja no solo les calma el hambre, la sed y el cansancio, sino que también es usada en la medicina y en sus prácticas culturales y religiosas. Hay que añadir, además, el carácter machista de la sociedad boliviana, en donde las prácticas de violencia (tanto práctica como simbólica) en contra de las mujeres están legitimadas a partir de un discurso que, aunque cueste creerlo, viene también de las propias mujeres. Los bolivianos de a pie creen que solo los ricos y los políticamente bien conectados son quienes más y mejor se han beneficiado con las políticas de liberalización de la economía (Crabtree 2005), en un país agitado como resultado de una historia singular para muchos todavía desconocida; el problema de su inestabilidad política, la producción de coca y la muerte del Che Guevara —"cuya muerte se le atribuye muchas veces a la población boliviana en su conjunto. El hecho de que no hubiera entendido a Bolivia fue una de las importantes razones para determinar que muriera allí" (Dunkerley 2003: 17)— son hechos que han puesto al país en la palestra del debate internacional. Es también digna de resaltar la casualidad del carácter casi premonitorio de muchos acontecimientos que sucedieron en el país, en una suerte de "preámbulo al futuro" (García Linera 2012: 39).

Un repaso por la historia nos permitirá argumentar mejor esta formulación: en los años cincuenta se vivió en Bolivia una insurrección proletaria que se adelantaba a lo que sería la irradiación del movimiento obrero en el continente; una década más tarde Bolivia nuevamente aparece en el espectro abanderando el ciclo de dictaduras que azotarían a la región, convirtiéndose después en el primer país de América Latina que ponía a un dictador en la cárcel, al mismo tiempo que escogía democráticamente a otro como presidente; a unos pocos años de la caída del muro de Berlín, Bolivia vivió el derrumbe de su horizonte izquierdista (*ibid.*), y para finales de los ochenta, mientras otros países buscaban un modelo alternativo para salir de sus crisis, Bolivia era presentado como el alumno ejemplar de las políticas que las IFI le habían impuesto, es decir, la liberalización de su economía. De esta forma llegamos a principios del presente siglo y ahí, cuando las alabanzas para el modelo de desarrollo logrado —aparentemente por el sistema económico de libre mercado— llenaban las primeras planas de los medios de comunicación global, en Bolivia tres significativas revueltas cuestionaban con ejemplos concretos el sistema social, político y económico imperante hasta entonces en el ámbito mundial: la Guerra del Agua en el 2000, el Impuestazo en febrero del 2003 y el Octubre Negro del 2003. El resultado de estas revueltas —o como Philip y Panizza (2011: 41) la llaman, "la política de la protesta de masas"— fue "la reemergencia de poderosas y radicales estructuras de autoorganización social" (García Linera 2012: 42), que cerraron el corto pero intenso ciclo de la legitimidad neoliberal y que dieron un sentido estricto y relevante a por qué dedicar la investigación y por supuesto la mirada a un país privilegiado por la acción colectiva de sus habitantes.

No podemos hablar del contexto en que se desenvuelve el país sin hacer mención al tema de la etnicidad. La identificación étnica no es un fenómeno reciente en Bolivia, país considerado como uno de los más "indios" del continente americano, la referencia a la etnicidad se ha hecho intensa, casi sistemática, desde finales de los años noventa del siglo pasado, cuando una corriente internacional transformaba la mirada a los pueblos indígenas. De entender a los indígenas como una población a la que había que *domesticar, civilizar e integrar* a la cultura nacional dominante se pasó a ver a este grupo como una población a la que se le podía reconocer el "derecho a la diferencia". Las razones de este giro son complejas, pero no cabe duda de que parte de ello se debe al surgimiento de los movimientos indígenas en todo el continente, y en particular en las tierras altas bolivianas; pese a ello lo indígena en Bolivia tiende a ser visto erróneamente como un mundo homogéneo y con cierta intencionalidad política, se tiende a hablar de esta parte de la población, como si se tratara de *una minoría dominada por una mayoría no indígena*, aun cuando las estadísticas muestran más bien notoriamente que estamos hablando de que más de la mitad de los bolivianos se autoidentifica con alguno de los treinta y seis pueblos indígenas del país. La realidad por tanto es compleja y está atravesada por líneas de división y reacomodamiento de clase, género y cultura. De allí que, desde estas páginas, se cuestione a las interpretaciones mitificadoras de lo indígena que asumen una posición paternalista, que intentan mantener una imagen cuasiesotérica y paradisíaca de lo comunitario, negando las desigualdades, las jerarquías y los problemas de género entre los indios[8].

La lectura esencialista, coloca a los indios *allá lejos* y *hace tiempo* (Rivera 2009), afincándolos en territorios determinados, olvidando que los indios no viven en un solo espacio, son migrantes itinerantes con propiedades en la Zona Norte de Tarija, en El Alto, en el barrio Plan 3000 en Santa Cruz, pero también en Buenos Aires, en Madrid o en Virginia. Su potencial como portadores de formas alternas de identidad y de comunidad es una fuente inagotable para el devenir de los tránsitos en donde se desarrollan. Por eso no resulta una novedad que fuera precisamente una zona de colonización la que le despertara la conciencia política a Evo Morales, Luciano Tapia[9] y a otros muchos sindicalistas; no es en un *ayllu* donde ellos descubren su condición cultural y política, sino su lugar de migración donde ellos toman conciencia de su proyecto político. Es en este sentido que las cosas más serias que se han hecho a nivel de interpelación, de denuncia, de protesta social, de búsqueda de soluciones políticas a la desigualdad en Bolivia provienen precisamente de las zonas de inmigración interna como el Chapare, Tarija, El Alto o Santa Cruz.

1.1. 25 AÑOS DE DEMOCRACIA

A diferencia de lo que pasa en otros países de la región con democracias centenarias, Bolivia no tuvo una democracia representativa sino hasta 1982, después de décadas de dictaduras; los bolivianos poco a poco se han ido acostumbrando a la idea de cambiar gobiernos a través de la línea democrática. Aunque la revolución nacional de 1952 decretó el voto universal, esta no construyó una democracia representativa. La forma tradicional de entender el escenario del país fue durante años a través de una lectura de inestabilidad política, un país sacudido por numerosos golpes de Estado[10] comandados por mi-

---

[8] El término *indígena* es un término que proviene de los discursos de organismos dedicados a la mal llamada "ayuda al desarrollo". Tomando distancia de esta posición, y como ya lo advertíamos en la introducción de este libro, reivindicamos, al igual que los indianistas, el término *indio*, interpelando el uso peyorativo que se le ha dado y llamando la atención sobre su uso.

[9] Sobre el tema, véase Tapia (1995).

[10] Sobre el tema, véase Barrios y Mayorga (1994).

litares relacionados con el comercio de la cocaína[11] y por constantes rebeliones e insurrecciones sociales.

En la primera mitad del siglo pasado el país vivió una especie de sistema bipartidario mediante el cual se definía el acceso a la titularidad del poder con el voto de solamente el 5 % de la población; entre 1952 a 1964 fue la fase del nacionalismo revolucionario nacional, época definida como de un régimen revolucionario unipartidario, y entre 1964 hasta 1982 Bolivia tuvo una serie de regímenes militares de tipo dictatorial. En este tiempo la titularidad del poder se define entre el enfrentamiento entre fuerzas armadas y el sindicalismo boliviano, y por esta última fase Bolivia es entendida como el país donde los militares y los obreros, en especial los mineros, definían la política por medio de su enfrentamiento constante y a través de su intención de negar y eliminar al otro (Toranzo 2006: 226); por ello coincidimos en que:

> Si concebimos la democracia [boliviana] exclusivamente como un mecanismo para elegir gobiernos, es decir, la presencia de elecciones libres, competitivas, periódicas y correctas cada cuatro, cinco o seis años, estamos ante una simplificación que sólo alcanza al nivel descriptivo y se muestra insuficiente para entender la dinámica y el proceso de democracias jóvenes (Zuazo 2008: 11).

La democracia boliviana ha discurrido durante años entre los marcos de unas instituciones políticas que poco tenían de representativas y la vieja tradición del sindicalismo revolucionario, pero la política, aquella que opera a través de masas, asambleas, protestas y que involucra al boliviano de a pie de todas las edades, esa se hace en las calles; se trata pues del recién reconocido fenómeno de la "política en las calles" (Calderón y Szmukler 2000). De ahí que entender la democracia boliviana signifique entender también que la política supera los marcos normativos de las elecciones, y que trasciende e involucra al boliviano de a pie, quien, a diferencia de muchos otros ciudadanos, participa muy activamente de la política nacional y no solamente a través del voto. En pocas palabras, durante siglos la política en Bolivia suele acontecer en las calles, y parece que ello no va a cambiar.

---

[11] Sobre el tema, véanse Dunkerley (2003) y Sivak (2007).

En 1966 el general René Barrientos fue elegido presidente como civil, sin embargo se vio obligado a depender de los militares para poder enfrentarse a los movimientos guerrilleros que habían empezado a actuar. Un año después el ejército boliviano anunció haber ejecutado a Ernesto Che Guevara[12]. Barrientos murió en un extraño accidente de helicóptero en 1969. Se sucedieron en el poder una serie de gobiernos de corta duración, la mayoría militares, y en agosto de 1971 el general Juan José Torres fue derrocado por un golpe de Estado encabezado por el entonces coronel Hugo Banzer. Su período de dictadura fue especialmente sanguinario, suspendió todos los derechos civiles y envió tropas a los centros mineros. Para 1978 Banzer fue obligado a dimitir y una junta militar se hizo con el poder. En 1980 el general Luis García Meza, que no reconoce la elección de Hernán Siles Suazo como presidente del país, se hace con el poder, pero ante el cerco de la sociedad civil y de la presión internacional comandada por el gobierno de Estados Unidos —debido a que esta dictadura fue, en mayor medida que la presidida por Banzer, identificada con el tráfico de cocaína— en 1982 el general deja el poder. A partir de este año y hasta 1985 Siles Zuazo, quien había ganado las elecciones en 1980, arriba al gobierno, pero estos tres años son imposibles de gobernar para un presidente que estaba sin apoyo parlamentario, y que recibió todas las demandas acumuladas de una población que no pudo manifestarse durante once años de dictaduras, que fue cercado por la presión social y obligado a reducir su período de mandato a solo tres años, con la consecuente llamada a elecciones anticipadas en 1985.

En aquel año, Paz Estenssoro, del Movimiento Nacionalista Revolucionario (MNR), que había salido segundo en las urnas, es elegido presidente por la cámara legislativa, pero además el nuevo gobierno logró conformar una coalición gubernamental con Acción Democrática Nacionalista (ADN)[13], lo que le daba una mayoría en el parlamento; es lo que se conoce con el nombre de "pacto por la democracia", "el que permite hablar en Bolivia del inicio de un proceso de democracia pactada que se fue convalidando procesualmente en los siguientes quince años" (Toranzo 2006: 234). Con esto se dio,

[12] Sobre el tema, véase Dunkerley (2003).

[13] Partido fundado y encabezado por el dictador Hugo Banzer.

sin embargo, paso también a la lógica de pactos: en 1989 el Acuerdo Patriótico entre ADN y MIR llevó a Paz Zamora a la presidencia; en 1993 otro pacto, UCS/MBL/MNR y MRTKL hacen de Sánchez de Lozada (MNR) presidente del país, y en 1997 otro, esta vez entre ADN/MIR/UCS y CONDEPA, hacen que un exdictador llegue a ser presidente constitucional de Bolivia. Se trata de pactos que, si bien impulsaron el avance de un diseño institucional, mostrando que gobierno y oposición pueden gobernar juntos, han mostrado también la *promiscuidad* de los partidos políticos, quienes, dejando de lado ideologías, programas o promesas, se juntaban solo por la angurria del poder.

La relación de la ciudadanía con los políticos da cuenta de la legitimidad que acumula o pierde la democracia; para el caso que estudiamos esta ha ido perdiendo legitimidad debido a la falta de credibilidad del ciudadano en los partidos políticos, cuya representación ha sido remplazada por los movimientos sociales, como las organizaciones de trabajadores, los sindicatos y/o las Federaciones, que fueron, entre otros, actores fundamentales en el proceso de recuperación de la democracia. Uno de los reclamos más importantes que se le hace a la democracia en Bolivia es que no haya cumplido con uno de sus principales encomendados, la construcción de ciudadanía bajo el parámetro de igualdad, pues:

> Si hacemos un recorrido de democracias en el mundo, reconocemos que en el caso boliviano tenemos una ciudadanía de baja intensidad. Esta constatación pone en evidencia el fracaso recurrente de la promesa de construcción de igualdad. Precisamente por la presencia de un "Estado con huecos", es decir por la debilidad institucional del Estado también en el cumplimiento del rol de integración social, en países como Bolivia la promesa de igualdad o de construcción de equidad como norte de la democracia juega un rol central para la legitimidad y estabilidad de ésta. Y esto no fue claramente visibilizado por la clase política pero sí por el ciudadano (Zuazo 2008: 14).

Como en muchas partes del mundo, en Bolivia los partidos políticos son identificados "más [como] parte del problema que de la solución" (Crabtree 2005: xxii) y cuyo principal interés es aumentar al máximo su tajada de la torta en el reparto de puestos y cargos, olvidando por completo la tarea para la que fueron elegidos; por ello la democracia significa para muchos una promesa incumplida. Por otro lado hay que decir también que el ajuste estructural vino casi paralelo a la recuperación de la democracia, de allí que para el imaginario popular ajuste estructural y democracia pactada se confundan entre sí, siendo paradójicamente los propios partidos políticos los artífices del desgaste del concepto de democracia, pues estos "utilizaron el pacto y las coaliciones como un medio para usar el poder de manera prebendal y clientelar" (Toranzo 2006: 27). Queda por verse qué futuro le espera a los partidos políticos y a la institucionalidad que representan si no se hace un ajuste y una toma de conciencia social de lo que la democracia significa, sobre todo entre generaciones que han tenido la suerte de no conocer las dictaduras.

1.2. DECRETO SUPREMO Nº 21060

En este subtítulo vamos a detenernos en explicar uno de los decretos más polémicos que se han aprobado en el país[14]. Hoy —más de veinticinco años después de su aprobación— todavía el sistema político, como el económico y social del país, viven sus repercusiones y es nombrado casi a diario por la prensa especialista. Será sin duda este decreto el que va a forzar a un número importante de la población boliviana hacia la búsqueda de nuevos espacios de sobrevivencia, es decir, a uno de los momentos más importantes de la historia migratoria interna; veamos de qué manera.

En el altiplano y los valles secos intramontañosos —que es donde se concentra la mayor parte de la población rural boliviana (Kohl y Farthing 2007: 114)— después de la Reforma Agraria de 1952 los campesinos recibieron parcelas de tierra[15] como estipulaba uno de los fundamentos de la Ley de Tierras, "la tierra es para quien trabaja", lo que fue identificado como la solución a un problema que el país heredaba desde la época colonial. El problema llegó años después, cuando estas tierras tuvieron que subdividirse según la llegada de los hijos y los hijos de estos, pues es a lo que la tradición obliga. El re-

[14] Desde estas páginas identificamos dos leyes que han tenido un impacto directo y lacerante en la población boliviana, la Ley 1008 y la Ley 21060.

[15] Sobre el tema, véase Malloy (1989: 188).

sultado fue una infinidad de minifundios[16] en esta región del país, que contrasta no solo por la geografía sino por el latifundio con el oriente. Los terratenientes del oriente boliviano, nos recuerdan Kohl y Farthing (2007: 116), "se beneficiaron de más del 50 % de los créditos del estatal Banco Agrícola"; estos préstamos fortalecieron a las elites orientales, que desconocieron con frecuencia sus obligaciones crediticias cuando cayeron los precios internacionales. Por otro lado, el proteccionismo estatal en grandes dosis incubó un sector industrial poco competitivo, vulnerable al cambio económico externo y que reducía su producción al consumo interno, lo cual no hubiera estado mal de no ser por la pobreza del consumidor promedio, pero además por el hábito de consumo de este, que como un profesor de Economía nos explicaba, "en Bolivia usamos un colchón, en promedio 20 años, hagan números y calculen cómo sería el beneficio de poner una fábrica de colchones si a eso además le añadimos la competencia que nos hacen los colchones de esponja traídos por contrabando desde Brasil"[17]. Pero también hay que señalar que el hábito de los consumidores más pudientes, que prefieren los productos extranjeros antes que los nacionales, y los bajos niveles de integración regional e interna, dificultaron fuertemente la expansión del mercado nacional (Conaghan y Malloy 1994).

En este contexto económico Bolivia llegó a la década de los ochenta; entonces el país acumuló un déficit solo comparable con países que se habían enfrentado a alguna guerra. La devaluación, la hiperinflación y por ende la escasez de alimentos ocasionaron una nueva desilusión entre los votantes que habían escogido por entonces a un partido autoidentificado con la izquierda: la UDP[18] y liderado por Hernán Siles Zuazo. En 1985 asume la presidencia Paz Estenssoro (MNR), que es quien encabeza la implementación de uno de los programas de rees-

[16] La presión sobre la tierra se ha traducido en un incremento permanente de la migración a las ciudades y al trópico desde los años sesenta, pues un tercio de los campesinos migra temporalmente a las áreas urbanas, a las cosechas de la agricultura de exportación en los llanos orientales y para trabajar como obreros en otros países, particularmente Argentina, Brasil y Chile.

[17] Apuntes de las clases magistrales de Economía I, Carrera de Economía en la Universidad Católica Boliviana, segundo semestre 1998, Prof. J. Herbas.

[18] Más sobre la crisis de los años 80 se puede encontrar en Lazarte y Pacheco (1992).

tructuración neoliberal "más radicales de Sudamérica" (Kohl y Farthing 2007: 140), denominado Nueva Política Económica (NPE). La estabilización antiinflacionaria de este programa fue un éxito y la inflación siguió siendo baja después de 1985[19]; esta supuesta proeza fue bautizada como "el milagro boliviano"[20]. El apoyo fuerte y visible de las instituciones financieras internacionales (IFI) a la implementación de la NPE también incrementó su validez a los ojos de la población, acostumbrada por la herencia colonial a identificar a lo extranjero como más competente, más desarrollado y más moderno[21]. Con la aplicación de la NPE se estableció la flotación del peso, se indexaron los precios de la gasolina al dólar norteamericano, incrementando de este modo los ingresos fiscales, y se instituyó impuestos a la exportación sobre el petróleo y gas controlados por el Estado. El elemento clave para la disminución del déficit fiscal, sin embargo, fue la elevación en siete veces del precio de los derivados del petróleo a nivel interno (Morales, en Kohl y Farthing, 2007). Las IFI, y sobre todo el gobierno de Estados Unidos, renovaron sus acuerdos de crédito (*stand-by*) con Bolivia previa obligación de montar una ofensiva militarizada en contra de los cultivos de coca. El financiamiento de las IFI se volvió esencial para que el gobierno boliviano pudiera cumplir sus obligaciones básicas[22]; por eso, aunque la deuda bilateral disminuía la deuda multilateral crecía, principalmente con el BID (Kruse, en Kohl y Farthing, 2007: 118), y el fortalecimiento del sector empresarial que preveía la NPE —y que los economistas de entonces, como los actuales, toman como principal argumento de sus supuestos para la elaboración de modelos— simplemente no se produjo, en principio porque históricamente estos son los menos propensos a promover el crecimiento económico nacional mediante la reinversión de sus utilidades.

Un informe del Banco Mundial (2004: 8), al que Kohl y Farthing (2007: 121) califican de "sorprendentemente autocrítico", sugiere

---

19 Cayó de una tasa anual del 12 000 % hasta 9 % en cuestión de meses, según datos de UDAPE.

20 Frase utilizada por el Banco Mundial para convencer a otros países de aplicar la receta.

21 Sobre el tema, véase Rivera (2006).

22 Según el Banco Mundial (2003), la mitad de la inversión pública desde 1985 en Bolivia ha sido apoyada por la cooperación internacional, alcanzando en promedio un 9 % del PIB anual.

que fue tan fuerte la creencia de los donantes en los principios liberales que "fueron llevados a creer, [que durante] los años iniciales de democracia y varios años de crecimiento razonable" ellos podría reinventar el país completamente. Extraemos un párrafo de este informe, el cual nos permitirá una noción más clara de por qué la NPE no tuvo el impacto que se esperaba.

> Las reformas [se refieren a las provenientes de la NPE] han tropezado con cuatro problemas: i) la elección del momento, ii) la implementación, iii) el financiamiento y iv) la adecuación del paquete de reformas. El problema de la elección del momento es que muchas de las reformas implican costos a corto plazo y beneficios en el futuro. Ese es el caso de la reforma de pensiones y la reforma educativa entre otras. La implementación no siempre ha sido satisfactoria como se esperaba. En algunos casos las reformas fueron más caras de lo esperado. Mirando hacia atrás, parece que ni los gobiernos ni los donantes han calculado bien los costos de implementar simultáneamente el paquete completo de reformas en Bolivia. Además de los problemas de financiamiento, las estimaciones fueron demasiado optimistas (Banco Mundial 2004: 8).

Esta proeza, milagro o todos los calificativos que las IFI le dieron al caso le costó a la sociedad boliviana más de lo que la mayoría de los analistas económicos quieren reconocer: 23 000 mineros de un total de 30 000 perdieron su empleo solo durante el primer año, mientras que en el sector fabril se perdieron unos 35 000 empleos en el transcurso de cinco años (Crabtree 2005: XVII). El gobierno redujo gastos congelando y recortando salarios al sector público y abrió los mercados a la lógica del libre mercado. Bolivia se vio obligada a importar alimentos, una idea poco afortunada en un país donde, por entonces, un tercio de sus pobladores se dedicaba al cultivo, por eso miles de campesinos tuvieron que abandonar sus campos y vinieron a engrosar los cinturones de pobreza de las ciudades capitales. Este es, sin embargo, un tema poco trabajado y poco investigado, sobre todo por los economistas: el costo humano de la NPE.

Se estima que, a finales de los años 90, alrededor de 1.5 millones de bolivianos dejaron el país, a quienes Galindo (2007) ha bautizado como "los exiliados del neoliberalismo", uno de los costos humanos de la NPE; los que se quedaron, en su mayoría ocuparon puestos informales —en el sentido de precarios, sin seguro de salud y en condiciones infrahumanas—, y miles de familias se vieron obligadas a incorporar a sus hijos menores de edad al trabajo. En lo que sí se encuentra mucha literatura y sobre todo cifras es en el cumplimiento de las obligaciones financieras, la aparente estabilidad de la economía y el incremento de las exportaciones, aunque estas fueran solo de materias primas no renovables.

Con lo explicado sustentamos nuestro argumento de que las reformas jugaron un papel importante en los problemas sociales y políticos en los que Bolivia se vio envuelta a principios de este siglo, siendo su punto más álgido en febrero y octubre del 2003; pero sobre esto hablaremos más adelante.

1.3. La NPE: más que un plan económico, un plan político

> *"[La NPE] contenía una agenda enormemente ambiciosa que iba más allá de la estabilización macroeconómica"* (Sachs[23] 1987).

Muchas de las políticas de la NPE, que fue aplicada en base al Decreto Supremo nº 21060, eran similares a las del plan de estabilización de 1956, aunque la diferencia principal en 1985 fue la propuesta de reducir significativamente el tamaño del Estado mediante la disminución de su papel en la economía. El Decreto Supremo nº 21060 contenía la intención explícita de recuperar el apoyo que las IFI y los Estados Unidos habían retirado a Bolivia durante el gobierno de la UDP (1982-1985). La destrucción del poder de la COB y de la resistencia del boliviano de pie fue una de las metas principales de la NPE, aunque no de modo explícito (Kohl y Farthing 2007: 131). En aquellos tiempos se consideraba al movimiento obrero como el principal ente de resistencia. Por eso la declaración del que por entonces fue ministro de Economía, G. Sánchez de Lozada, decía: "Antes que un plan estrictamente económico [la NPE] es un plan político, que tiende al restablecimiento de principios fundamentales para el fun-

---

[23] Jeffrey Sachs, principal asesor y consultor para la implementación del Decreto Supremo nº 21060 en Bolivia, fue consultor del Banco Mundial y consejero personal del expresidente Gonzalo Sánchez de Lozada.

cionamiento de la República, en ausencia de los cuales se corre el grave riesgo de precipitarse en el camino de la desintegración del Estado Nacional" (ILDIS 1985: 6), lo que resultó ser el preámbulo de lo que esta política pretendía con los movimientos sociales del país. De 1952 a 1985, la COB había ejercido una importante influencia sobre la vida política nacional. John (2010) afirma que esta influencia fue mayor a la que cualquier otro movimiento sindical independiente en Latinoamérica, y tal vez en el mundo, hubiera aspirado. A lo largo del período de las dictaduras militares (1964-1982) la COB fue el centro de luchas por el retorno a la democracia. Una muestra concreta de esta acción se da en 1978, cuando una masiva protesta iniciada por mujeres mineras[24] provocó la caída de la dictadura de Banzer. La COB de aquel entonces no se limitaba a la reivindicación salarial, sino que encarnaba la visión de una sociedad justa, igualitaria, que defendía los intereses nacionales y sacaba la fuerza de su capacidad para cohesionar a los sectores sociales; era un movimiento laboral organizado que en su momento logró aglutinar —con sus respectivos problemas— una enorme cantidad de sectores económicos, corrientes ideológicas, partidos políticos y grupos étnicos.

A partir de la implementación de la NPE, que abrió al país hacia la economía de libre mercado, se produjo el cierre de empresas estatales y por ende el despido de miles de trabajadores. Un caso emblemático es el de las minas, al que se conoce bajo el eufemismo de *relocalización*. La COB perdía, con el despido de los mineros, a sus actores más activos, esta es una de las causas de su debilitamiento, pero también pasó que las protestas se convirtieron en fenómenos cotidianos de las calles de las ciudades centrales bolivianas. En este contexto la COB tendía a reaccionar a cada nuevo golpe con la misma táctica, y esta con el tiempo se volvió menos eficaz. Por su parte, "los actores sociales vivieron en esas décadas profundas transformaciones y una crisis sin precedentes que no se limitó a la incapacidad de la COB para representarlos, sino a la pérdida de autonomía en la construcción de un proyecto propio de sociedad" (Cajías de la Vega 2004: 18). Un motivo también importante para este debilitamiento fue el carácter machista de sus dirigentes, que no permitieron el ascenso ni

---

[24] Encabezada por Domitila Barrios y otras cuatro esposas de mineros en contra de la dictadura de 1979.

la participación activa de las mujeres, que por entonces eran la mayoría en las listas de quienes todavía mantenían sus puestos de trabajo, aunque en condiciones precarias, como las vendedoras ambulantes[25] y las maestras de escuela.

Los estatutos de la COB que habían garantizado para los mineros un rol dominante y de vanguardia dentro de la organización pronto condujeron a crecientes tensiones con los sindicatos de maestros y de campesinos, cuya voz creció independientemente. En cada congreso de la COB, los campesinos, representados por la CSUTCB, han luchado hasta el momento sin éxito por volcar el tradicional desequilibrio de poder que favorece a los obreros (Tapia 2009). La CSUTCB extendió su discurso indigenista e indianista por todo el país, revitalizando un vigoroso movimiento indígena que surgía por doquier. Al mismo tiempo que los mineros desocupados, dispersos en barrios improvisados de Tarija, Santa Cruz, El Alto o el Chapare, tenían que luchar para tener lo suficiente para comer, una disputa interna —sobre si debían concentrarse en defender su puesto de trabajo o negociar mejor el acuerdo de finiquitos que les daba el gobierno— debilitó el movimientos minero. Además la "flexibilización laboral" que introdujo la NPE permitió a los empleadores deshacerse de los dirigentes sindicales más activos.

Cuando uno se pregunta dónde estuvo la resistencia a esas reformas en un país, como John (2010) describe, con los movimientos sociales más poderosos de la región, la respuesta es simple. La COB había dilapidado gran parte de su capital político luchando con el gobierno de la UDP; sumado a eso, la NPE tuvo éxito en fragmentar a las organizaciones populares, y con la oposición en el Congreso utilizó la cooptación con un pacto político entre el MNR y el ADN, esto mientras los intelectuales cooptados de la época convencían al resto de las ventajas de estas reformas:

---

[25] Las vendedoras ambulantes, conocidas también como gremiales, hoy están organizadas en un movimiento social integrado en una ínfima parte por hombres pero liderado por estos. Estas mujeres, que dedican hasta catorce horas diarias a la venta en la calle de, básicamente, alimentos enlatados o dulces, están apostadas en las aceras junto a sus hijos. Los programas de "préstamos solidarios" encabezados por ONGs han hecho de ellas sus principales víctimas. Para más referencias sobre el tema, véase Galindo (2007).

> Términos como el de "neoliberalismo con rostro humano", "social neo-liberalismo", "cuidar la gobernabilidad", "éste es el único camino, no hay otro", "entrar al tren de la globalización", "modernizar al país" fueron acuñados por muchos intelectuales seducidos por la lógica de poder y por la "magia del mercado" al tiempo de incorporarse en puestos públicos o como consultores bien pagados, sea como encargado de concretar las políticas de ajuste y de reforma, ya sea en su desempeño como autoridades políticas. Casi de seguro, los más ni siquiera se enteraron de los fundamentos desarrollados por pensadores neoliberales como Hayek y Von Mises, y se limitaron a repetir, como ecos distorsionados, valores supuestamente "modernos" de un viejo discurso neoliberal (Fernández, en Kohl y Farthing, 2007: 122).

Pero además en 1985 también, con la presión de las IFI para ir hacia una descentralización política, se introdujeron las elecciones municipales como un resurgimiento de la política local, para la cual los partidos tradicionales descubrirían pronto que se encontraban poco preparados. La Nueva Ley Electoral fue exitosa para contener temporalmente el surgimiento de partidos políticos más pequeños, pues los existentes respondieron con la formación de múltiples alianzas para participar en las elecciones. Durante las elecciones de 1989 estas alianzas, si bien garantizaban la estabilidad, acrecentaron el clientelismo, por tanto la meta neoliberal fundamental consistente en limitar el tamaño del Estado fue en su mayor parte imposible de alcanzar, si no al contrario. Se pensó que los trabajadores difícilmente irían a organizarse, al mismo tiempo que la visión machista y por tanto reducida de quienes implementaron las reformas los llevó a suponer que las mujeres tendrían una limitada conciencia política. Los siguientes capítulos nos ayudarán a demostrar que el mayor error de la NPE fue subestimar la capacidad cohesionadora del boliviano de a pie, pero sobre todo de la transformación política en actores activos, como son los casos concretos de las mujeres y de los migrantes.

1.4. Las reformas: "Las tres leyes malditas"

El apelativo de "leyes malditas"[26] tiene su origen en la dirigente de los profesores urbanos V. Plata, y se refiere a tres leyes en concreto, la Ley

---

[26] Sobre el tema, véase *El Diario*, 29 de junio del 2010.

de Participación Popular, la Reforma Educativa y la Ley de Capitalización. Pronto este calificativo se extendió entre sectores tanto populares como académicos, y es el que se utiliza en el discurso actual cuando se refiere a este paquete de reformas que trataremos a continuación.

En solo cuatro años el gobierno de Sánchez de Lozada (1993-1997) reformó la Constitución, el sistema judicial, el sistema de educación y el sistema de pensiones; por eso Sachs[27] en 1997 se refería al entonces presidente en estos términos: "Yo le doy el mérito a Goni y he dicho muchas veces y en todas partes que él es una de las más extraordinarias figuras políticas del mundo de hoy. Su visión es tan pujante que ha ganado un mérito mundial increíble". Queda por preguntarse si todavía hoy el economista comparte esta opinión. En todo caso, el gobierno de Sánchez de Lozada introdujo la descentralización administrativa y fiscal y una nueva "reforma agraria", y además privatizó las empresas estatales más grandes del país bajo el eufemismo de *capitalización*. Los programas centrales de las reformas fueron: la reforma educativa, la capitalización y la participación popular; detallamos las dos primeras a continuación, y a la tercera le concedemos un subtítulo íntegro en un próximo capítulo, toda vez que nuestra investigación toma a esta como punto importante.

Reforma educativa. Hasta principios del presente siglo Bolivia ostentaba una de las tasas de analfabetismo adulto más altas de Sudamérica, siendo el analfabetismo femenino dos y media veces mayor que el masculino, mientras que la estadística para las mujeres rurales es todavía más alta (Kohl y Farthing, 2007)[28]. La reforma educativa de 1995 concebía a la educación como un mecanismo para dotar a los estudiantes de las destrezas básicas y conocimientos técnicos para desarrollar sus capacidades e insertarse en el mercado laboral de manera más adecuada, y para ello se intentó crear un componente multicultural[29]. En teoría, este tipo de educación pudo servir para ampliar los derechos de ciudadanía, pero en la práctica la mayor parte de la refor-

---

27 Fragmento de entrevista televisiva a Jeffrey Sachs, PAT, 19 de agosto de 1997.

28 Arnold y Yapita (2000) subrayan que la tasa de analfabetismo funcional para Bolivia podría ser incluso mucho mayor en vista de la definición oficial de la alfabetización, basada en la asistencia a clases en vez de en la capacidad de leer.

29 Sobre el tema, véase Ströbele-Gregor (1996).

ma educativa no fue implementada, en gran medida porque el 96 % de las partidas presupuestarias fueron asignadas a la reestructuración administrativa[30], dejando muy poco para la capacitación docente y los nuevos materiales curriculares. Adicionalmente, los profesores provenientes principalmente de las ciudades se resistieron a adoptar el nuevo modelo educativo por razones sobre todo políticas y lingüísticas. Para la Confederación de Profesores, la nueva ley anteponía la capacitación laboral a la educación ciudadana, pues no dotaba a los estudiantes de los instrumentos teóricos que les permitiese cuestionar los temas importantes, como la explotación o la diferencia de clases sociales (Arnold y Yapita 2000).

La realidad del sistema de educación pública en Bolivia muestra que, dado el actual nivel de recursos con que se cuenta, y la desigualdad que se vive, el derecho de acceso universal a una educación de calidad es poco realista. Entre otros factores, el nivel de ingresos y el lugar de residencia determinan el acceso a escuelas, las mismas que están legitimadas como medios de nivelación social[31]. Los esfuerzos por reducir aún más los gastos de educación a través de la descentralización, al pasar esta responsabilidad a los gobiernos departamentales, se encontraron con la resistencia de los comités cívicos, preocupados por la cuestión de quién pagaría por las escuelas.

La capitalización. El Estado boliviano, a través de una polémica ley promulgada en 1994, autorizó la venta de empresas estatales, excepto la Comibol, pues su venta o transferencia está prohibida constitu-

30 Fueron muchos los escándalos de corrupción, entre ellos el más sonado y que todavía se encuentra en proceso es el relacionado con los exministros Amalia Anaya e Isaac Maidana, quienes se encuentran prófugos de la justicia boliviana, y que tiene como parte acusatoria a la cooperación alemana. Estos últimos fueron citados a declarar por la cancillería (*Los Tiempos*, 16/03/2011).

31 También hay que mencionar el hecho de que Bolivia cuenta con las llamadas *escuelas de convenio*, que son aquellas que están apadrinadas por la iglesia católica, sus maestros no acatan los paros y funcionan como semi-privadas. El sistema de admisión a estas escuelas provoca el rechazo de la mayoria de la población, y vanos fueron los intentos del gobierno actual por modificarlo; este sistema excluyente, discrimina a los niños de padres que no están casados por la iglesia católica, así como a los hijos de madres solteras que no tienen oportunidad en igualdad de condiciones para ser aceptados, y tampoco aquellos que no presentan el certificado de bautizo.

cionalmente. El uso de la palabra capitalización fue un eufemismo utilizado por el gobierno de entonces, dando a entender que las empresas privadas vendrían a capitalizar a las empresas públicas. La capitalización se implementó en base a cinco premisas, que según Kohl y Farthing (2007: 164-169) eran:

a. *Las inversiones realizadas por las empresas capitalizadas tendrían un efecto multiplicador en el resto de la economía.* La mayor parte de las inversiones se destinó a bienes intensivos de capital fabricados en el extranjero, en el caso de la aerolínea boliviana Lloyd la mayor inversión que se hizo fue la compra de una nave Boeing que seguramente creó más empleo en Seattle que en Bolivia.

b. *Los empresarios podrían absorber el capital de inversiones disponible y utilizarlo para crear empleos.* No hay datos significativos sobre el incremento de empleo con la capitalización, al menos no como para recompensar el desempleo que ocasionó la NPE

c. *Los recursos de las administradoras de fondos de pensiones (AFP) incrementarían el ahorro interno.* Se suponía que la capitalización no solo mejoraría los derechos de ciudadanía social a través de una pensión de vejez; sin embargo, esta reforma —la del Fondo de Pensiones— tenía tres agendas distintas: reducir los costos de largo plazo del sistema, crear una bolsa de valores a escala nacional e incrementar la tasa de ahorro interno. Con total ingenuidad se esperó a que los inversores acudieran en masa para comprar acciones de las empresas petroleras, de hidrocarburos y teléfonos, haciendo así subir los precios de todas las acciones. Lo cual no pasó.

d. *El precio de las empresas capitalizadas se incrementaría debido a las constantes inversiones.* Un estudio financiado y elaborado por uno de los actuales Fondos de Pensiones (Futuro Bolivia) dice que el valor de las empresas capitalizadas cayó estrepitosamente, lo cual es lógico dados los precios bajos que las acciones toman debido a la incapacidad para atraer la atención de los inversionistas, temerosos de las economías en desarrollo con calificaciones de riesgo internacionales tan elevadas como la boliviana.

Las políticas de estabilización, las reformas estructurales y los *shocks* externos experimentados por el país a partir del Decreto Supremo nº 21060 en 1985 han tenido un profundo impacto sobre el funcionamiento del mercado laboral en Bolivia, y consecuentemente sobre la distribución del ingreso. El Banco Mundial (2004: 8) anota que "con el tiempo un país tan pobre como Bolivia no podría cubrir los costos de las reformas sociales e institucionales", que fue evidentemente lo que sucedió con la reforma educativa, por ejemplo, y como siempre en las reformas, la mayor carga de los efectos negativos cayó en los sectores más vulnerables. Las mujeres del área rural, por ejemplo, pronto se vieron con la responsabilidad de cuidar de los campos y de los niños mientras los hombres migraban temporalmente a regiones como el Chapare, Tarija o Santa Cruz. Las mujeres más jóvenes se trasladaron a las ciudades a trabajar como empleadas domésticas, y cada vez más niños se incorporaron al trabajo. Todo esto sirvió para que Bolivia se hundiera cada vez más en la pobreza, la corrupción y ante todo en la desigualdad, algo impensable para un país rico en recursos naturales pero pobre en voluntad política para hacer de sus ciudadanos personas con acceso a los servicios más elementales.

Bolivia resalta como un caso dramático: por un lado implementó uno de los programas de reformas más extremos en el mundo, al mismo tiempo que se llevaba a cabo una transición simultánea a la democracia (Kohl y Farthing 2007). Dunkerley (2003: 29) arguye que el problema radicó en tres aspectos: primero, el sistema de gobierno requería pactos que conllevaron un clientelismo político intenso; segundo, los ingresos dependían de la obediencia de Bolivia a las políticas de erradicación estadounidense, y tercero, y sobre todo, faltaba voluntad por incorporar a la población rural e indígena. Estos tres puntos, sin embargo, alentaron a una cohesión sin precedentes en la región, que años más tarde plantearía una reforma de alcances inimaginables que se plasmó en los conflictos del 2003, a los cuales nos referiremos detalladamente en los siguientes subtítulos.

2. Migración interna en Bolivia

La migración en Bolivia es un fenómeno histórico y de gran amplitud que ha modificado de manera profunda la dinámica y la estructura del territorio en los últimos 30 años. Hay que recordar que ya desde la época de la colonia el desplazamiento poblacional temporal o forzado dio lugar a diferentes tipos de modificación territorial, así como diversidad de intercambios regionales. Mazurek (2007) define en este sentido a la migración como una estrategia de oportunidad en el ciclo de la vida familiar, y explica que esta es registrada en el imaginario de los bolivianos como un hecho social que marcó gran parte la conformación del Estado-nación; de esto último destacamos:

> Los bolivianos recorren su territorio con tanta intensidad, empeño y decisión que desdicen, desde las migraciones, el discurso del país imposible, de la Bolivia agónica. Los permanentes tránsitos y desplazamientos poblacionales dentro de Bolivia resultan, a la luz de la cotidianidad, fuentes de identidad colectiva, fértiles espacios de interculturalidad y de construcción de andamiajes organizativos. Pese a su mala prensa, las migraciones son patrimonio de la diversidad cultural y un auténtico foro constituyente (Pereira 2005: 1).

La forma en que los bolivianos se desplazan por el territorio es una de las manifestaciones más claras —pero menos estudiadas— de la extraordinaria diversidad cultural de Bolivia. La información sobre la migración interna en Bolivia que los medios difunden es vaga, imprecisa y anclada en estereotipos que promueven y reproducen actitudes xenófobas que construyen discursos que asocian al migrante a todo aquello que estimule los miedos de la comunidad receptora: inseguridad, invasión, ocupación de tierras, delincuencia, traslado de miseria. Desde el sur de Bolivia, la migración rural-urbana proyecta una nueva perspectiva que se postula como contraria a los estudios nacionales de migración que, frecuentemente, asumían una óptica urbano-céntrica. Este tipo de estudios presentan la ruralidad de la migración como parte fundamental de la construcción identitaria de los actores, sean estos sujetos o comunidades, pero también de la conformación de los espacios periurbanos. Es decir, desde la territorialidad de la comunidad rural se enfocan las causas y consecuencias que conllevan los desplazamientos de poblaciones rurales hacia centros peri-urbanos (Peña 2003; Lea Plaza 2003; Pereira 2005).

La bibliografía revisada, como las entrevistas que realizamos para la investigación, delatan que a la migración se la percibe en términos negativos; como el actual canciller boliviano nos decía, "hasta la palabra migración es ya una palabra despectiva, porque al migrante [le dicen] ¡ah! este es un migrante" (entrevista 16/02/2009). Es así que, como ya lo puntualizamos en el primer capítulo en la parte referida a la teoría sobre migraciones, nuestra crítica, y a la vez el supuesto más importante con el que trabajamos en la presente investigación, es que los conceptos de atracción y rechazo resultan demasiado simplistas en su aproximación.

En la actualidad, la cantidad de investigaciones que tratan los desplazamientos internos no tiene comparación respecto a la cantidad de estudios que se realizan sobre la migración internacional o transnacional, de ahí que se diga que

> La migración interna no motiva a la investigación, a pesar de ser un fenómeno de gran amplitud que ha modificado en 20 años de manera profunda la estructura y la dinámica territorial de Bolivia. Existen muy pocas investigaciones sobre estos aspectos y tampoco existen bases de información fiable para contemplar la magnitud del fenómeno. Eso deja un espacio de especulación en cuanto a la cantidad de personas que se mueve, adónde se dirigen y por qué se motivan (Mazurek 2007: 16).

> La migración rural-urbana como tema de investigación cobró especial importancia hasta entrados los años noventa, aunque efectivamente son muy pocas las investigaciones que tratan de establecer la magnitud de la migración interna desde una perspectiva demográfica. La interpretación de los datos estadísticos, todavía mal conocidos, nos hace suponer que existe una migración por etapas y que no responde a un modelo de flujos en sentido único, y que en los últimos años resulta de la explotación de recursos. La migración hacia lo urbano se ha acelerado también a las zonas del Chapare, de los Yungas, las zonas de expansión de la soja y aquellas que cuentan con un impulso para la producción de hidrocarburos o explotación de minerales, como el Chaco, Tarija o Puerto Suárez (CODEPO 2004).

Martin (2012: 185) apunta a tres tendencias dentro del cambio demográfico en Bolivia; en primer lugar, el crecimiento repentino de la población boliviana —de tres millones a más de diez entre 1950 y 2012—; en segundo lugar, el "requilibrio progresivo" entre oriente y occidente, y en tercer lugar el aumento de la población urbana en comparación a la población rural[32]. Los migrantes bolivianos exhiben frecuentemente un estilo de vida que incluye constantes migraciones de las tierras altas hacia las tierras bajas y un retorno a sus lugares

---

[32] Según el censo 2001, la población urbana pasó de conformar el 23 % de la población total en 1950 a representar un 57 % para el 2001.

de origen. Algo de esta migración es de naturaleza estacional, pero mucho está también basado en las estrategias particulares, como las migraciones temporales, como nos muestra la siguiente entrevista:

> Nosotros teníamos, manejábamos diferentes pisos ecológicos, estábamos en el altiplano, en los valles, en el oriente y en la costa, por ejemplo en el altiplano están los pescadores, ahí en el altiplano hay los yujras. Los yujras son personas que vivían en la costa, pero están en el altiplano. Nosotros en la escuela, en las horas cívicas bailamos Tobas, Toba (*sic*) se baila en los abajos (*sic*) y ¿Por qué en el altiplano se baila Tobas? Porque nosotros teníamos esa relación permanente, ese manejo de los diferentes pisos ecológicos. Eso pero, no significaba que el que iba del altiplano al oriente era considerado migrante (entrevista 16/02/2009).

La multirresidencia es un fenómeno común en Bolivia, lo que permite tener una actividad remunerada en la ciudad mientras se mantiene el enlace con la comunidad de origen y las actividades agropecuarias. Es el caso del entorno del lago Titicaca hacia El Alto, del Chaco hacia Tarija o de las zonas mineras de Oruro y Potosí. Los municipios pobres (muchos de ellos con más del 50 % de su población considerada en extrema pobreza) se dirigen básicamente a El Alto, zonas de colonización como el Chapare y/o Sucre (por su proximidad) (Mazurek 2004). Es este quizás un punto que tendría que ser mejor estudiado y enfocado cuando se habla de migración en Bolivia, la multirresidencia.

Durante la primera mitad del siglo XX, los estudios sobre migración interna en Bolivia se concentran en la demostración de un predominio de la migración campo-ciudad; es a partir de los años ochenta que se visibiliza un patrón más diversificado, que incluye la corriente migratoria entre espacios urbanos, rurales, urbano-rural, intra e interurbana y nuevas expresiones de migración internacional (Ledo 2009). A partir de esto se evidencia la necesidad de una mirada no solo cuantitativa sino, y sobre todo, cualitativa de la movilidad poblacional que el país vivía por entonces. No se avanzó mucho desde entonces, pero hay que remarcar que tanto las categorías de análisis como los métodos de investigación han variado mucho, planteando nuevos desafíos a la academia dedicada al estudio de las migraciones, pero también la dedicada a las identidades. Es en este marco donde inscribimos la presente investigación y, para ello, pasamos a continuación a hacer una resumida reseña sobre los principales hitos históricos en política económica y su articulación con las migraciones internas en Bolivia.

2.1. Cronología

La migración interna en lo que hoy es Bolivia data de cuando ni siquiera el país se había formado como república; los datos históricos hablan de la migración interna ya en las épocas de los incas[33], como veremos a continuación.

Migración en la época incaica y de la conquista

La migración interna en la época pre-hispánica se produjo por la necesidad de diversificación productiva con el "control vertical de los pisos ecológicos". Varios de los historiadores que trabajan la región andina en este período (Condarco 1970; Murra 1975; Rostworowski 1977) hacen referencia a las ancestrales prácticas de movilidad poblacional gestadas en las sociedades andinas desde tiempos milenarios, posibilitando así el surgimiento de enclaves prósperos y niveles técnicos y organizativos, como la siguiente cita nos contextualiza:

> [En los Andes centrales] la actividad de complementación económica realizada desde las tierras altas con las bajas situadas a poniente y naciente de las primeras fue probablemente de laxos vínculos de intercambio, primero de permanentes relaciones de trueque, después y por último, imposiciones tributarias y ocupaciones militares (Condarco 1970: 20).

En otra publicación, Condarco (1987) complementa esta cita sosteniendo que la simbiosis interzonal les facilitó a las culturas andinas el aprovechamiento de los recursos naturales, la complementariedad de los ecosistemas y la adaptación al medio; es decir, que estas culturas podían complementar y enriquecer algo tan importante como su dieta a través de estos mecanismos. Estas formas de complementa-

---

33 Al respecto, consultar *Teoría de la complementariedad vertical eco-simbiótica* de Condarco y Murra (1987).

ción consistían en que, por ejemplo, se obtenía algo de maíz a cambio de lana, y que por tanto había limitadas —pero existentes al fin— relaciones de intercambio entre los habitantes del altiplano con los instalados en las vecindades del mar, pues:

> Los Incas tenían dispuestos que de la mayor parte de los valles fríos "saliesen" cierta cantidad de indios con sus mujeres y estos tales, puestos en las partes que sus caciques les mandaban y señalaban, labraban sus campos, en donde sembraban lo que faltaba en sus naturalezas proveyendo con el fruto que cogían a sus señores y capitanes y eran llamados mitimaes (Cieza, en Hinojosa, 2009: 21).

Garcilaso confirma el testimonio de Cieza con la siguiente cita:

> También sacaban indios de provincias flacas y estériles para poblar tierras fértiles y abundantes. Estos hacían para beneficio, assi de los que ivan como de los que quedavan, porque como parientes, se ayudasen con sus cosechas los unos a los otros, como fue en todo el Collao, que es una provincia de más de ciento y veinte leguas de largo [...] De todas aquellas provincias frías sacaron por su cuenta y razón muchos indios y los llevaron al oriente dellas, que es a los Antis, y al poniente, que es a la costa del mar, en las cuales regiones havían grandes valles fertilíssimos de llevar maíz y pimientos y frutas.... (Garcilaso, en Hinojosa, 2009: 14).

En estas descripciones sobre las épocas prehispánicas reconocemos ciertas características, como las relaciones de parentesco, muy presentes en estas prácticas, así como la dimensión de complementariedad socioeconómica y familiar como eje explicativo.

Murra (1987), centrando su análisis en los *mitimaes*[34], plantea que estos fueron una manifestación tardía y muy alterada de un antiquí-

---

[34] Antes de la llegada de los españoles la *mita* fue una suerte de servicio militar obligatorio, y consistía en prestaciones de servicio recolector y agrícola, para ello muchas veces los indios se trasladaban de una población a otra por un lapso determinado de tiempo. Los españoles se sirvieron de estas relaciones de producción orientándolas a la actividad minera y dándoles un sentido esclavista. La *mita* fue, en la época colonial, el medio de aniquilamiento de la población indígena: "En 1633 se estimaban los indios de las 16 provincias mitayas en 40.115, en 1662 eran 16.000 y en 1683 10.633, mientras que al introducirse la mita por primera vez se les calculaba en 81.000, aproximadamente." (Konetzke 1976: 186).

simo patrón andino que denomina "control vertical de un máximo de pisos ecológicos". En 1975 el autor expresa que el control simultáneo de tales archipiélagos verticales era un ideal andino compartido por etnias muy distintas geográficamente entre sí, y muy distintas en cuanto a la complejidad de su organización económica y política. Sus investigaciones, que abarcan de 1460 a 1560, es decir, el período de expansión inca y el período de conquista española, lo llevan a bosquejar cinco pasos de control vertical de pisos ecológicos bajo condiciones distintas, sin que estos agoten las posibilidades del modelo. Sin embargo, considera que los archipiélagos son parte de una costumbre más antigua, elaborada por sucesivas poblaciones andinas para la mejor percepción y utilización de los recursos en su extraordinario conjunto de ambientes geográficos. Reconoce además que la ampliación de este modelo modificaba también el contenido del archipiélago, ya sea en función de las distancias entre el núcleo y las islas periféricas, de la especialización laboral demandada (tipos artesanales) o alterando las reciprocidades entre el centro y la periferia, dando paso a la explotación de *mitimaes* en islas alejadas, pues, como el autor cita:

> La ideología detrás de los archipiélagos prometía que los colonos, aunque establecidos permanentemente en la periferia, no perdían acceso al núcleo [...] los derechos mantenidos en las zonas nucleares, a cualquier distancia y a pesar de los abusos, forman el criterio distintivo del mitmaq. A la vez, éste es el lazo ideológico entre los pequeños archipiélagos físicamente verticales y la red de colonias estatales con múltiples funciones y abarcando territorios a meses de camino del Cuzco. Esto no niega que "ser enumerado" con su grupo de origen pudiera, con los años, llegar a ser más una forma legal que real (Murra 1975: 75-76).

Es importante el rol de los *mitimaes* en el modelo de complementariedad vertical, ofreciendo tres características centrales en estos desplazamientos poblacionales: el vínculo que se mantenía entre el núcleo y los asentamientos en las "islas" conservando los derechos en el lugar de origen, el carácter multiétnico del proceso y la especialización en las funciones laborales (cerámica, metalurgia), pues la ausencia física de los *mitimaes* no derivaba en la pérdida de los derechos y prerrogativas en las comunidades de origen. El carácter multiétnico del proceso muestra también una dimensión macro de estas estrategias que involucraban el reconocimiento de niveles y la construcción de espacios de interculturalidad. El grado de especialización laboral como pre-requisito de los *mitimaes* no habla de migraciones selectivas en función de demandas específicas que respondían a esquemas políticos y económicos de nivel macro (Hinojosa 2009: 16). En todo caso, en ambas formulaciones la argumentación central es la movilidad socio-espacial y la utilización de diferentes espacios geográficos; desde la base misma de la civilización tiwanacota, en los posteriores señoríos aymaras y con mayor énfasis durante el imperio incaico, el control de pisos ecológicos por parte de poblaciones trasplantadas (mitimaes) con fines económicos, sociales y militares fue fundamental. Más adelante veremos cómo estas mismas características se hallan presentes en la actual migración transnacional boliviana.

Los sistemas de explotación colonial crearon una población indígena errática —indios que eran sacados de sus comunidades para servir en la mina—; esta comunidad se formó tanto por indios cuyos sistemas de producción original fueron destruidos como por aquellos que consiguieron escapar de los sistemas de explotación; a estos indios, que vagaban por diversos lugares y que fueron empleados en trabajos ocasionales, se los conoce bajo el nombre de forasteros, de quienes se dice:

> A veces algunos se reintegraban en alguna comunidad, pero por lo general eran verdaderos parias: ni registrados por censo alguno, ni empadronados por alguna autoridad, sin tierras, sin jefes, sin ley. Pero, así y todo, para la gran mayoría de estos indios, su condición errática era preferible al trabajo forzado de las minas (Mires 2005: 26).

En 1569 se levanta el censo de Toledo, único para su tiempo tanto en su organización como en su alcance y objetivo; en este censo se utilizó por primera vez la categoría "forastero", pero más como una categoría fiscal que como identitaria. Ya que la *mita* minera impulsaba la migración forzada de miles de indígenas varones, quienes con sus familias y parientes se debían dirigir anualmente hacia las minas de Potosí con el propósito de cumplir con cuotas de trabajo, una de las respuestas de los indígenas para salvarse de la *mita* fue la de abandonar la comunidad y asentarse en otra que no debía *mitar* en Potosí, pero abandonar definitivamente la comunidad implicaba también abandonar la tierra y la pertenencia a esa comunidad, lo que provocaba una fractura interna en las otras comunidades donde estos indios se instalaban como forasteros. En este sentido las migraciones son consideradas estrategias de sobrevivencia (Saignes, en Murra, 1987), que además les facilitó una vinculación con empleos artesanales y la perspectiva de estructurar relaciones de compadrazgo con sectores con los que podían hacer alianzas, muchas veces a partir de uniones matrimoniales (Mazurek 2007).

En conclusión, diremos que la revisión de la historia de la migración en el período colonial en lo que hoy es territorio boliviano nos muestra que la movilidad es un hábito, una costumbre, una forma de subsistencia que viene ya pre-establecida desde el incario; hombres apegados a sus comunidades pero acostumbrados a la migración —los *mitimaes*— conseguían los recursos necesarios para la supervivencia y para la reproducción de la comunidad, lo cual se reproducirá a lo largo de la historia migratoria. Para ello cabría preguntarnos hoy: ¿Cuánto de las prácticas hasta ahora mencionadas sigue desplegándose en las estrategias familiares y comunitarias de las actuales migraciones internas bolivianas? Hinojosa (2009) va más allá y propone que no se trata simplemente de estrategias de sobrevivencia, sino de un *habitus*[35], de unas prácticas asociadas a una cosmovisión particular, de un saber de vida que permitía y que todavía permite una mejor y sostenible utilización de los recursos naturales, no ya para la sobrevivencia de una familia, sino para la vida y reproducción de una comunidad y de la sociedad en su conjunto.

La migración interna del siglo xx

En la primera mitad del siglo xx (1900-1952) alrededor de dos terceras partes de la población boliviana residían en el área rural, de ahí que se reconozca que Bolivia era, por entonces, un país eminentemente rural; la mayoría de esta ruralidad se asentaba en las regiones vallunas y altiplánicas del país, como consecuencia de un modelo de economía exportador de minerales. Fue recién a partir de la Revolución de 1952 cuando se impulsó la "conquista del oriente", buscando básicamente una ampliación tanto de las zonas de cultivo como de la explotación petrolera, "aunque para este período toda la región nunca sobrepasó el 15 % de la población total" (Urquiola 1999: 196). Este período, que había comenzado en los años 40, tiene como caracte-

---

35 Utilizamos el concepto de *habitus*, dentro del sentido bourdiano.

rística la aplicación del Plan Bohan; por su importancia dedicaremos algunas líneas tanto a su descripción como al impacto que tuvo.

El Plan Bohan fue un modelo de migración dirigida que se hizo en 1941, dirigida y financiada por el gobierno estadounidense, cuyo responsable fue Merwin Bohan, quien en un grueso informe consideraba al departamento de Santa Cruz como una zona de crecimiento y al se proponía "importar" habitantes de la Zona Norte del país[36]. Aplicando estas recomendaciones, a mitad de los años cincuenta[37] se llevaron habitantes de las tierras altas a las regiones cruceñas de Cotoca, Huaytú, Cuatro Ojitos y Aroma, y posteriormente a Yapacaní y San Julián mediante tres modalidades: en primer término la *colonización dirigida*, en la cual el Estado asumía un rol importante, pues escogía el lugar de colonización, seleccionaba a los potenciales colonos, los transportaba hasta el lugar definido, les proporcionaba tierras y se comprometía a asistirles con apoyo técnico; en segundo lugar la *colonización semi-dirigida*, en la cual el apoyo del Estado se reducía, limitándose a definir la zona de colonización, mientras que la iniciativa de asentamiento partía básicamente del mismo migrante; y finalmente estaba la *colonización espontánea*, en la cual el proceso de constitución de nuevos asentamientos humanos se realizó sin ningún apoyo estatal o de instituciones privadas, es decir, partía de la responsabilidad de los propios colonizadores.

Se trata entonces de colonias que fueron programadas e impulsadas por el gobierno; críticos al proyecto dicen que las políticas de colonización no perseguían superar las pésimas condiciones de vida de los inmigrantes que estaban siendo traídos de áreas deprimidas del país (básicamente del altiplano), sino que el interés se centraba en desarrollar la base necesaria que requiere la explotación intensiva —por ejemplo mano de obra barata para los sembradíos de azúcar, arroz y algodón que había en las cercanías— de los terratenientes

---

36 Hay que recalcar que la colonización del oriente no fue llevada a cabo solo por gente del occidente, también llegaron extranjeros, tal es el caso de la colonización japonesa y menonita, pero este tipo de migración no formaba parte del Plan Bohan.

37 Es importante, sin embargo, remarcar que hay fuentes que señalan que los primeros asentamientos en las áreas de colonización de Santa Cruz datan de finales de los años treinta (Ledo 2009: 9), pero no nos ocupamos de ello en la tesis, pues se trata de ocupaciones hechas por pobladores del mismo departamento, es decir no hay registro de que en ella participaran inmigrantes de la zona andina.

del lugar. Por ello los primeros colonos que ingresaron a las áreas de colonización arriesgaron sus vidas y otros muchos murieron en el intento a causa de enfermedades desconocidas para el hábitat del cual venían, pues el proyecto Bohan no ofrecía las mínimas garantías para la sobrevivencia (Maclean 1987: 216).

Hasta principios de los años sesenta, la colonización no estaba sujeta a un plan nacional de desarrollo económico y social, tampoco existían políticas de integración nacional y menos una planificación técnica y social para ejecutar proyectos específicos referentes a asentamientos humanos en áreas rurales; esta actividad dependía básicamente de programas de asistencia extranjera. En 1965 se crea el Instituto Nacional de Colonización que se convirtió en una institución de interés político, de oportunismo para ocupar cargos directivos y el chance de saquear los recursos estatales. Tal vez esta sea una de las razones para que no haya podido trazar sus metas, campos de acción y objetivos principales. Pese a ello, el plan Bohan representó para Santa Cruz no solo su integración al mercado nacional y el inicio de su desarrollo económico agroindustrial ganadero con acumulación y concentración de la tierra en pocas manos, sino también el comienzo de una interacción cultural significativa al incrementar el flujo migratorio desde el occidente, provocando una explosión demográfica y un proceso de urbanización acelerado y caótico.

Para analizar las colonias dirigidas tomamos los núcleos de Yapacaní y San Julián como puntos de referencia, porque son precisamente estos bastiones políticos del partido en el actual gobierno Movimiento al Socialismo (MAS) en el departamento de Santa Cruz y, como dijimos, en principio el objetivo de este estudio es analizar el impacto de la migración interna en la política nacional.

a. Colonia de Yapacaní. Aunque fue una colonia dirigida, los colonos tuvieron que enfrentarse a la intransitabilidad de los caminos en épocas lluviosas, la carencia de agua para consumo humano y enfermedades tropicales, entre otros problemas. Sobre los primeros colonos se dice que:

> [F]ueron traídos al Oriente en camiones. Muchos de ellos eran ex-trabajadores mineros que el gobierno busca reasentar y la mayoría vinieron sin sus familias. La mayoría se decepcionó y retornó al interior a los pocos meses y aun días de su llegada. Pero mientras

> tanto los programas de radio y los rumores difundieron las noticias de las nuevas colonias en el Oriente. Se hicieron muchas promesas y pronto comenzaron a gotear por "Villa Busch" posibles colonos en busca de tierras: llegaban por propia iniciativa, a menudo venían con sus mujeres, hijos y otros parientes (Maclean 1987: 190).

Al principio no se hizo ninguna selección, el reparto de lotes se hizo a medida que iban entrando los grupos procedentes de una misma comunidad de 20 a 50 personas. La mayoría de los inmigrantes de esta colonia venían de los valles y hablaban quechua.

b. La colonia de San Julián. Esta colonia semi-dirigida empezó en 1972 bajo la dirección del Comité de Iglesias Unidas (CIU), con la ayuda de OXFAM y de la cooperación de la entonces Alemania Federal, aunque posteriormente fue USAID quien se hizo cargo de ella. La colonia está ubicada a 150 km de distancia de la ciudad de Santa Cruz. Miguel Painter (*ibid.*) afirma que más del 90 % de la población del proyecto venía del valle y del altiplano. Es importante señalar que la selección de colonizadores fue hecha por los mismos colonos; a diferencia de los otros proyectos dirigidos, en San Julián fue grande la importancia que se le dio al colono en la conducción del asentamiento y consolidación del proyecto. Sin embargo, con frecuencia se menciona que el posible éxito de San Julián se debe al apoyo técnico durante cinco años en la etapa de consolidación (Maclean 1987: 200-216).

Hoy Yapacaní y San Julián son puntos importantes, dentro del departamento de Santa Cruz, de apoyo al partido gobernante del MAS; debido a que la mayoría de sus pobladores son de origen altiplánico, se identifican con este partido. Asimismo, el sindicato —que es una organización característica de los Andes y los valles— se convierte en esta región oriental en la única forma de acceder a los servicios básicos, haciendo de la protesta una herramienta para alcanzar sus objetivos. El sindicato, por tanto, no solo es importante por la fuerza que establece en el poder de negociación y representación para adquirir lo que considera necesario, sino que también es un importante medio de socialización en donde se intercambian conocimientos de tecnología y se unen nexos de las redes que se conforman. Aquí hacemos hincapié, porque vemos que el sindicato de esta zona tiene una larga tradición, de ahí que no cause sorpresa que sea precisamente esta zona donde un partido político como el MAS haya encontrado su bastión, pues la tradición política de la región está basada en la migración, con el relato interesante de que se trata de un tipo de migración donde el migrante guarda —pese a los años— una fuerte memoria de la acción sindical del medio de donde procede originalmente, y esto se ve claramente en su estructura organizacional, en la forma de sus pliegos petitorios, de sus protestas o de la puesta en escena de sus acciones políticas.

Retomando la cronología de los movimientos poblacionales internos en Bolivia, diremos que otro momento importante fue el referido a la Reforma Agraria (1953-1964). Mediante esta reforma se otorgó la propiedad de la tierra a los campesinos bolivianos; esta redistribución dio lugar a nuevas relaciones sociales y se consolidó

> [Una] unidad de producción de base familiar que disponía de precarios medios de producción y que, careciendo de insumos de capital, originó magros niveles de productividad, por lo que tendió a primar la producción para el autoconsumo. Bajo tales condiciones se produjo una drástica restructuración de los canales de comercialización, generalizándose los mercados rurales, surgiendo todo un estrato de intermediarios (Ledo 2009: 11).

La pobreza del suelo, como la costumbre de heredar la tierra a los hijos que llevó a la minifundización de la propiedad y, como dice la cita, la restructuración de los canales de distribución, llevaron a una pauperización mayor del campesino, lo que motivó un crecimiento en la migración campo-ciudad, como el siguiente cuadro lo demuestra:

Cuadro nº 2
Población urbana (%)

1952	**1976**	**1992**	**2000**
26	42	58	64

Fuente: Baldivia 2002: 79

Como dijimos al principio de este subtítulo, y como el cuadro anterior muestra, hay una disminución notable de la población rural. Sin embargo hay que hacer notar que esta disminución no es uniforme, cada una de las tres regiones que comprende en país muestra un decrecimiento de forma particular, como lo vemos a continuación:

Cuadro nº 3
Evolución de la población rural (%)

Contexto	1950	1976	1992	2000
Altiplano	64	57	43	35
Valles	71	67	52	46
Llanos	57	50	30	25
Nacional	**65**	**58**	**42**	**35**

Fuente: Baldivia 2002: 79

En el cuadro podemos observar estos movimientos poblacionales según región de forma más pormenorizada lo que puede ayudarnos a comprender no solo la emigración sino, y sobre todo, la inmigración a la zona de los valles, donde se enmarca la ciudad de Tarija y la de los llanos donde se encuentra el departamento de Santa Cruz, uno de los que mayor crecimiento poblacional presenta y cuyo crecimiento, como se puede ver, está sustentado por una fuerte transferencia habitacional de la parte altiplánica del país.

Cuadro nº 4
Emigrantes e inmigrantes según regiones ecológicas
Censos: 1976, 1992, 2001

Región	1976			1992			2001		
	Población total	**Emigr. %**	**Inmigr. %**	**Población total**	**Emigr. %**	**Inmigr. %**	**Población total**	**Emigr. %**	**Inmigr. %**
Altiplano	2 433 230	3.82	2.87	2 886 789	11.24	3.01	3 451 349	13.70	3.11
Valles	1 266 672	9.47	6.13	1 855 368	12.39	14.27	2 378 459	14.19	15.98
Llanos	913 584	3.56	11.49	1 678 635	3.99	17.19	2 444 517	4.74	19.36
Total	**4 613 486**			**6 420 792**			**8 274 325**		

Fuente: Elaboración propia en base a datos del INE 2004

En principio vemos que las tres zonas están en un proceso de crecimiento, y lo interesante es ver el porcentaje relacional de este crecimiento. Como aseguramos a lo largo del trabajo, es a partir de finales de los años ochenta y principios de los noventa cuando las zonas de los llanos y los valles acogerán a inmigrantes provenientes de la zona altiplánica, que es donde estaban las minas o la mayoría de las fábricas que tuvieron que cerrar a causa del Decreto Supremo nº 21060. Si el censo de 1992 no refleja todavía este traslado, será el del 2001 el que nos permita vislumbrar estos traslados poblacionales, que demuestran que la emigración del altiplano no solo es positiva, sino impresionantemente creciente en relación a la de las demás regiones.

Aprovechamos el cuadro también para subrayar que Bolivia cuenta políticamente con nueve departamentos y tres de ellos (Tarija, Chuquisaca y Cochabamba) se encuentran en los valles, otros (La Paz, Oruro y Potosí) están considerados como el altiplano y los demás (Santa Cruz, Beni, Pando) están en los llanos. Aunque evidentemente el clima y la topografía de estos departamentos permiten agruparlos y clasificarlos geográficamente, hay departamentos que, pese a estar clasificados en la categoría de valles, como el departamento de Tarija, tienen regiones dentro del mismo departamento que podrían estar clasificadas en el altiplano. Es por eso que cuando nos referimos a los inmigrantes en Tarija ponemos énfasis en decir de "tierras altas", porque nos referimos no solo a la inmigración que viene de los departamentos de la clasificación altiplánica, sino de la inmigración de pobladores que vienen también de regiones más altas del propio departamento. El siguiente cuadro nos permitirá apreciar los movimientos migratorios internos a nivel interdepartamental registrados en los tres últimos censos y a apoyar lo que estuvimos sosteniendo hasta ahora, una transferencia de las tierras altas a departamentos como Tarija y Santa Cruz:

Cuadro nº 5
Población migrante interdepartamental y saldo migratorio según Departamento de residencia habitual (censos de 1976, 1992 y 2001)

Departamento	1976			1992			2001		
	Inmigr.	Emigr.	Saldo	Inmigr.	Emigr.	Saldo	Inmigr.	Emigr.	Saldo
Total	150 979	150 979		304 894	304 894		424 671	424 671	
Chuquisaca	10 090	19 360	(9 270)	22 174	29 336	(7 162)	30 292	44 704	(14 41
La Paz	27 291	29 335	(2 044)	47 106	58 633	(11 527)	50 919	83 082	(32 16
Cochabamba	20 946	25 055	(4 109)	71 970	50 078	21 892	91 317	76 612	14 705
Oruro	16 374	18 098	(1 724)	22 387	41 330	(18 943)	24 021	39 700	(15 67
Potosí	13 625	27 018	(13 393)	18 469	53 261	(34 792)	20 720	67 413	(46 69
Tarija	10 323	6 070	4 253	19 859	12 212	7 647	30 638	18 896	11 732
Santa Cruz	40 633	12 855	27 778	80 366	38 488	41 878	146 527	55 256	91 271
Beni	7 899	10 738	(2 839)	18 841	18 172	669	22 132	35 329	(13 19
Pando	3 798	2 450	1 348	3 722	3 384	338	8 115	3 679	4 436

Fuente: CODEPO (2004)

En el caso del departamento de Tarija, vemos que la inmigración llega al 30 %, superada por Santa Cruz. La Paz, que reporta una emigración alta, es la capital política del departamento, por tanto la ciudad más importante de Bolivia. Cochabamba, que es la tercera ciudad en importancia, tiene una inmigración sobre todo campo-ciudad. Es interesante observar que ciudades mineras como Oruro, Potosí y La Paz tienen en el censo de 1992 unas tasas de emigración altas, solamente explicables por la sequía y las reformas económicas aplicadas a mitad de los ochenta, tema que nos ocupará en los siguientes subtítulos.

En los modos de migración interna en Bolivia hay tres variables que llaman la atención: el idioma, el género y la edad. En el caso del idioma materno hay una preponderancia de las lenguas quechua y aymara. El 56 % de la población aymara hablante ha dejado su lugar de origen, mientras que los quechuas se ubican en departamentos donde los saldos de emigración son positivos. Resulta una situación preocupante en relación al porvenir de la cultura aymara, y no en vano se ha llegado a hablar de la "urbanización de lo aymara" (Mazurek 2004); el caso más emblemático es la migración de los aymaras en El Alto. En cuanto a género, la diferencia entre el volumen de población masculina y femenina proviene de una migración selectiva. Según el estudio de CODEPO (2004) la tasa neta de migración no es muy diferente entre hombres y mujeres, apenas el 1 %, pero habría que analizar el destino y el origen de estas migraciones. Se observa que en edades comprendidas entre 10 y 19 años las mujeres migran más en relación a los hombres, y sugerimos que estos datos tendrían relación con la contratación de menores de edad como empleadas domésticas, es decir, estas mujeres entre 10 y 19 años de edad son alejadas de sus hogares para trabajar como empleadas domésticas, lo que se ve muy a menudo con niñas del área rural. En el caso de la variable edad, la migración selectiva de jóvenes o adultos, la distribución por edades es bastante similar entre los departamentos: el 30 % tienen entre 5 y 14 años, el 30 % entre 15 y 29 años, el 19,5 % entre 30 y 44 años, el 14 % entre 45 y 64 y 6 % tienen 65 años y más (CODEPO 2004). El problema es más bien su consecuencia, un envejecimiento de la población de origen.

2.2. Clasificación

Herrera (2006), como otros autores, intenta desarrollar una clasificación para las migraciones internas en América Latina, pero subraya que la falta de información sistemática lleva a generalizaciones que no siempre cuentan con evidencia empírica que las respalde. Especialmente se ha hecho —dice— mucho hincapié en la migración rural-urbana, a pesar de que los datos recogidos confirman que una parte muy importante de la migración a los centros urbanos, desde áreas rurales, se realiza por etapas. Primeramente se migra a un centro urbano pequeño y de ahí a una gran urbe, lo que otorga una importancia analítica muy significativa a la migración urbana-urbana, que está involucrada en el desplazamiento mayor que ocurre desde el medio rural hasta la ciudad.

Para el caso boliviano, en cuanto a la tipología de modelos de migración interna, vamos a utilizar la matriz de Kosinski y Prothero (1975), que clasificaron según diferentes categorías de análisis. Rellenamos esta con trabajos y observaciones propias y trabajos que citamos a continuación. Estos autores utilizan las siguientes variables: tiempo, distancia, unidades de área, decisiones, número y organización social de los migrantes; dejaremos de lado para nuestro ejemplo las variables causas, objetivos y límites de fronteras y situación política de los migrantes.

a. Según tiempo.

- Migración estacional: Se va al lugar de destino durante unas semanas o meses, siempre con la intención de volver al lugar de origen. Hacen cortas estadías en las ciudades y luego vuelven a sus comunidades. Por ejemplo, el caso de las zafras de caña de azúcar en la localidad de Bermejo, adonde se dirigen muchos campesinos de Tarija con el fin de trabajar, y luego del proceso de corte de caña de azúcar vuelven a sus comunidades rurales.
- Migración temporal: Puede durar hasta varios años pero sin romper vínculos con el lugar de origen, donde eventualmente se vuelve, sobre todo para las fiestas. Aunque la migración permanente ha sido incluida en la tipología de los modelos de migración es una contradicción terminológica, puesto que migración supone movimiento, no estabilidad. Una residencia permanente puede ocurrir como resultado o propósito de una migración, pero no puede ser considerada como pertinente al actual proceso de migración. Este tipo de migración se da, por ejemplo, entre muchos indígenas del norte de Potosí, que como el caso de los limoneros del *ayllu* de Sacaca vienen a ciudades capitales como La Paz y Sucre, como una estrategia económica familiar[38].

b. Según distancia.

- Migración paso a paso. Se da cuando el movimiento es progresivo; se asocia este tipo de migración a la migración rural-urbano, salvo en el caso de los militares, pues su movimiento va de la mano del ascenso en el grado, que a la vez supone mejores ingresos.
- Migración secuencial. La unidad migratoria se mueve de una localidad a otra, pero no en una serie de pasos progresivos geográficos, económicos o de estatus; es decir, hablamos de una fuerza de trabajo altamente móvil y calificada, lista para moverse de un centro industrial a otro, allí donde su especial educación y su habilidad ocupacional tienen demanda, independientemente de límites políticos o culturales. Un ejemplo es la migración de tierras altas

[38] Sobre el tema, véase Velasco (1996).

del departamento de Tarija: los pobladores de la zona de Iscayachi migran hacia la ciudad de Tarija y posteriormente emigran a Argentina para trabajar como recolectores de verduras.

- Migración en cadena. La migración en cadena puede ocurrir como resultado de contactos directos con los migrantes, ya sea por medio de los viajes de retorno de estos últimos al lugar de origen o a través de visitas de familiares y amigos al lugar de destino del migrante. Las redes más formales pueden jugar un papel importante en la migración en cadena, por ejemplo por efecto de la radio, los periódicos y la televisión, precipitando un movimiento poblacional (Maclean 1987: 27).

c. Unidades de áreas. Intradepartamentales e interciudades.

- Migración campo-ciudad. Bolivia, como muchos países del mundo, sufre de un decrecimiento de su población rural. Barragán (2007: 207-238) afirma que la migración desde las comunidades campesinas es un factor que posibilita su supervivencia, porque de haberse quedado esos migrantes en sus lugares de origen la población se habría visto desgarrada por los conflictos internos para la repartición de los escasos recursos.
- Migraciones entre regiones ecológicas. Bolivia presenta tres regiones ecológicas: valles, llanos y altiplano. Las estadísticas muestran una fuerte migración del altiplano a las zonas de los valles, pero sobre todo a los llanos, en los últimos 40 años.
- Migraciones interdepartamentales. Los departamentos que conforman cada región no son homogéneos, y cada uno de ellos presenta su propia dinámica de población; es más, al interior de las regiones también se da una fuerte migración que solo es posible analizar si se considera la migración entre departamentos.
- Migraciones entre provincias. Bolivia está dividida en nueve departamentos y cada uno de ellos en provincias. Sería importante un análisis más minucioso en este aspecto, pues ayudaría a mirar con detenimiento la complejidad de la migración interna en Bolivia, y en esto coincidimos con Mazurek (2007).
- Migración entre secciones municipales. Dividir a las provincias en municipios es el resultado de la Ley de Participación Popular.

d. Decisiones.

- Forzadas: En este punto podemos mencionar a la relocalización, que si bien no fue obligada en el sentido estricto de la palabra sí resultó forzada, puesto que los residentes no tenían ninguna opción de sobrevivencia en el caso de quedarse en los pueblos mineros. Le dedicamos un espacio más amplio en el siguiente subtítulo.

- Impelidas: Dentro de esta clasificación incluimos el tema de las colonias, a las que les dedicamos un espacio en la parte referida al Plan Bohan.

e. Número.

- Masivas. Fueron sin duda las reformas introducidas en los años ochenta las que contribuyeron a que contingentes cada vez mayores dejaran el altiplano y migraran a los llanos o los valles, cambiando la imagen tradicional de un país andino que vivía de la explotación de los minerales.

f. Organización social de los migrantes. Familiares y comunidades.

- Familiares. Numerosas familias del norte de Potosí migran hacia ciudades capitales como Sucre y La Paz. Se trata de una migración temporal que corresponde a la maximización de la utilización de la fuerza de trabajo familiar.
- Comunidades. La relocalización es un ejemplo de migración comunitaria, pues se hizo con comunidades que vivían del trabajo de las minas que fueron cerradas en los años ochenta; las entrevistas dejan evidencia de una migración organizada por comunidades de veinte o treinta personas de un determinado centro minero.

Hasta aquí intentamos acomodar la realidad boliviana a una tipología sobre migración interna para que el lector tenga una idea más clara de la importancia de esta en el acontecer nacional. Ahora, y siguiendo la parte referida a las formas de migración interna, vamos a mencionar dos fenómenos migratorios internos, que llaman la atención no solo por su calidad cuantitativa sino por el impacto que van a tener en los años posteriores para el desarrollo no solo económico y social sino, y sobre todo, político del país.

El Alto, la ciudad más rural de Bolivia

Como estrategia de sobrevivencia, los campesinos que ya no pueden depender de sus tierras buscan refugio en las ciudades, un efecto que se vio fuertemente a comienzo del pasado siglo en Latinoamérica y que Bolivia vivió tardíamente. Nada sería diferente si no fuera por el hecho de que este tipo de migración (del campo a la ciudad) que vivió la sede de gobierno, La Paz[39], ha dado origen a otra ciudad, El Alto; por eso se dice que esta es un satélite de la sede de gobierno. Su nombre no es casual, y por eso hacemos hincapié en mencionar que esta ciudad esta ubicada a más de 4 000 m de altitud, lo que la convierte en la segunda ciudad más alta del mundo. Un grafiti que rezaba "aquí estamos más cerca de Dios" en 1999 daba la bienvenida a los turistas, que para llegar a La Paz obligadamente deben pasar por esta ciudad.

> El Alto no es una ciudad cualquiera, es el territorio construido por obra de sus propios habitantes. En este lugar, el vecino tiene el orgullo de gritar y contar sus vivencias pues nadie como ellos tuvieron la dicha de construir su ciudad a su estilo, a su manera, a su gusto y con sus propias contradicciones (Quispe Villca, en Poupeau, 2010: 429).

Fue recién a partir de 1986 que El Alto obtuvo el rango de ciudad; su población es, en su mayoría, migrante de origen indígena de los pueblos aymaras. Es interesante aclarar que fue precisamente esta ciudad, con una mayoría aplastante de inmigración y compuesta básicamente por gente joven —el 60% de la población alteña tiene menos de 25 años— la que protagonizó una de las movilizaciones sociales más grandes de la historia de Bolivia, la Guerra del Gas. Pero es también El Alto la ciudad más pobre de Bolivia, y por tanto una de las más pobres de la región (Cottle y Ruiz 1993; CODEPO 2005; Poupeau 2010); será quizás por ello que:

> Desde inicios de los años 2000, la ciudad de El Alto se ha vuelto el símbolo de una Bolivia rebelde, popular y autoorganizada, donde se manifestaría más que en cualquier otro lugar, el renacer de las luchas indígenas. Si esta visión tiene que ser considerada como parte del objeto estudiado, no puede ser aceptada tal cual. Desde su fundación y crecimiento a principios del siglo XX, esta ciudad periférica, que obtuvo su independencia administrativa en los años 1980,

[39] "La ciudad de La Paz se halla ubicada en el altiplano boliviano, expresa la alta cuota de centralidad del aparato del Estado que incide en los procesos políticos, socio económicos y culturales del país, ya que es un canal de relación con el sistema económico internacional. Centraliza la prestación de servicios de consumo colectivo; es Sede de Gobierno Central y, por tanto, centro de decisiones políticas, económicas y sociales" (Ledo 2009: 10).

> siempre ha cumplido una función económica en relación con la sede del gobierno boliviano, la ciudad de La Paz: transportes, artesanía y comercio han hecho de El Alto la segunda ciudad del país, y uno de sus ejes de desarrollo, en la cual se mezclan elementos heredados de los pueblos "originarios" y creaciones culturales y políticas locales (Poupeau 2010: 427).

Su actividad económica se caracteriza por un alto grado de informalidad, lo que genera una situación de inestabilidad. Flores (Flores *et al.* 2007) piensa que la economía familiar está mostrando la continuidad de un *habitus* campesino-indígena, donde la unidad familiar es el núcleo de la economía. Lo mismo podría pensarse de las formas organizativas indígenas-campesinas, en su impacto en la ciudad y cómo influyeron en la organización de las protestas de octubre del 2003. El Alto es la ciudad con una de las tasas de crecimiento más altas de Bolivia (INE 2014). La organización vecinal es una de las características de esta ciudad, y por su capacidad de convocatoria su FEJUVE (federación de juntas vecinales de El Alto) ha adoptado un papel importante en los procesos políticos del país. Esta federación —como muchas otras— funciona de la siguiente manera: las familias que alquilan una vivienda no están interesadas en mejorarla, ya que las inversiones necesarias en términos de dinero o trabajo no son recuperadas. En muchos casos tampoco están interesadas en mejoras efectuadas por el propietario, ya que una consecuencia puede ser el aumento del alquiler. En este contexto es un hecho sobresaliente el que las juntas de vecinos solo admitan a propietarios de viviendas; los otros habitantes no pueden proponer representantes como candidatos a una función en la junta ni tienen derecho de voto, y tampoco son interlocutores frente a las autoridades locales. La falta de servicios favoreció la organización y movilización de su población para conseguirlos[40], y de esta forma adherirse a las juntas vecinales; sin embargo, esta institución ha sido en numerosas ocasiones objeto de denuncias comprobadas de corrupción.

> El Alto es una ficción política fruto de la importancia simbólica de la ciudad en la política boliviana que refleja toda una labor de reconstrucción de la historia contemporánea del país. Ficción política que

[40] Sobre el tema, véase Sandóval y Sostres (1989).

sigue alimentando los fantasmas de los sectores urbanos acomodados de La Paz con respecto a la "peligrosidad" de El Alto y sus habitantes, así como los fantasmas de los militantes políticos que han abandonado la "lucha de clases" por la "rehabilitación de las identidades indígenas campesinas originarias" valorizadas por la nueva Constitución política del Estado, votada en 2009 bajo el gobierno del presidente Evo Morales. La visión de El Alto como "ciudad aymara", poblada por migrantes de las zonas rurales, permite recuperar ese legado político sin mucho esfuerzo, ocultando los problemas que plantean la economía informal, la negación constante de todos los derechos laborales y la violencia de las relaciones sociales internas (Poupeau 2010: 429).

Hablamos de un tejido entremezclado de culturas e identidades, por un lado están los mineros relocalizados, por otro los indígenas aymaras —como nos decía el canciller de Bolivia (16/02/2009), "una de las razones para que los campesinos, los jóvenes nos vayamos a las grandes ciudades es la tenencia de la tierra, la mala distribución"—; pero también están entre los inmigrantes de El Alto los que se han trasladado a la ciudad a partir de planes de vivienda estatal y otras formas. Esto hace que haya diferencias notables de equipamiento de servicios y de composición social e identidad cultural entre barrios que se encuentran aledaños. Pero esto no solo se expresa por el tipo de barrio, sino también por los sectores productivos. Una parte importante de los pobladores alteños trabajan en fábricas de distinta escala que exportan su producción a los Estados Unidos y a otros mercados, rasgo que hace de El Alto una ciudad también industrial (Flores *et al.* 2007).

La relocalización

El despido de los mineros de las minas estatales de la COMIBOL a mitades de los años ochenta fue conocido bajo el eufemismo de *relocalización*[41]. En 1985 Bolivia estaba en la bancarrota total, como respuesta cambió el gobierno y con él llegaron reformas para revertir la situación; así se implementó el controvertido Decreto Supremo nº 21060, que pretendía la libre contratación. Como consecuencia se pusieron a la venta las más emblemáticas empresas estatales, en

41 Sobre el tema, véase Jetté (1989).

tanto que otras empresas como las minas tuvieron que dejar de operar pues, paralelamente a la crisis interna que el país sufría, en el mercado internacional los precios de minerales como el estaño caían estrepitosamente debido a la disminución de la demanda y la irrupción de las reservas estratégicamente puestas a la venta por Estados Unidos. Los precios del estaño cayeron a tal punto que no era sostenible, para Bolivia, seguir con el negocio. Los mineros se quedaron sin trabajo; el siguiente relato puede esbozar el drama que se vivió por entonces en la familia minera:

> Pensé que toda mi vida la iba a pasar en Siglo XX, pero el 21060 nos echó a la calle a todos. El decreto decía que dejemos en 90 días las viviendas donde muchos habíamos nacido, ¿y dónde íbamos a ir? Entonces mi padre, que luchó por la patria en el Chaco y peleó por su clase en el '52, murió pobre, sabiendo que quedábamos sin nada. Si mi padre resucitara vería cuántos niños seguimos desnudos como entonces, mendigando en la calle. [...] La gente empezó a vivir en carpas. El 21060 no sólo fue el retiro de los obreros. Antes de eso, la ley decía que ningún patrón tenía derecho a retirar a los obreros sin una causa justificada. Pero ese decreto se cambia por otro que dice que el patrón tiene derecho a la libre contratación de su personal. Además hubo aperturas de fronteras en las que el contrabando aniquiló a la pequeña industria nacional. El movimiento obrero se ha recobrado un poco en octubre [del 2003] (Domitila Barrios de Chungara[42] en *El Deber*, 02/05/2004).

No quisiéramos dejar pasar esta oportunidad para poder ofrecerle al lector un panorama de lo que significa el trabajo minero en Bolivia; quizás de esta forma pueda tener más claro el porqué del interés en su estudio y la implicación que sus movimientos tienen en el acontecer nacional:

> El trabajo empieza a las siete de la mañana. Antes de entrar en ellas, los hombres compran en los puestos cercanos una espesa sopa de cacahuete [maní] que les sirve de energía para las 10 horas que pasan

---

42 La entrevistada fue una célebre activista minera boliviana. Comenzó una huelga de hambre con otras seis mujeres y sus hijos días antes de la navidad de 1979; la huelga se masificó, logrando de forma pacífica la renuncia del entonces dictador Hugo Banzer. Domitila Barrios fue crítica con las políticas del actual presidente Evo Morales. Murió de cáncer en el 2012.

> enterrados bajo tierra, sin seguridad física y, lo peor, sin la certeza de cobrar: si no hay estaño, no hay jornal. [...] A la mina entran en cuadrillas y acompañados siempre de una bolsa de coca para mascar, imprescindible para el minero porque mitiga el cansancio, el mal de altura [Sorojchi], el hambre y la sed. Quita hasta las penas, dicen. Pero magias aparte, las bolas de coca [akulliku] que mastican durante horas expulsan un jugo que poco a poco, y tras una lenta ingestión adormece. [...] Salen exhaustos, vomitando miedo en sus miradas, desfigurados, cubiertos de polvo: el mismo que taladra sus pulmones, el responsable de la silicosis que acaba matándoles.[...] [Las palliris] son las viudas de los muertos bajo la tierra, [a ellas] se les concede el privilegio de poder mantenerse recogiendo las rocas que los hombres desechan una vez que salen de los túneles del submundo andino. [...] Cargadas también con sus bolsas de hoja de coca y con el niño a la espalda, constantemente agachadas, soportan el frío, el calor y la altura a la intemperie, seis días a la semana, 10 horas diarias. [...] Ellas no pueden entrar a la mina: está prohibido; a ellas sólo se les permite rastrear las faldas de la montaña. No deben entrar porque cuentan que dan mala suerte (Lula Gómez, *El País* 10/07/2005).

Los campamentos mineros estatales de aquellos años poco a poco se fueron convirtiendo en pueblos fantasmas. En consecuencia, capitales como Santa Cruz y Tarija, ciudades como El Alto o regiones rurales como el Chapare veían llegar a cientos de familias mineras que buscaban un nuevo espacio donde sobrevivir. Los trabajadores mineros caracterizados por su experiencia sindical después desplegarían su memoria y experiencia de cohesión en los nuevos espacios laborales a los que les tocaría incursionar, convertidos en cocaleros, taxistas o pequeños comerciantes. La memoria minera se tradujo en el traslado a otros ámbitos sociales de las lógicas de acción sindical, en la capacidad de liderazgo, en la organización de mujeres, en sus prácticas asambleístas, en la cohesión interna y en la manera tradicional de enfrentar los conflictos con una lógica de "hasta las últimas consecuencias" (Cajías 2004: 22).

2.3. Problemas en la medición y en la interpretación

Dos hechos son importantes para nuestro estudio cuando hablamos de la recolección de información censal; por un lado el problema que hubo en el Censo del 2001, con la pregunta referida a la migración interna, y por otro la pregunta referida a identidad que se hizo en el censo del 2012.

El uso del *aquí* como fuente de error

El censo del 2001 en Bolivia intentó medir la migración interna a través de la pregunta sobre la última residencia y se desató un problema relacionado con el diseño de la pregunta, pues esta daba lugar a la categoría de respuesta *aquí*[43] sin tomar en cuenta la doble residencia, por ejemplo, un tema que, como ya explicamos en el capítulo anterior, es una característica de los habitantes andinos ya desde los tiempos incaicos, pero tampoco la pregunta tomaba en cuenta el tiempo de inmigración, otro requisito importante, según muchos estudiosos de la migración, para definir lo que es un migrante. Es decir, la pregunta era ambigua y conducía a diferentes interpretaciones, pero además ni siquiera se la aprovechó para hacer desagregaciones. Entonces, si la persona entrevistada contestaba *aquí*, las instrucciones señalaban pasar a la siguiente pregunta, sin registrar la información de la identificación geográfica de su vivienda habitual (ciudad, municipio, provincia y departamento), y estaba la respuesta *no aplica* para las restantes categorías. Por eso, se crearon en primera instancia nuevas variables donde a este grupo de personas se les asignó la identificación geográfica del lugar de empadronamiento de la vivienda como lugar de residencia habitual, pero también *en otro lugar*, que incluía a los que fueron empadronados en un lugar diferente de su residencia habitual. Por lo tanto, algunos de estos pudieron ser "migrantes" o "no migrantes". Por ejemplo, una persona empadronada en Santa Cruz que declaró como residencia habitual *en otro lugar* y especificó que la ciudad de La Paz fue considerada "migrante" si el lugar de residencia en los cinco últimos años, informado en el censo, era diferente a la ciudad de La Paz, y "no migrante reciente" si el lugar es el mismo. Esta situación se complica cuando se desagrega por área geográfica menor, pues puede ser *en otro lugar* a nivel de municipio pero en la misma provincia y en el mismo departamento (Vargas 2005). Por lo tanto,

[43] Por este error, esta encuesta censal es presentada como estudio de caso, por organismos como la Cepal, para advertir de los problemas en la medición. Véase González, D., Seminario-Taller: *Potencialidades y aplicaciones de los datos censales*, CELADE-División de Población de la CEPAL, 12 al 14 de octubre de 2011.

el principal problema para el análisis de la categoría de respuesta *en otro lugar* es que el filtro opera de manera tal que la consulta sobre la entidad de residencia habitual (departamentos, provincias, sección) solo tiene cifras válidas para los transeúntes, es decir, los que fueron censados en un lugar distinto a aquel en que viven habitualmente.

En resumen, la información del censo 2001 no permitió obtener una matriz de migración para el análisis entre áreas geográficas (urbano-rural), por ello tampoco permitió conocer la intensidad y la dirección de los flujos migratorios. Para subsanar esta falla se aplicaron encuestas por muestreo, por lo general en los lugares de destino de los migrantes, ciudades capitales y, en algunos casos aislados, en determinadas áreas rurales. Pero si bien de estas se puede obtener información retrospectiva difícilmente se puede evaluar la emigración de determinadas áreas geográficas del país. Este error tuvo además un costo político importante, si se tiene en cuenta la Ley de Participación Popular, que motivó a realizar movimientos poblacionales días antes con el objeto de ser censados en lugares que no correspondían con la realidad sino con intereses políticos, como municipios con pocos habitantes, con la intención de acceder mayores recursos, o, también, ser censados en áreas rurales para tratar de consolidar áreas de colonización, o mostrar presencia en áreas agrícolas abandonadas para mantener allí la propiedad (CODEPO 2004).

Censo 2012: ¿más mestizos, menos indios?

Durante la preparación de la boleta censal correspondiente al censo del 2012 se desató en el país un acalorado debate respecto a la negativa del gobierno por incluir la opción *mestizo* en la pregunta sobre autoidentificación. El argumento gubernamental era que “el tema mestizo es un tema que compete a los mestizos, a quienes se asumen mestizos deberían sustentar por qué debería existir mestizos. Si comparamos con los aymaras ¿Hay territorio propio mestizo, hay una cultura propia mestiza, hay un idioma propio mestizo, hay una religión propia mestiza? Si las hay, discutamos”[44] (*Los Tiempos*, 19/08/2012); según esta posición, el concepto *mestizo* es abordado como *cultura*, en tanto que la presidenta de la Cámara de Senadores decía: “mestizo es una categoría biológica, somática, racista o discriminadora, ya que

[44] Palabras del por entonces viceministro de Descolonización.

junto a los blancos, fueron usadas en los censos de la colonia" (*Bolpress*, 26/08/2012). Aunque quizás la siguiente declaración, ofrecida por un importante dirigente del partido de gobierno, y además líder campesino, sea más gráfica respecto a la equívoca noción de lo que el término *raza* significa en la cosmovisión de muchos políticos bolivianos: "la raza mestiza en el país disminuye día a día" (*ibid.*). Como vemos, la distorsión de conceptos está muy presente en el discurso gubernamental, al punto de que lo mestizo puede ser ubicado en el imaginario en el mismo nivel que la raza.

Ya realizado el censo, los resultados arrojaron una sorpresa, la fuerte "caída" de la población indígena, aunque hay que hacer notar que, al tratarse de una pregunta sobre autoidentificación, esta disminución es de una categoría, y no de población en sí. El 58 % de los bolivianos mayores de 15 años dijeron no pertenecer a ninguno de los 36 pueblos indígenas (INE 2002), cuando en el 2001 esa cifra llegaba al 38 %. Recordemos empero que, mientras en el 2012 se preguntó: "Como boliviana o boliviano, ¿pertenece a alguna nación o pueblo indígena originario campesino? Sí-No, ¿a cuál?" (lista de 36 pueblos, con la instrucción al encuestador de "no leer al entrevistado" dicho listado), en el 2001 la pregunta fue: "¿Se considera perteneciente a alguno de los siguientes pueblos originarios o indígenas?" Las opciones eran quechua, aymara, guaraní, chiquitano, mojeño, otro nativo, ninguno.

En la pregunta sobre identidad del censo del 2012 la combinación de identidades étnicas (naciones indígenas) con categorías de clase (campesinos) fue decisiva para los problemas en la interpretación. En los últimos años, en Bolivia se había avanzado en aceptar una indianidad que contenía también a los indígenas urbanos; pero con la imposición gubernamental de la categoría "indígena-originario-campesino" (IOC) se volvió de algún modo a una ruralización de la identidad indígena, y es posible que algunos encuestados hayan entendido esta sumatoria de identidades como una identidad única "indígena-originario-campesina". Más sobre el tema vamos a tratar en las siguientes páginas; por ahora diremos que el resultado del censo del 2012 sobre autoidentificación trajo a la palestra el debate sobre la indianidad y el mestizaje.

No podemos terminar esta parte sin hacer un cuestionamiento a la forma en como se abordaron las preguntas en el censo; podrán parecer secundarios, pero no podemos quitarle la importancia porque son mensajes simbólicos de cómo se vive la ciudadanía en Bolivia. Por un lado tenemos el hecho de que quien responde a las preguntas del encuestador aparece bajo la categoría de "el jefe de familia", así en masculino, igual si el censo fue realizado en 1976 o si por el contrario fue realizado en este siglo. Con esto vemos cómo desde el Estado se da por sentado que hay una categoría jerárquica en la familia, pero que además es un miembro masculino quien ocupa la cabecera de esta jerarquía. Por otro, en el censo del 2012 hubo preguntas relacionadas con el tipo de materiales con los que se construyen las casas en el país, pero nada sobre la deuda que contraen cientos de bolivianos para adquirir un espacio donde habitar. Se preguntó también por el tipo de trabajo, pero la categoría "labores de casa" no fue considerada pues, ante los ojos del Estado, el trabajo de la casa no es realmente un trabajo, o como la siguiente cita nos ilustra:

> Aquellos exiliados y exiliadas de la economía boliviana que se fueron porque acá no hallaron modo de sobrevivir serán contabilizados pero no sabremos cuántas de estas personas son hombres o mujeres y tampoco sabremos si se fueron por deudas, por trabajo o huyendo de la insostenible violencia machista. Se nos pregunta cómo eliminamos la basura y reconozco que es un dato muy importante, pero no sabremos cuántos abortos ha tenido cada mujer de la familia. ¿Acaso ese dato no es tan o más vital para la sociedad que el conocimiento en torno a la basura? (María Galindo, *Página 7* 19/11/2012).

Las críticas hacia la cartilla censal fueron varias, pero sin duda la agudeza de Galindo, nuevamente nos impulsó hacia una reflexión sobre usos más cotidianos; otras críticas se dirigieron también a la omisión de preguntas centrales, como el tema de la religión (que hubiera servido para tener cifras oficiales sobre el crecimiento poblacional de las iglesias evangélicas frente al decrecimiento de la católica), pero también por la pérdida de oportunidad en el desglose de otras preguntas, y sobre todo porque se repitieron errores que ya habían sido identificados como tales, y nos referimos concretamente a la falta de consideración respecto a una característica muy arraigada entre los migrantes rurales, esto es, la multirresidencia, que como ya advertíamos en la parte referida a migración interna en Bolivia es una característica digna de ser observada y estudiada. La siguiente cita reafirma nuestra posición:

> Así, la boleta censal ha sido vertical, autoritaria e insuficientemente discutida. Tratándose del primer censo plurinacional, este instrumento no recogió las preocupaciones de las poblaciones indígenas-originarias. Por ejemplo, en la ubicación de la vivienda, al principio de la boleta no se visibilizan los *ayllus*, *suyus* y *marcas*. Tampoco se hizo el esfuerzo de su traducción en los idiomas nativos principales. Finalmente, tampoco captará la doble residencia en poblaciones milenariamente nómadas por el control vertical de los pisos ecológicos, en procura de las subsistencias alimentarias (René Pereira, *La Razón*, 22/11/2012).

Como dijimos, las críticas en la elaboración fueron muchas, y hay que añadirle a ello el retraso en la puesta a disposición del público de las estadísticas recogidas. Con todo, cerramos esta parte resaltando el hecho de que el levantamiento de datos a través de los censos ha sido un tema que no ha estado, para el caso boliviano, exento de polémica, por el tema de la medición en la migración interna, pues no se acaba de reconocer el carácter multirresidencial de los migrantes rurales, pero también a la hora de preguntar por la autoidentificación.

3. Estudio de caso: Tarija (1982-2010)

El espacio escogido como estudio de campo de nuestra investigación es Tarija, capital del departamento del mismo nombre, un espacio sin duda privilegiado para la observación de la diversidad en las recomposiciones de los espacios. Tarija se encuentra estratégicamente ubicada entre el oriente y el occidente del país, como si esto fuera una premonición del papel político que le toca desempeñar, como una tercera opción al debate polarizado entre el oriente y el occidente:

> Tarija, departamento pequeño situado al sureste de Bolivia, a la frontera con Argentina y Paraguay, está muy aislado del resto del país. Está precisamente en el cruce entre Occidente y Oriente, sobre esta ruptura entre relieves y llanuras que vuelven tan compleja la geografía de los países andinos. [...] Por un lado, las tierras altas y los valles andinos constituyen el modelo tradicional y fueron ocupados por los incas y después por los españoles, estos últimos estableciendo la ciudad de Tarija, hoy capital departamental que concentra la totalidad de la urbanización del Occidente. Por otro, los valles subandinos y

> las llanuras son áreas de repoblación, con la presencia tradicional de indígenas guaranís y weenayek, frentes pioneros agrícolas recientes y variados, y desarrollos urbanos nuevos y difusos, a imagen del resto del Oriente (Martin inédito: 17).

Tarija es el departamento más pequeño geográficamente hablando, es poco accesible y durante años estuvo más y mejor conectado con el exterior[45] que con el país mismo; tiene una extensión territorial de 37 623 km^2 y está habitado por alrededor de cuatrocientas mil personas, con tasas de un crecimiento del 4,7 % —bastante alto, y como veremos en una tendencia permanente a lo largo de los últimos años—. Su territorio concentra una rica diversidad ecológica, con básicamente tres zonas topográficas: la andina, el valle central y el chaco, como la siguiente cita lo confirma:

> [En Bolivia] en cualquier dirección, andaremos sobre una diversidad de relieve, de vegetación, de hábitat, de cultura, de clima, de rituales, de caracteres, etc. Y además, en pocos kilómetros, podremos pasar de un paisaje a otro. ¿En cuál país del mundo se suele saltar, en apenas 30 km, de la puna de altura al cultivo de banano del fondo del valle?. Sino en un país andino. [...] [En Tarija] en unos 75 km, pasamos del Campanario a Entre Ríos, de 3 600 msnm a 1 230 msnm, de la alta montaña a un valle caliente, donde la vida, la cultura tiene ritmo de ganado, pesca o caña (Mazurek, en Martin, inédito: 7).

Esta heterogeneidad geográfica que desencadena en una suerte de heterogeneidad social es precisamente lo que llama la atención de esta parte del territorio boliviano, por

> [la] desigual repartición de riqueza, [que] se expresa en la vigencia de bajos indicadores de desarrollo humano y altos índices de pobreza. En algunos municipios, como el de Yunchará, [que precisamente se encuentra en la zona andina del departamento] el nivel de pobreza es del 99 %, y sólo recibe el 1 % de las regalías departamentales, mientras Tarija se ha convertido en el departamento más rico del país por la mayor cantidad de recursos provenientes de las regalías e impuestos a la explotación hidrocarburífera que recibe mientras que, en contraparti-

[45] Tiene fronteras con Argentina y Paraguay, y la única carretera asfaltada con que contaba hasta hace solo años conectaba no con Bolivia sino con Argentina.

da, no ha resuelto los principales problemas estructurales, como desarrollo, pobreza, exclusión y discriminación (PADEP/GTZ 2010: 32).

El departamento de Tarija se divide en seis provincias, siendo su capital Cercado. A su vez, la capital de la provincia Cercado se llama oficialmente San Bernardo de Tarija y está ubicada en el valle central, a 1 800 m de altitud y con un clima exquisito. Por eso, también llaman a Tarija "la ciudad de las flores"; además está regada por el río Guadalquivir, que atraviesa la ciudad. La zona del Chaco, que se encuentra en la provincia del Gran Chaco, que es la que tiene los pozos petrolíferos y gasíferos del país, es una región de tierras bajas caliente y semi-árida, con temperaturas que llegan en verano hasta los 45 ºC. El Chaco está habitado por bastantes y dispersos pueblos indígenas, siendo los más numerosos los guaraníes, los weenayeks y los tapietes.

Los valles de Tarija fueron desde antes de la llegada de los españoles un espacio de frontera entre los pueblos andinos y los pueblos de tierras bajas. Esta condición sentó las bases para la estructuración de una forma de concebir el territorio que se proyecta hasta nuestros días (Vacaflores y Lizárraga 2007). La expansión del Estado Inca se encontró, en estos territorios, con la presencia y resistencia de los guaraníes, establecidos en las tierras chaqueñas. La actual ciudad de Tarija se sitúa en el centro de los valles de suministro de las zonas mineras y sobre uno de los ejes de exportación de minerales a España, desde finales del siglo XVII (Martin, inédito: 38). La presión ejercida por el imperio incaico fue retomada por la colonia española, de manera que la noción de "frontera" se mantuvo vigente. La noción de frontera se contrapone a la de "territorio conquistado", donde se había logrado someter a los indígenas, subordinándolos al dominio español; entonces:

> De "este lado", los indígenas eran los vasallos, los conquistados, los trabajadores subordinados a la gran propiedad del amo español; mientras que "del otro lado", los indómitos guaraníes eran los "salvajes", los que no se dejaban someter, los que debían ser eliminados para expandir la dominación colonial del territorio. Ahí se originó la noción del espacio "salvaje" fuera del fuerte "civilizado". Mientras tanto en el territorio de "este lado" de la frontera, la dinámica de consolidación territorial fue la organización económica de los pueblos sometidos en las encomiendas. A partir de estas dinámicas, se forjó

> una concepción diferenciada del territorio asignándoles identidades diferentes al espacio: "aquí" el territorio de los sometidos y "más allá" el territorio de los salvajes, "aquí" el bastión "civilizado" y allá la tierra de "salvajes", aquí "nosotros" y allá "los otros" los que no son parte de nuestro territorio. Actualmente esta noción heredada de espacios territoriales diferenciados entre el fuerte civilizado y el espacio salvaje, entre el Chaco y Tarija, se traduce en una identidad colectiva que se diferencia entre campo y ciudad, entre capital y provincia, entre "chaqueño" y "chapaco" (Lizárraga y Vacaflores 2007: 19).

Las concepciones sobre el espacio territorial de "este lado" y del "otro lado" de la frontera (Fornillo 2009) han llegado hasta la actualidad y juegan un rol importante en la arquitectura de la ciudad, así como en el imaginario que se tiene sobre la apropiación del espacio.

3.1. CONTEXTO SOCIO-ECO-POLÍTICO

"De capital de la sonrisa a la nueva Kuwait" es la frase que sobre Tarija se ha venido repitiendo muchas veces desde que a principios del presente siglo se descubrieran los pozos gasíferos. Entonces los pobladores, pero incluso medios de comunicación, se referían a Tarija como "una nueva Kuwait", "la Kuwait boliviana" (*El País* 28/10/2003, *Página 12* 06/10/2003), haciendo alusión a la cantidad de petróleo de ese país; lo de "capital de la sonrisa" es el lema que el gobierno municipal ha hecho suyo como una forma de atraer el turismo, resaltando las formas amables de sus pobladores.

Tarija vivió de manera tardía el proceso de cambio de actores políticos emprendido en Bolivia en el 2005, y su proceso de cambio obedece, según nuestro estudio, a factores diferentes e incluso opuestos a la realidad nacional. El tejido social actual, como del resto de ciudades latinoamericanas, es producto de las divisiones coloniales que produjeron órdenes espaciales y dieron el cimiento para la construcción de un imaginario, en este caso *el tarijeño*; por eso, afirmamos que este imaginario de *lo tarijeño* fue delineado ya en las épocas de la conquista, así comenzaron las negociaciones del poder regional en relación al Estado colonial y la formación de divisiones sociales más claras, basadas en combinaciones de tipologías raciales y realidades políticas (McNeish 2010). De allí que el PNUD (2003: 17) indique que las divisiones entre el campo y la ciudad, entre el valle central y el Chaco, entre capital y provincia, y entre el chaqueño y el chapaco, reflejen aún el imaginario espacial y de la colonia. Tarija fue durante años considerada por sus habitantes como una ciudad tranquila, pero esta imagen cambio a partir del 2008 cuando la conflictividad llegó a extremos, pues:

> Los conflictos de transición política en el departamento de Tarija se han caracterizado por la búsqueda de hegemonía en un espacio donde se presentan dos visiones de país, la nacional y la regional; ambas buscan alcanzar la hegemonía a través de la ocupación del Gobierno departamental, está en franca oposición a la línea del Gobierno central y aquella en alianza. Por otro lado, también está presente el tema de la implementación de las autonomías en sus diferentes niveles (departamental, regional, indígena) plasmada en la actual CPE [Constitución Política del Estado], lo que posiblemente acarreará disputas por la cooptación de espacios territoriales con poder político decisorio. La división y confrontación latente entre la ciudad capital de Tarija y las provincias constituyen algunas hebras de esta compleja conflictividad en términos de relación multinivel y multiactor. Lo propio se replica en la interacción entre el Gobierno departamental de Tarija y el Gobierno nacional. En ambos niveles se denota una pugna de poder, desde la capital hacia las provincias, y desde lo departamental hacia el nacional. Cabe resaltar que el enclave de mayor representación y afinidad con el nivel gubernamental se encuentra en las provincias del departamento, con mayor visibilidad en la región del Chaco (PADEP/GTZ 2010: 28).

A diferencia del departamento de Santa Cruz, no existe una clase empresarial urbana, en Tarija la elite actúa, se reproduce y se legitima de una forma feudal, imposible de pensar en la coyuntura en que vive el mundo actual. Los Trigo, los Castellanos, los Ávila, son algunas de las familias tradicionalmente elitistas, y muchas de ellas afrontan quiebras económicas y viven básicamente de rentar sus céntricas casas a los comercios y bancos de la ciudad, o de la producción de vino y de fruta en el valle central. La legitimación de su posicionamiento dentro de la sociedad es fruto del marketing de los medios de comunicación social, que trabajan en la formación de un imaginario de lo que se conoce como "gente de bien". Hay que señalar además que el desarrollo de la industria agrícola, otra vez en contraste con Santa Cruz, se ha llevado a cabo en gran parte sin la asistencia del gobierno central (Fornillo 2009).

El censo del 2001 dice que el 80 % de la población de Tarija se autoidentifica como no indígena, una cifra que llama la atención si consideramos que en el mismo censo el 64 % de los bolivianos en general se identificaba con algún pueblo indígena. En Tarija los campesinos se autodefinen como chapacos o chaqueños, categorías que marcan distancia no solo de los pueblos indígenas[46] de las provincias Gran Chaco y O'Connor (guaraníes, weenayeks y tapietes) o de los migrantes del otros departamentos, sino también de los habitantes de la ciudad. Aprovechamos el momento para aclarar que somos bastante cuidadosos en identificar a "lo chapaco como identidad étnica" como lo propone por ejemplo Vacaflores (2014: 51), porque como veremos en el estudio se trata de construcciones políticamente manipulables que en algún momento incluso trastocaron el término raza. En todo caso, diremos que la construcción de identidad en Tarija está en función del territorio, lo que significa que:

> La construcción de identidad en función al elemento territorial se ha cimentado en lógicas de larga data que han generado la exclusión social y política permanente y consecutiva de actores sociales como los campesinos por parte de otros actores que, de manera coincidente, residen en las áreas rurales o, incluso, son provenientes de ellas. Los mismos han ido recreando identidades con una carga excluyente implícita. Este hecho se ha ido modificando en los últimos años por el proceso que vive el país, el cual revaloriza las identidades rurales, originarias e indígenas. [...] Ellos son el mundo campesino, los inmigrantes que han llegado a la ciudad de Tarija, los barrios con sus luchas, las nuevas organizaciones populares y otros. Todo ello va unido al proceso de cambio político y social por el que atraviesa el país y el deterioro de los sistemas tradicionales de representación política (partidos políticos). Este conjunto de acontecimientos ha contribuido al surgimiento de una nueva configuración en los mecanismos de representación política y la emergencia de nuevos espacios de mediación, resultado de la repolitización. En esa línea, el empoderamiento de las organizaciones sociales como la Federación Sindical Única de Comunidades Campesinas la posicionan como la principal fuerza entre los "movimientos sociales" de Tarija (PADEP/GTZ 2010: 32).

[46] Los guaraníes de Itika Guasu son de los pocos grupos que se reivindican explícitamente como "pueblo indígena" asumiendo un discurso sobre etnicidad.

Estadísticamente, la incidencia de la pobreza[47] es del 51 % en el departamento, un dato que no asusta cuando se mira la realidad boliviana, pero lo que llama la atención es la desigualdad en un mismo departamento, pues mientras el 87 % de los pobladores del área rural son pobres, en la ciudad *solo lo es* el 30 %.

El descubrimiento de grandes reservas de gas natural[48] desde principios de siglo le ha generado un importante incremento en los ingresos económicos departamentales por concepto de regalías[49]. Este incremento sin precedentes genera condiciones muy especiales en el departamento, pues incorpora elementos antes ausentes en el contexto regional. Tarija jugó un papel determinante en la disputa "oriente-occidente", porque tiene la capacidad de ejercer un peso más que significativo en el balance que se da entre las disputas de la llamada media luna. Los intercambios económicos, políticos y de relacionamiento entre las elites son fundamentales con Santa Cruz, por donde además transita el gasoducto que se dirige a São Paulo (Brasil).

Aunque arquitectónicamente Tarija parece una ciudad a la vanguardia de la modernidad, sobre todo debido al boom de la construcción, en muchas de sus radios locales se escuchan discursos de autoridades y también de historiadores en que pareciera como si el tiempo se hubiera detenido[50] y la arquitectura moderna fuera simplemente otra dimensión.

---

[47] El INE define pobreza como la insatisfacción de necesidades básicas, pero este concepto no permite ver la multidimensionalidad del concepto de pobreza.

[48] Si bien las reservas gasíferas están en el departamento de Tarija, sin embargo no se encuentran bajo el suelo de la ciudad de Tarija sino en el suelo de la provincia Gran Chaco, y esta provincia cuestionó en varias oportunidades la unanimidad de la identidad regional, amenazando incluso con la creación de otro departamento. La discusión sobre la distribución de los recursos se resolvió inicialmente con la asignación del 45 % de regalías para la provincia de Gran Chaco, lo que generó un precario equilibrio en la discusión sobre el centralismo interno.

[49] De menos de 10 millones de dólares por año, a partir del 2002 se incrementan, llegando a los 200 millones de dólares en el año 2007.

[50] Por ejemplo, ya entrados los años 90, en el colegio de convenio Santa Ana de Tarija, céntrico, donde acudían por entonces, en su mayoría, las hijas de las familias de la clase media, las adolescentes recibían clases de Puericultura, donde se les inculcaba ser "buenas mujeres", además de aprender a hacer el ajuar del bebé recibían charlas sobre cómo ser "buenas esposas e hijas". También podemos revisar la prensa local, y ver que de forma reiterada, sin ninguna reflexión, se utiliza el término "muerte pasional" cuando de lo que se está hablando es de feminicidios.

3.2. El porqué del estudio de caso

Hemos escogido a Tarija como estudio de caso sobre todo porque partimos del supuesto de que es un ejemplo claro y concreto de que las migraciones tienen consecuencias políticas, y esto nos permite comprender y explicar otra lógica de politización. Como en muchas de las zonas periurbanas de ciudades latinoamericanas, los barrios nuevos periurbanos son el primer anclaje para inmigrantes que llegan a la ciudad. De acuerdo a los datos del CNPV (en CODEPO 2004) los distritos de la Zona Norte en Tarija y Plan 3000 en Santa Cruz tienen los porcentajes más altos de inmigración reciente en Bolivia.

Nos interesa particularmente la Zona Norte de Tarija porque simbólicamente representa el sitio paradigmático de la exclusión, pero también de la reconciliación, porque vemos un discurso unificador en cuanto a subalternidad. La omisión de lo comunitario, en los estudios de investigación sobre migración interna, en especial de la significación y las prácticas colectivas, refuerza la noción de que las sociedades son construidas a partir de motivaciones individuales, vemos entonces que el ejemplo de los inmigrantes de tierras altas puede romper muchos de los estereotipos sobre la migración, además se convierte en un ejemplo gráfico que muestra que es posible hablar de *bonding*, *brindging* y *linking* como fases dentro de la teoría del capital social. Pero además el aporte que se hace para el debate político nos ayuda a enlazar migración y política, que es el objetivo de este trabajo de investigación.

Lo mismo cuando los principales medios de comunicación, sobre todo radios, hacen una apelación, marianista, casi mítica, al buen comportamiento de "las damitas" y de los "hijos de buena familia", o cuando, sin sonrojo, se refieren a los migrantes como "los recién llegados".

III. MOVIMIENTOS MIGRATORIOS EN TARIJA

Como ya lo venimos mencionando, la población del departamento de Tarija creció fuertemente a partir de mediados del siglo XX, y se triplicó entre 1950 y 2001 (pasó de 130 000 a 400 000 habitantes, con un incremento neto entre 1976 y 2001 del 4,8 %[1]) (Martin 2012: 189). Ahora bien, en el caso de la inmigración interna hacia Tarija, esta tuvo como punto de partida la Guerra del Chaco (Lea Plaza 2003: 48), en que muchos de los combatientes eran campesinos provenientes de la zona andina, que sobrevivieron a esta guerra contra Paraguay y se quedaron a vivir en la zona; de ahí que apellidos tan andinos como Condori, Villca y Quispe abunden en las regiones chaqueñas.

En las estadísticas sobre migración, la ciudad de Tarija aparece como uno de los destinos tradicionales de la inmigración rural andina, con unas cifras de crecimiento que arrojan cifras como "+3,3% anual entre 1950 y 1976, +5,5% entre 1976 y 1992 y +4,5% entre 1992 y 2001" (D´Andrea y Martin 2007: 40), lo que nos demuestra que el crecimiento demográfico es sostenido desde 1950 hasta el 2001 y lo que invita a una reflexión profunda sobre los efectos que ésta haya tenido para la región y para el país.

Queremos remarcar nuevamente que utilizamos la categoría *tierras altas* porque nos referimos a que los inmigrantes no vienen solamente de los departamentos calificados como altiplánicos (La Paz, Oruro, Potosí), sino que nos referimos a la ubicación geográfica en sí, es decir, que el propio departamento de Tarija tiene en sus provincias regiones andinas, y que las estadísticas dicen que la inmigración de estas a la ciudad es del 12 % (*ibid.*: 42) o a las provincias andinas de

[1] Hay que precisar que este crecimiento se da entre la población urbana porque, según Martin, en el campo el crecimiento solo llega al 0,7 %.

departamentos que están considerados en las regiones de los valles, como Chuquisaca, por ejemplo, donde sus provincias Nor Cinti y Sur Cinti tienen una importante representación inmigrante en Tarija. En todo caso, entre estos migrantes el origen étnico indígena (aymara y/o quechua) es un rasgo común; y además hay que precisar que, en cuanto a experiencia migratoria, el estudio de Martin y D'Andrea (2007) destaca que la corriente migrada captada en Tarija rara vez tiene una experiencia inmigratoria previa, siendo Tarija la primera etapa de un recorrido migratorio tal vez más complejo.

1. Etnicidad y clase: consideraciones para la reflexión

> La lucha por definir las cosas no es una propiedad de académicos, es profundamente política porque ahí nos jugamos no las palabras, sino la mirada sobre nosotros mismos. Es una lucha política porque se juegan en ella muchas veces la constitución misma de los sujetos sociales y su ubicación en las sociedades. Esto pasa además por la necesidad de poner en cuestión las definiciones eufemísticas y neutrales que se fabrican en las oficinas de tecnócratas del Banco Mundial y compañía para desdibujar las realidades sociales de los pueblos y de los sujetos sociales. Esa habilidad no académica, sino tecnocrática es un ejercicio de poder que deriva definitoriamente en formas de control, interpretación y posteriormente en una serie de recetas somníferas de "desarrollo" que nuestros continentes del sur han tragado en circulares y viciosas décadas (Galindo 2007: 1).

Es cierto que en Bolivia, como en muchas otras sociedades latinoamericanas, lo étnico se vincula a la clase, lo que representaría en el imaginario que *mientras más rico más blanco*; el razonamiento, aun cuando bien intencionado, es ingenuo, y para ello basta con mencionar que para el caso boliviano, en la cotidianidad ni siquiera se usa la palabra indígena ni *blanco* como autoidentificación. Hay quienes en Bolivia, según las definiciones (importadas) sobre lo indígena y lo blanco, se encontrarían en el limbo de las identificaciones pues no corresponderían a ninguno de estos grupos; ellos y los otros se identifican como: mestizos, cholos, chotas, birlochas, jailones, chocos, *t'atas*, que representan a las subculturas híbridas en esta Bolivia de identidades multiopcionales. En este sentido, coincidimos en afirmar que

> En las zonas andinas de Bolivia, la elección del tuteo o el usteo, por ejemplo, se somete estrictamente a criterios de distancia cultural, que toman el lugar de los criterios de edad o de grados de confianza, normales en condiciones más homogéneas. Una persona menor tuteará a una mayor, aún sin conocerla, si es que esta última está ubicada en un eslabón más bajo de la cadena de jerarquías culturales; pero esta actitud no es exclusiva de los grupos más distantes entre sí: se reproduce en los estratos intermedios, aún sin que existan diferencias externas ostensibles. En cuanto a los estereotipos raciales y su terminología, subsisten toda una gama de discriminaciones: indio, "puro", "t'ara" son los insultos raciales dirigidos al comunario rural o al migrante de primera generación, en tanto que "indiaco", "cholo", "cholango", "medio pelo" y otros aluden a los sectores intermedios en ascenso. Si bien en su versión femenina el contenido despectivo de estos términos se atenúa ("chola" o "cholita", que también se utilizan como autodesignación), las variantes ascendentes femeninas continúan siendo designadas en términos despectivos: "birlocha", "chota", etc. En el caso masculino, los insultos al cholo provienen específicamente del mundo q'ara, en tanto que en el caso femenino, el término "birlocha", por ejemplo, puede ser usado despectivamente, tanto por la mujer oligarca como por la chola orgullosa que siente como una degradación el adoptar el "vestido" o vestimenta femenina criolla-*q'ara* (Rivera 2010: 79).

Originalmente mestizo significaba alguien de descendencia mezclada entre europea e indígena, bajo esa lógica los cholos estarían más cerca de los indígenas. Actualmente se habla de la emergencia de la *burguesía chola*; esto se traduce en que los propietarios de los negocios más rentables de venta de electrodomésticos y computadoras en La Paz, por ejemplo, son cholos, por tanto la categoría de clase juega también un rol importante. La fiesta del Gran Poder[2] es un buen

2 "La fiesta dedicada al patrono Señor del Gran Poder, tiene como danza preponderante la Morenada, que es la preferida por los aimaras porque les permite exhibir su poder económico en lujosas máscaras, trajes, vestidos y joyas. Las cholas, cuya imagen con sus polleras, mantas y bombines es una de las más emblemáticas de La Paz, gastan miles de dólares en sus joyas y realizan todo el desfile acompañadas de cerca por guardias personales para evitar robos. El Gran Poder, llamado también "Fiesta mayor de los Andes", aspira a tener el mismo reconocimiento de Patrimonio Oral e Intangible de la Humanidad con el que cuenta el afamado Carnaval de Oruro por parte de la Organización de las Na-

ejemplo de la conjunción de etnia y clase, y esto se define por la fraternidad donde se baila, la posición que se tiene dentro del desfile, los símbolos que se lleva en la ropa, el lugar en los rituales del preste, el lado por donde se le da la comida o la bebida; estos y otros elementos permiten una compleja identificación de la posición y de la clase económica que la chola y su pareja ostentará en el grupo.

Por otro lado, los términos *k'ara* o misti cuando son aplicados por los indígenas y campesinos se refieren a quienes no socializan con ellos o no son de su clase, por supuesto con diversos matices regionales y de contexto pero que arrastran un cargo de rechazo y desprecio. La birlocha y la chota son mujeres que no usan pollera, pero su consumo cultural es todavía como el de las mujeres indígenas. Otra categoría es la que se refiere a los jailones. Como jailón se define al individuo que puede permitirse lujos; etimológicamente viene del inglés high, que en la pronunciación del español sonaría /jai/ y al que se le sumó el aumentativo -lón (jai + lón). Ser jailón no implica tener los bolsillos llenos; lo jailón es más bien un complejo tejido identitario que cuenta con sus propios códigos y sus propias realidades, que corren de forma paralela a la realidad social y política que vive la mayoría en el país.

Así, entonces, entendemos que se usa el término *blanco* sin una reflexión profunda sobre el tema; para empezar, *blanco* no se refiere necesariamente a alguien cuya descendencia sea europea; de hecho, Bolivia es uno de los países latinoamericanos con menos inmigración extranjera[3]. Esto tiene que ver más con la otredad: *lo que no es como yo*, lo que no es indio, los que no pasan hambre, los que hablan bien español, los que son más civilizados… esos son *blancos*. Lo interesante es que los propios indigenistas e indianistas usan el término *blanco* en sus publicaciones y discursos. De esta manera la explotación de clase —según el vocabulario marxista— ya no sería obra del capital sino expresión del dominio étnico (Spedding 2008: 255). Entonces cabría preguntarse: ¿Qué pasa con los *blancos* pobres? Pensamos más

---

ciones Unidas para la Educación, la Ciencia y la Cultura (Unesco)" (*Los Tiempos* 18/06/2011).

3 Al igual que a Spedding 2008 y Canessa 2005, me ha pasado que mis amigos europeos no consideraban sus semejantes a los bolivianos de la elite que yo señalaba como blancos.

bien que el uso de la categoría *blanco* lo que intenta es definirse en términos bourdianos; así entonces se refiere a *"ser socialmente blanco"* (*ibid.*: 257) más que a las características físicas. En este sentido el consumo que los *blancos* hacen estará en opuesto al consumo de los indios o de las clases subalternas, y funciona con la simple lógica de que las mujeres de los blancos no van a los tambos[4], ahí van sus criadas indias; los *blancos* no hablan, o al menos no públicamente, quechua o aymara; los *blancos* no *pijchan* coca, e intentan en todo momento alejarse lo más posible de lo que el indio es, consume o hace.

El caso del municipio de San Lorenzo en Tarija puede ayudarnos a explicar mejor lo que queremos decir; allá hay comunidades con gran cantidad de campesinos fenotípicamente blancos y pelirrojos, campesinos que como todos sus colegas de oficio latinoamericanos sufren de malnutrición —el bocio está acabando con la vida de muchos pobladores en esta región—, de analfabetismo y de altas tasas de mortalidad materno-infantil, consecuencias claras de su marginación y pobreza. Se pensaría que al ser fenotípicamente *blancos* pertenecen a la elite, pero estos están muy lejos de acceder a dicho grupo social. Lejos del debate político y académico, el boliviano de a pie utiliza la palabra *choco* para diferenciar a un *blanco* sin poder.

Lo cierto es que el tramado social boliviano es un ejemplo concreto de que etnicidad y clase son dos ejes de diferenciación que pueden funcionar de manera relativamente independiente, o pueden estar entrelazados hasta tal punto que a veces resulta difícil distinguirlos, pero esto no anula el hecho de que, objetivamente, clase y etnia siguen siendo dos ejes analíticos distintos donde cada individuo tiene una posición particular en cada eje. Por eso es importante remarcar la pertinencia de la etnicidad y la clase como causa y fin de los conflictos, y esto nos advierte de la presencia de actores que pueden asumir identidades diversas recurriendo para ello a una abigarrada memoria colectiva, donde:

> Lo abigarrado social es una condición de disposición de diversos tipos de sociedad que coexisten de manera desarticulada, estable-

[4] Hoy en día, la palabra tambo ha quedado en el imaginario boliviano como un denominativo para los mercados donde se vende del productor al consumidor; allí muchas vendedoras compran al por mayor para luego revender en sus puestos.

> ciendo relaciones de dominación y distorsión de unas sobre las otras. En este tipo de sociedades el proceso de colonización se mantiene y perpetúa, sobreponiendo diferentes tiempos históricos, es decir, diferentes civilizaciones en un mismo ámbito territorial, ámbito político y social. [...] La cuantificación misma, como lo veremos a todo lo largo de esta historia, tiene un papel más relativo mientras más abigarrada es una sociedad; por el contrario, es en la crisis o su equivalente (la instancia de intensidad) donde se puede ver en sus resultantes o síntesis, pues se trata de la única fase de concentración o centralización, a una formación que de otra manera no aparece ni como archipiélago (Zabaleta 1983: 19-20).

Decir que la yuxtaposición de identidades es una característica de la sociedad boliviana es entender la identidad colectiva boliviana como un *collage* de culturas que se conjugan con otras, interfiriéndose a veces, imponiéndose e incluso dañándose mutuamente. En este sentido podemos afirmar que

> La idea de forma social abigarrada nos permite pensar la coexistencia de varios tiempos históricos, varios modos de producción, cosmovisiones, lenguas, procesos de reproducción y, sobre todo, estructuras de autoridad y formas de autogobierno. Esta noción refleja la idea de sociedades sobrepuestas, como colores que coexisten sin mezclarse y que sólo se enlazan en varios puntos de mala manera (Valentini 2006: 27).

Actualmente el concepto zabaletiano ha sido rebautizado por Tapia (2002: 4) como "sociedad multisocietal", que desde su perspectiva sería la sobreposición desarticulada de varios tipos de sociedad o, como el mismo autor lo explicita en una entrevista:

> [...] lo multisocietal se trata de un término que derivo de la noción de formación social abigarrada de René Zabaleta que, básicamente, consiste en pensar en la sobreposición desarticulada de varios tipos de sociedad, lo que implica tiempos históricos, modos de producción, lenguas y formas de gobierno, entre otros factores. Digo que Bolivia es multisocietal para describir aquellos territorios donde se han marcado fronteras en la creación de un estado moderno, dentro de las cuales existen, de hecho, varios tipos de sociedad, producto de la colonización. Este concepto permite reflexionar acerca de la manera en que en un mismo territorio de

> fronteras políticas modernas existen varios tipos de sociedad que se han mantenido casi como totalidades, aunque afectadas por todas las relaciones coloniales, las formas liberales y las nacionalistas (Díaz 2011: 2-3).

En este sentido, podríamos inferir que esta superposición de identidades, frecuentemente observada en los sujetos que conforman el tejido social boliviano, implica la interacción deliberada de sujetos que provienen de distintas matrices culturales pero que no acaban disolviendo su fuente cultural y producen un conjunto de prácticas prolongadas en el tiempo. Mientras pensadores bolivianos de los siglos xx y xxi refieren y trabajan sobre la complejidad de la sociedad boliviana en términos de "abigarrada" y "multisocietal", nos queda decir que estamos frente a un país lleno de pluralidades culturales, una sociedad civil fuerte y creativa —léase comités cívicos, juntas vecinales, Central Obrera, tanto la nacional como las regionales, las Confederaciones de Pueblos Indígenas y de Campesinos—, pero sobre todo nos encontramos ante una de las experiencias revolucionarias más ricas de este siglo.

> Las sociedades multisocietales son aquellas donde coexisten y se sobreponen diferentes sociedades o matrices de relaciones sociales de diversa cualidad y tiempos históricos, en su carácter desarticulado y de duración más o menos colonial de la sobreposición. El carácter abigarrado de las estructuras sociales hace que en realidad no exista algo así como la sociedad boliviana. Bolivia es un país levantado sobre poblaciones y territorios organizados en diferentes sistemas de relaciones sociales o sociedades. Bolivia es un país multisocietal, pero tiene un estado monocultural y monosocietal. Es un estado que corresponde a un solo tipo de relaciones sociales y dentro de las relaciones sociales modernas corresponde de manera monopolítica a la clase dominante y cada vez más a estructuras metanacionales y la presencia de la soberanía de otros estados en la política boliviana (Tapia 2002: 14).

La pertinencia de la etnicidad y la clase como causa y fin de los conflictos nos advierte de la presencia de actores que pueden asumir proyectos e identidades diversos recurriendo a la abigarrada memoria y a las múltiples fuentes de sentido sedimentadas en el devenir de actores procedentes de múltiples procesos históricos.

Dentro de la superposición de identidades, a la que tanto Zabaleta (2008) como Tapia (2002) hacen referencia —*somos bolivianos, pero también somos aymaras, quechuas o chiquitanos*—, ha surgido un punto que a simple vista resultaría homogeneizante y que encuentra dentro de esta caracterización su polémica: el mestizaje. En la teorización de este tema en Bolivia encontramos tres autores con sus respectivas posturas; por supuesto no son los únicos en el debate, pero identificamos estas propuestas como representativas de las grandes contradicciones que en la discusión sobre el concepto se han generado. Así entonces tenemos a Toranzo (2006), que aborda el mestizaje como la identidad colectiva tan ansiadamente deseada por los bolivianos; Patzi (1999), para quien, en cambio, el mestizaje es la abstracción ideada desde los intelectuales occidentales para invisibilizar al indígena, y, finalmente, Rivera (2009), quien desde su perspectiva de etnicidad nos habla de las paradojas de esta y aborda el mestizaje como parte de una etnicidad estratégica.

Del trabajo de Rivera (2007) podemos inferir que la violencia cotidiana en las clases medias nos permite una visión cruda del mestizaje que contrasta con la idealización nacionalista que ve en el mestizaje un espacio de armonía entre clases y grupos étnicos. El mestizaje entonces no es la resolución de la contradicción colonial de fondo, ni tampoco un espacio libre de las relaciones de poder, sino un campo muy conflictivo constituido justamente en base a los términos de dominación originales. En la práctica está para quienes buscaban escaparse del estigma de ser "indio" o "cholo": da la apariencia de una movilidad social libre y voluntaria, pero encubre procesos dolorosos de ruptura con comunidades, parientes y redes territoriales.

Para Toranzo (2006: 635) —uno de los defensores acérrimos del concepto—, en cambio, el mestizaje es la cultura popular que la mayoría de los bolivianos vive, es decir la "cholificación" como una versión bolivianizada del mestizaje. Enfoca el mestizaje como el reconocimiento de la diversidad, y agrega que "todas las identidades son sumidas e introducidas dentro de una coctelera societal dando lugar a mezclas sorprendentes que pueden llamarse mestizajes". Es por el lado de la cultura, afirma el autor, que se ha explicitado la mezcla. Esa fineza de la multiculturalidad amalgama todo lo diferente que posee el país, y su producto fue la producción de múltiples culturas, pero imbricadas mutuamente.

Patzi[5] representa, sin duda, la posición más crítica al mestizaje, en un artículo titulado "Miserable estudio sobre identidad"[6] (*La Razón* 2007); dice que "la autoidentificación no es la variable más objetiva para definir la identidad en países donde prima la colonialidad", y define a la interculturalidad (1999: 537-544) como "una simple ilusión colectiva". Por tanto el mestizaje sería, a sus ojos, un mecanismo importado desde el occidente para hacer sentir falsamente integrados a los indígenas; esta construcción —según el autor— mal intencionada de las agencias de cooperación por homogeneizar al país en función de una cultura mestizo-criolla *blancoide* (*sic*) origina una cultura dominante y ubica a la cultura indígena como una identidad subsumida. Por ello la multiculturalidad, promovida y financiada por los países hegemónicos en Bolivia, no sería más que una violencia simbólica basada en una teoría de confraternización que no respeta la evolución histórica de cada pueblo.

La posición oficialista, ante el debate surgido a causa de la no incorporación de la categoría mestizo en la boleta censal del último censo, dice que el mestizaje no puede ser considerado una identidad, primero porque carece de nación y segundo porque es una categoría colonial de tipo tributario[7]; sin embargo habría que subrayar que en la construcción identitaria oficial[8] conviven dos nociones de nación: la moderna, en el sentido de Estado-nación, y la colonial, en el sentido de colectividades indígenas. Siguiendo con el tema del mestizaje como identidad diremos entonces que el concepto mismo de identidad colectiva en Bolivia es una cuestión que en los últimos años ha adquirido una alta implicancia polí-

[5] Félix Patzi fue profesor de la Universidad Mayor de San Andrés en La Paz, miembro activo del MAS (movimiento al socialismo) y se desempeñó como ministro de Educación (2006-2007); también se postuló bajo esta sigla como candidato a gobernador por La Paz, pero fue expulsado del partido y retirada su candidatura tras ser sorprendido conduciendo en estado de ebriedad. Actualmente es gobernador electo y ya no forma parte del MAS sino que tiene su propia Asociación Ciudadana.

[6] Artículo publicado por el periódico nacional *La Razón* (15/07/2007), como parte de un debate abierto a propósito de la publicación de los datos de las encuestas de la LAPOP en el año 2007.

[7] Periódico *Los Tiempos* (07/08/2013).

[8] Para más información, véase <http://www.vicepresidencia.gob.bo/IMG/pdf/que_es_la_nacion-1.pdf>.

tica. La manera como se ven los bolivianos a sí mismos, es decir, la respuesta a las preguntas ¿somos indígenas?, ¿somos mestizos?, ¿somos *q'aras*? es algo que ha adquirido un alto sesgo político. Según el censo del 2001, el 62 % de los bolivianos se consideraba perteneciente a algún pueblo indígena, y en el 2004, cuando la LAPOP levantó una encuesta, el 61 % de la gente se consideraban mestizos. ¿Cómo interpretar estas cifras? Es evidente que entre el 2001 —cuando se levantó el censo— y el 2004 —cuando se hizo la encuesta— el país pasaba por la reconfiguración social y política más importante de su historia, pero también es evidente que ante la forma y el contexto de la pregunta los bolivianos se autoidentifican de diferente manera.

En todo caso, lo que hasta aquí hemos querido ofrecerle al lector es una reflexión crítica sobre la forma simplona de entender a las identidades, que no toma en cuenta la interrelación activa y vivida de etnia y clase; esta perspectiva es parte del etnocentrismo de la realidad social que, por mantener una imagen romantificada de lo indígena, termina negando la existencia de diferencias y desigualdades intraculturales, intragenéricas, así como de clase dentro de los grupos indígenas.

2. Migrantes de las tierras altas

La densidad poblacional de Tarija fue adquiriendo notoriedad a través de oleadas migratorias durante los siglos XIX y XX; la primera migración copiosa se da tras la guerra con Chile, al convertirse Tarija en un punto central del tránsito comercial hacia el puerto de Buenos Aires; la segunda ola se produce también después de una guerra, la del Chaco contra Paraguay, cuando muchos de los soldados sobrevivientes se quedaron en Tarija; una tercera oleada se registra en año de 1976, lo cual fue evidentemente coadyuvado por la inmigración rural (Albó 1995) y, la oleada a partir de 1985, tras el éxodo de habitantes de las minas a causa de su cierre y del área rural del altiplano obligados a dejar sus tierras por las sequías de las tierras altas, en Tarija se incrementan notablemente las cifras de inmigración, dando lugar a una de las ciudades bolivianas con inmigración más alta del país.

Para explicar mejor el proceso de asentamiento de esta inmigración recurriremos a una división tanto geográfica como social de la ciudad; basándonos en D'Andréa y Martin (2007) sectorizaremos la ciudad de Tarija en tres partes: centro, periferia consolidada y periferia en consolidación, como reflejamos en el siguiente gráfico:

Gráfico nº 2

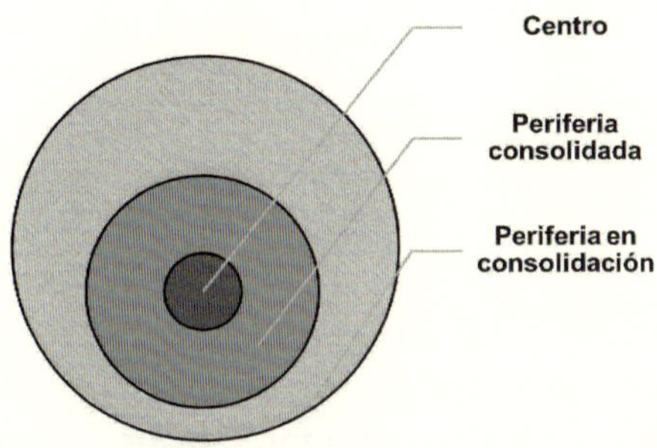

Fuente: Elaboración propia en base a D'Andréa y Martin (2007)

Observaciones y entrevistas nos muestran que la periferia consolidada y la periferia en consolidación están básicamente engrosadas por inmigrantes, afirmación que es corroborada por Lizárraga y Vacaflores (2007), Fornillo (2009) y Lea Plaza (*et al.* 2003); para este último autor, sin embargo, tanto la periferia consolidada como la que está en consolidación son los lugares "más sucios y más peligrosos [de la ciudad]" mientras que en el centro de la ciudad estarían los lugares "más limpios y más alegres" (*ibid.*: 127). Hemos estado constantemente hablando del crecimiento de la ciudad, y el siguiente cuadro nos ayudará a explicarle al lector de qué tipo de crecimiento estamos hablando.

Cuadro nº 6
Ciudad de Tarija: Evolución de la población entre 1992 y 2000 según estratificación barrial

	Población		
Estratificación	**1992**	**2000**	**Tasa de crecimiento 1992-2000 (en %)**
Centro	25 141	22 647	–9.9
Periferia consolidada	49 289	74 384	50.9
Periferia en consolidación	12 337	31 920	158.7
Total	86 767	128 951	48.6

Fuente: Hamelin, d'Andréa y Martin con datos del INE (2007: 231)

Lo que el cuadro nos revela es que el centro de la ciudad ha decrecido, mientras que la periferia, tanto consolidada como en consolidación, tiene un crecimiento impresionante. Vamos a ocuparnos precisamente de ver el desarrollo migratorio de estas zonas en crecimiento para explicar la migración, pero más concretamente nos vamos a ubicar estratégicamente en la Zona Norte, que está ubicada en la periferia consolidada pero que se prolonga hasta la frontera, lo que se denomina periferia en consolidación, lugar que ocupará nuestro análisis a partir de las siguientes páginas y que pasamos a describir.

El caso de la Zona Norte

La ciudad de Tarija, como todas las que fueron constituidas en su época, replicó el patrón cuzqueño de ordenación del espacio, en el que se reúnen en un centro múltiples puntos dispuestos en forma de arco. Tarija fue también en los tiempos del incario una especie de *frontera*, y fue concebida como tal; es por eso que ambas pautas —la española y la incaica— en su concepción de ciudad se mezclaron. Fue una de las ciudades que más rápidamente creció en aquellos tiempos, lo que se refleja en su arquitectura, pues es la única ciudad colonial que no tiene su catedral en la plaza principal; es más, esta ciudad de cuatrocientos años tiene una plaza principal pequeña, y la mayoría de las construcciones públicas que la rodean fueron hechas después de la Guerra del Pacífico con un préstamo que el alcalde de Nueva York le concedió al alcalde de la ciudad de aquel entonces, Isaac Attíe, a cambio de cuero (Fornillo 2009: 22).

> La segregación residencial es un fenómeno contradictorio, contiene elementos tanto de heterodefinición como de autodefinición. Los inmigrantes [...] desean estar juntos para apoyarse mutuamente, desarrollar redes de relaciones familiares y de barrio, además, mantener sus idiomas y culturas. Los barrios étnicos permiten el establecimiento de pequeños negocios y agencias que atienden las necesidades de los inmigrantes, así como la formación de asociaciones de todo tipo. La segregación residencial es, por lo tanto, precondición y resultado de la génesis de comunidades. Mientras que los grandes desarrollos de viviendas de propiedad pública con frecuencia han conducido al aislamiento y a los problemas sociales, los que constituyen un importante caldo de cultivo para el racismo (Castles y Miller 2004: 269).

En la plaza central de la ciudad se encuentra el centro de la institucionalidad política del departamento, la sede de la gobernación, la alcaldía y el Comité Cívico. El lugar ha sido el escenario geográfico de más de un levantamiento[9], protestas, enfrentamientos, pero también de negaciones, como con el actual presidente del país, quien pese a ganar las elecciones con un récord histórico de más del 50 % en las votaciones nacionales no ha dirigido un discurso en ella, como es la tradición en las ciudades capitales bolivianas, pese a haberlo intentado en más de tres ocasiones. Hasta hace solo un par de años tampoco podía hacerlo ninguno que se identificara con partidos políticos como el MAS, el MIP o la CONDEPA, es decir *partidos de kollas*, a sabiendas de que se expondrían a una situación en la cual acabarían siendo víctimas.

> La plaza es la esencia de Tarija, es el referente de un departamento porque están las máximas representaciones institucionales, por lo tanto merecen respeto, protección, cuidado y veneración. [..] Es nuestra plaza de armas donde se venera a nuestros máximos caudillos, nuestros máximos héroes, entonces no podemos dejar desguarnecido, por eso es que hasta con la vida hay que defenderlo. Enton-

---

9 En 1994 se desconoció el poder central y tuvo que haber intervención armada para aplacarlo, por ejemplo.

> ces esta gente [se refiere a los inmigrantes] no razona, no piensa, no tiene criterio. Y le digo que me ha dolido porque nunca he visto confrontarnos entre tarijeños, me ha dolido muchísimo, lo siento altísimo y la gente ya estaba al copete de bronca con esta indiada (entrevista a la entonces senadora María Elena Méndez, extraída de Fornillo 2009: 22).

Por tanto la plaza principal y sus barrios aledaños representan el imaginario urbano local de "lo tarijeño", "lo legal", "lo jailón". Como oposición a ello surge la Zona Norte, también conocida como la "zona del mercado Campesino", que existe aunque no para todos en la misma extensión. Creado hace veinte años contra los tramitadores de la cosecha comúnmente conocidos como revendedores, el mercado Campesino fue, en los años ochenta, construido con la idea de vender del productor al consumidor, sin la injerencia de intermediarios. "Por aquellos años, nadie quería ir a ese mercado, porque estaba fuera de la ciudad y había que pagar taxi y te cobraban caro, me acuerdo que la alcaldía hacía propaganda para ir, claro que las verduras eran más baratas, pero uno volvía con los zapatos llenos de barro" (entrevista 24/01/2009).

Pronto alrededor de este mercado se asentaron varias familias y construyeron sus casas, y como sucede en casi todas las periferias pobres los pobladores debieron organizarse para conseguir el acceso a servicios básicos como electricidad, agua y alcantarillado. Hoy, por la extensa calle central del barrio se acomodan las tiendas que proveen de productos para la agricultura, la venta de coca, de productos enlatados, máquinas para el hogar, como televisores, lavarropas, heladeras, etc., y hasta hace poco tiendas para consumo de ropa usada[10]. Allí también están los bancos de préstamos para pequeños empresarios y las radios que emiten programación destinada a la comunidad de inmigrantes, y por supuesto están las casas de campaña[11] en tiempos de elecciones políticas. A través de los negocios se pueden leer los rasgos de este barrio, que entrañan el capitalismo que puede representar la existencia de un mercado que factura miles de dólares los fines de

---

[10] A partir del 2009 la importación y venta de ropa usada es sancionada.

[11] Las casas de campaña son las oficinas de los partidos políticos, que en muchas ciudades bolivianas hacen las veces de oficinas del partido, pero que funcionan solo cuando hay campaña política.

semana pero que a la vez convive con el trueque que muchas personas hacen en las aceras de estos negocios, con la venta de animales como gallinas, conejos u ovejas o con la oferta de mano de obra que se representa en mujeres y hombres sentados que esperan ser contratados en diferentes oficios.

El mercado Campesino de Tarija se convierte entonces en un laboratorio social, un espacio de circulación de identidades, de lógicas de entender el mundo, donde la relación de intercambio no solo está mediada por el "intercambio de objetos" sino también por significados culturales, jerarquías, capital y poder social, pero sobre todo por negociaciones étnicas y de clase; este mercado es un espacio donde la porosidad es su principal característica; todo lo que está ahí está dispuesto a ir y a venir, recibiendo las múltiples influencias de los lugares que contiene, y como todo mercado que es abastecido y abastece es intensa y extensamente semiósico: su apariencia caótica, con sus abigarradas filas de puestos, siguiendo laberínticas ubicaciones, oculta una compleja estructura organizativa social, donde poseer un puesto de venta no implica una propiedad solo física, sino también una suerte de acuerdo simbólico socialmente reconocido para ocupar el espacio. El resultado de los intercambios —muchas veces ni deseado ni planificado pero integrado por códigos culturales compartidos— es la puesta en escena de un espectáculo cuidadosamente planificado y preparado. Mientras algunos se refieren a este mercado como un espacio de encuentro, otros lo ven como una frontera. Las formas de propiedad en esta zona son híbridas, es tanto espacio privado, porque cada gremial posee su puesto de venta —paga a la alcaldía un *canchaje* (impuesto diario)— como colectivo por la explotación, porque están los sindicatos que se ocupan de cada rincón del mercado a distancia de las instituciones públicas (Fornillo 2009: 23). La mayoría de los vendedores de este mercado, como los vecinos que habitan las áreas aledañas, son inmigrantes, es decir también de aquellos que habitan las zonas andinas del propio departamento de Tarija, como la comunidad de Iscayachi, donde la sequía hace estragos con los cultivos, pero también de otras zonas rurales del propio departamento.

> Casi todos los que usted ve vendiendo, son migrantes kollas o del campo, comienzan con sus canastitas de dulces, por su negocio no se pueden quedar estáticos y tienen que ir de aquí a allá, en esa acti-

> vidad están yendo al centro y ahí miran la "otra Tarija" y se forman su conciencia de clase, se preguntan, ¿Por qué aquí hay y allá [en la Zona Norte] no? [...] Con los años esta gente se va superando, ya ponen su puestito y después abren su tienda, [pero para] entonces ya han recorrido las calles y saben que hay otros que desde arribita tienen, entonces esta gente cuando llega [arriba] no se olvida de lo que le ha costado y está lista (entrevista 29/01/2009).

Al mercado Campesino es "donde si quieres ahorrar vas, claro que es feo, mucho indio, y los zapatos se te ensucian, pero las cosas llegan frescas y hay tanto, que se puede negociar" (entrevista 13/01/2009)[12]; es un centro de abastecimiento cotidiano de todos los barrios de Tarija, pero además se identifica como una zona que "los kollas han invadido, con su música, su ropa, sus bailes, ¿acaso no ha visto en carnaval? Todo ahí es de kollas" (entrevista 13/01/2009).

Este mercado destaca no solo por su funcionamiento como entidad eminentemente económica sino, y sobre todo, por ser el centro donde la resistencia se ha constituido a través de la articulación de sectores antes marginados; de allí que, cuando en el 2008[13] el Comité Cívico intentó atacar al mercado Campesino, se trató sobre todo de un tema simbólico. Aunque esta zona se mantiene invisible para algunos, detrás del centro de la ciudad, fenómenos como los del 2008 estimulan la mutación de las referencias geográficas para establecer una frontera entre dos ciudades aparentemente paralelas. La exclusión no se expresa solo en la ausencia o carencia de servicios básicos de los vecinos aledaños a este centro de abasto, sino también en la invisibilización social de la población que la habita. En sí misma, la Zona Norte es la negación de aquello que pretende ser *lo tarijeño*. En consecuencia, "la gente de esos barrios, vive, se organiza, construye sus casas, sus escuelas, abre sus calles, atiende sus dolencias y se muere al margen del Estado, de su normativa e instituciones" (Fornillo 2009: 7). Los vecinos de esta zona se hacen visibles para los otros cuando las

---

12 Estas palabras, como sus descripciones peyorativas, fueron expuestas en presencia de la vendedora; ella me dijo luego que "cada día es lo mismo, como cuando escuchas la misma canción un día tus orejas se cierran solitas" (entrevista 13/01/2009a). Vemos entonces que el uso peyorativo y discriminatorio se hace de forma abierta.

13 En el 2008, la zona del mercado Campesino fue el espacio geográfico de una enfrentamiento violento, pero de ello nos ocuparemos más adelante.

circunstancias así lo reclaman, cuando salen a bloquear las calles o aparecen gritando y haciendo reventar petardos en la puerta de la alcaldía o la gobernación, reclamando por aquello que consideran que les corresponde. En este sentido, lo periurbano en Bolivia tiene rasgos comunes tanto en sus condiciones de exclusión infraestructural y social como en sus aspectos de fortaleza de organización vecinal.

> Muchos inmigrantes son desplazados por poderosos factores sociales y económicos a áreas urbanas marginadas y aisladas; en éstas deben compartir el espacio con otros grupos marginados. Algunos habitantes originales perciben la segregación residencial como un amenazante intento deliberado por formar "enclaves étnicos" o "guetos". Las áreas de concentración de grupos específicos de inmigrantes son, a menudo, foco de desavenencias con otros sectores marginados. [...] Los barrios de las minorías étnicas también pueden ser sitio de confrontaciones con el Estado y sus agencias de control social, en particular con la policía (Castles y Miller 2004: 279).

Aunque la representación simbólica espacial de la comunidad de inmigrantes de tierras altas es la zona del mercado Campesino y los barrios aledaños donde moran sus actores son la base de sus movimientos:

> La concentración étnica y la formación de comunidades se pueden ver como resultados necesarios de la migración a las ciudades globales. Tal vez originarían conflictos pero también conducirían a la renovación y el enriquecimiento de la vida y la cultura urbanas. Los grupos étnicos específicos nunca estarán completamente aislados o serán totalmente autosuficientes en las ciudades modernas. La interacción cultural y política se negocia en torno a complejos procesos de inclusión y exclusión y de transferencia cultural. Buena parte de la energía y de la capacidad de innovación dentro de las ciudades se basa en el sincretismo cultural de las poblaciones multiétnicas, como ha mostrado Davis (1990) en el caso de Los Ángeles. Este sincretismo puede verse como un vínculo y un desarrollo creativos de aspectos de diferentes culturas, en un proceso de formación de comunidades, las que siempre tienen dimensiones políticas (Gilroy 1987). Así como no puede haber un retorno a las poblaciones monoétnicas (siempre un mito, en cualquier caso), ni regresar a las culturas estáticas u homogéneas. La ciudad global con su población multicultural es un poderoso laboratorio para el cambio (*ibid.*: 281).

En el actual paisaje urbano de Tarija se ha formado un cinturón en torno al núcleo regular de la ciudad, donde las nuevas barriadas van creciendo. Es el caso de los asentamientos[14], allí la frontera con el campo es una línea tan delgada que a veces parece invisible, las casas parecen sacadas del paisaje rural, hay chacras, incluso ovejas que se han tenido que acostumbrar a los 32 ºC de calor promedio en verano y se confunden con los perros vagabundos de la zona. La trashumancia y el trabajo rotatorio es frecuente, e incluso el intercambio económico se da en una red homogénea y constante; con ello tomó una fisonomía fuertemente articulada desde una base territorial sólida por la creación de barrios autogestionados, que nacieron después de 1985. Un ejemplo concreto de esto es el barrio Luis Espinal[15], donde ciertas teorías podrían reafirmarse como el caso de la siguiente cita:

---

14 Los asentamientos son fenómenos paralelos a los procesos de urbanización, son lo que las chabolas en España o las favelas en Brasil. Tarija vivió durante los últimos años un crecimiento acelerado de estos; muchos llegaron a consolidarse, pero otros son de reciente creación, como los de Las Barrancas y Pampa Galana. En el primero tuvimos el acceso para hacer entrevistas, sacar fotos, filmar y fotografiar; se trata de casuchas hechas con cartones, maderas y nylon, donde malviven familias en situaciones infrahumanas, donde una pila provee de agua a por lo menos 50 personas y los niños son los encargados de recogerla. El suelo recuerda a un desierto, debido a la deforestación del área. Sufren de las inclemencias del tiempo y el índice de mortalidad infantil en estas zonas es impresionantemente alto. Los vecinos se quejan y se puede palpar en las visitas que hay un ambiente de mucha incertidumbre, de estrés continuo y de tensión porque tienen enfrentamientos —incluso armados— con otros asentamientos, pero además sufren constantemente la amenaza de ser desalojados por parte de la alcaldía; por eso al principio, dicen, montaban constantes guardias. El asentamiento está cercado. No ha dejado de sorprendernos su organización sindical: cuentan con talleres de política donde tanto la participación femenina como la juvenil es obligatoria. También trabajan en la apertura de sus calles, y así nos hemos enterado de que dos jornales del trabajo de una mujer era equivalente a uno de un hombre, y que por ello las mujeres desafiaron a estos y les demostraron que su jornal de trabajo puede ser igual. Este asentamiento participó activamente en los enfrentamientos del 2008, donde murió el hijo de unos de sus miembros, de tan solo 9 años. El tiempo que pasamos con ellos para nuestro trabajo de campo ha sido una fuente profunda de reflexión y de aprendizaje. Agradecemos enormemente habernos permitido la entrada, sobre todo cuando nos consta la impenetrabilidad de la que se han vestido en los últimos años, temerosos, como ellos mismos dicen, del espionaje, de la injerencia política para dividirlos o de las miradas curiosas y morbosas de su pobreza.

15 El barrio Luis Espinal, como casi todos los barrios de la periferia, comenzó como un asentamiento y hoy es considerado un barrio "consolidado"; tiene servicios básicos, escuelas, posta de salud, calles asfaltadas, canchas de fútbol y básquet.

> Sassen (1988) ha mostrado cómo las nuevas formas de organización global de las finanzas, la producción y la distribución desembocan en "ciudades globales", que atraen flujos de inmigrantes, tanto para actividades altamente especializadas como para empleos poco calificados en el sector de servicios, que atienden los lujosos estilos de vida de las elites. Lo que lleva a su vez a una reestructuración espacial de la ciudad, donde los factores interactuantes del nivel socioeconómico y los antecedentes étnicos conducen a formas rápidamente cambiantes de diferenciación entre los barrios (Castles y Miller 2004: 279).

Los barrios autogestionados son barrios que funcionan bajo la lógica de levantar el barrio colectivamente, es decir que la alcaldía les provee de los bienes, como piedras para empedrar sus calles, pero ellos ponen el trabajo. Entre los barrios autogestionados están: 15 de Noviembre, 3 de Mayo, Los Chapacos, Libertad, Las Pascuas; todos mantienen la misma matriz organizativa. Todos, antes de ser barrio, fueron asentamientos. En las actividades de sus juntas vecinales no solo discuten puntos reivindicativos ligados a la infraestructura barrial o a propuestas de obras, según como lo ordena la Ley de Participación Popular, sino que emprenden actividades culturales, intercambian experiencias y llevan adelante lineamientos políticos comunes, como la del barrio Luis Espinal, que creó su propia asociación ciudadana para las elecciones municipales. El MAS fue el único partido con permiso de una asamblea para hacer campaña en el barrio[16].

Junto al distrito 9, los distritos 7 y 6 —que es donde se encuentra el mercado Campesino—, los barrios de Portillo y San Jorge I en la parte baja han ido generando una circunvalación creciente que rodea al centro de la ciudad de Tarija, y por ello dicen amenazantemente: "Los de la plaza no se dan cuenta, pero están rodeados y cuando sea necesario los vamos acorralar, como ha hecho el Mallku en La Paz, ¿se acuerda... en el 2000? Así les vamos a hacer, a ver si aguantan, ahí se van a dar cuenta de que somos más que ellos. Sólo es cuestión de tiempo" (entrevista 05/02/2009).

Es interesante cómo las jornadas de trabajo comunitario se convierten fácilmente en espacios de discusión política; estos barrios son la puesta en práctica de la auto-organización del espacio como princi-

---

16 Entrevista a la presidenta del barrio Sabina Gonzales.

pio programático. El trabajo comunitario hace que sea difícil diferenciar qué es público y qué es privado, pues se actúa bajo la lógica de que la casa del vecino la hicieron entre todos y todos la propia, del mismo modo que nadie fueron ellos mismos los que, en muchos casos, regalaron su tiempo y esfuerzo para trabajos que tendrían que ser obligación de las instituciones locales o nacionales, como aquí se dice:

> Comenzaron a pisar la tierra acampando a cielo abierto, montando edificaciones algo más sólidas de a poco y en conjunto. Como suele ser la norma los jóvenes se organizan en Centros Juveniles, las madres en Centro de Madres, y la lógica laboral era pareja: (todavía no habían llegado las magras indemnizaciones mineras), si el hombre salía a trabajar la mujer tenía que cumplir con las funciones sindicales y el trabajo comunitario. Se organizan con delegados por calles. Durante la construcción del barrio las movilizaciones persistieron, el barrio conquistó el espacio físico, el derecho humano a la vivienda y a organizarse políticamente. Se reúnen mensualmente y discuten desde temas básicos como el empedrado hasta problemáticas generales de la política nacional. Fueron los primeros en desarrollar proyectos de cinco años, lo que más tarde serían los PDM (planes de desarrollo municipal) (Fornillo 2009: 3).

Actualmente el barrio ya no tiene el empuje de sus primeros años, básicamente porque ya erigieron la infraestructura básica de la urbanización; aunque la solidaridad colectiva es todavía firme y latente, al respecto la presidenta del barrio nos dice:

> Al principio, cuando llegamos, nos veíamos más, hasta para prestarnos agüita por ejemplo, como no teníamos ni luz, entonces los changos salían a jugar a la calles y nosotros nos sentábamos a charlar, o cuando había que trabajar las calles, era buena excusa para vernos y relacionarnos como vecinos, como familia. Pero eso va cambiando. Las nuevas generaciones ya no se conocen como nosotros, hacemos lo que podemos, pero ahora hay luz y tele, ahora los que quieren participan, ya no hay la necesidad de una calle, ahora están todas asfaltadas (entrevista 10/04/2011).

Escuchamos argumentos similares en varios dirigentes vecinales antiguos, como si al conseguir sus fines la cohesión se acabaría, o la tecnología rompiera con las redes de relación personal; sin embargo resulta cuantioso el grado de autonomía en el control del territorio, luchando por el derecho a la vivienda, a la urbanización y a la organización política, pilares de la narrativa histórica del lugar. El control del escenario cotidiano de actuación es la fortaleza indiscutible porque permite asentar la participación política activa. Precisamente, la construcción de la casa pone en primer plano la implicación social en el manejo de lo público, dinámicas que expresan una producción de espacio local.

La matriz minero-sindical de organización se trasladó a Tarija con la corriente inmigratoria; el núcleo organizativo operó la territorialidad del espacio, una subjetividad que sostuvo el derecho a ocuparlo para luego habitarlo, aquí sobresale, el barrio como lugar de política y en lo que hace a la dinámica del asentamiento, su lógica no deriva de la simple desafección del Estado o de la inexistencia de un mercado que brinde recursos, sino de una política territorial programada (Gonçalvez, en Fornillo, 2009: 15). Janoschka (2011), siguiendo a Harvey (1996) y Alonso (2004), dice que se pueden conceptualizar los espacios urbanos como resultado de las estrategias de poder, de discursos y luchas que se transmiten de forma simbólica, y que las prácticas de consumo, dependiendo de los sentidos y valores que el grupo social les otorgue, serían el nuevo eje primordial del proceso de producción y reproducción social. Cabe recalcar que las caracterizaciones de cada comunidad, su desarrollo y su forma de migración son abstracciones y nos describen cada circunstancia que allí se encuentra; por ello buscamos que estas precisiones nos ayuden a especificar cómo las construcciones locales de la comunidad crean condiciones para ciertas visiones y vivencias del desarrollo local.

2.1. Construcciones de género en el contexto del ser migrante

La migración femenina es un fenómeno de larga data, aunque penosamente recién fue visibilizado en las últimas décadas por los académicos debido a su aumento cuantitativo, pero también porque los patrones están cambiando: así entonces la migración de mujeres en busca de empleo que ya no lo hacen como "acompañantes" o por reunificación familiar, sino que lo hacen de forma independiente. De esta forma, el envío de remesas por parte de un proveedor femenino ha obligado a los estudiosos de las migraciones a incorporar el género en las teorías migratorias, toda vez que, al fin, se entiende que establecer las características del migrante es un aspecto fundamental; quién migra, cuál es su edad, su sexo, su educación, en qué trabaja, son factores que comienzan a tomar relevancia ya no solo para la sociología sino también para el resto de ciencias implicadas en el estudio de la migración. Pese a esto las teorías tradicionales de la migración, al igual que muchas otras disciplinas, se enfrentan a una cierta resistencia a dimensionar los fenómenos desde una perspectiva de género.

Ya en 1889, Ravenstein advertía del predominio de la migración femenina en distancias cortas, y estudios referidos a toda Latinoamérica confirman al autor. Muñoz y Oliveira, en un estudio sobre Colombia y Venezuela, afirmaban que "la migración interna se da sobre todo en las mujeres", mientras que estudios de Elizaga y Macisco en Chile les permitía aseverar que "la mayor independencia cultural de la mujer chilena y otras condiciones sociales, unidas a la menor distancia media recorrida por el grueso de la migración en este país, explicaría el bajo índice de la masculinidad de los migrantes de Santiago". Sin embargo, Petersen nos advierte de que "la característica de los migrantes internos es predominantemente de mujeres y la de los internacionales de hombres, pero [...] esta generalización no puede ser designada como una ley que se aplique a las sociedades no occidentales" (Herrera 2006: 150).

En Bolivia el enfoque de género en las migraciones se dedica básicamente a la migración internacional; sin embargo la presencia de mujeres indias, que dejan sus comunidades de origen y que a una edad muy temprana (casi niñas) son obligadas a ir a las ciudades a trabajar como empleadas domésticas, es un tema poco estudiado. Ilaya (2013), en un profundo y casi autobiográfico estudio, nos narra la vivencia desgarradora de estas mujeres que, incluso en situaciones de semi-esclavitud, ven en la migración interna una forma de escape a la presión y la discriminación con que son tratadas en sus propias comunidades; ella dice: "ser mujer es como una carga con la que venimos al mundo, en la comunidad eso será determinante para determinar nuestro lugar en la jerarquía social; esta lógica es la que justifica la subordinación del ser mujer al género masculino entre los aymaras" (05/02/2009a). Declaraciones como esta afirman que el género representa una construcción social, una matriz de identidades, conductas y relaciones de poder que se construyen por medio de la cultura de la sociedad de acuerdo al género, para nuestro caso la andina, donde el conjunto de prácticas, símbolos, representaciones, normas y valores sociales se elaboran a partir de la diferencia anatomo-fisiológica.

El mundo indígena andino en particular, y la sociedad boliviana en general, es un universo bastante jerarquizado pero sobre todo machista. Cuando hablamos de migrantes de las tierras altas en Bolivia estamos hablando de que son ellas las que a simple vista se delatan como indias; por sus ropas puesto que, a diferencia del hombre, que viste o se mimetiza con el mestizo o el citadino en su vestimenta, en el caso de las cholas se trata de polleras, manta, sobrero y enaguas. La forma de las polleras diferencia a las indígenas y a las cholas según su lugar de procedencia, así la chola de Tarija llevará una pollera menos plisada y más corta que una chola de La Paz, cuya pollera además llevará pliegues verticales; el sombrero, que más denota adorno que necesidad; la manta (esta última si lo requiere la ocasión y el clima) y las enaguas, que varían en número dependiendo de la región, pero que en todo caso son abundantes, y finalmente la forma de llevar el cabello, siempre en dos trenzas, y los complementos, como los prendedores en el sombrero o la *turima* para sujetar el cabello, son cosas que delatarán a simple vista la su procedencia. La mayoría de las mujeres inmigrantes de las tierras altas, aquellas que llevan ropa auténtica de sus comunidades, ni han dejado su ropa, ni la ha cambiado por las ropas de las cholas de Tarija, pese al cambio climático al que se someten. Recordemos que muchas de ellas vienen de climas altiplánicos y se enfrentan a un clima húmedo de temperaturas altas. Ellas son fácilmente reconocibles, y por ello han sido objeto de humillaciones, como lo demuestran las imágenes que dieron la vuelta el mundo con activistas de la Unión Juvenil Cruceñista en el 2009, cuando a dos cholas que vendían refrescos las golpearon y humillaron por su origen.

En el imaginario boliviano existe la chola, pero no así el cholo; por eso se dice que es la mujer quien le pone la cara a la indianidad en Bolivia. Pese a esto, poco se hace por reconocerle a la india, a la chola, su lugar en la sociedad boliviana; ni siquiera los movimientos sociales le ofrecen un lugar. Se habla de etnia, de clase, pero poco o casi nada de género. En este sentido, diremos que aunque mucho se ha escrito sobre los movimientos sociales bolivianos, muy poco se ha reflexionado sobre la participación femenina en ellos; no nos referimos a convocarlas para que vayan delante de las protestas en caso de que la policía amenace con intervenir, ni al uso de mujeres para que rellenen estas marchas, o a la apelación del marianismo[17] en las protestas sociales; nos referimos a movimientos que destaquen una agenda y unas demandas femeninas, o por lo menos movimientos cuya cúpula esté conformada mayoritariamente por mujeres. Sobre el tema, una dirigente sindical nos ofrece la siguiente reflexión:

> Las mujeres tenemos que marchar. Al mismo tiempo estamos sosteniendo nuestro hogar, si venimos desde nuestras comunidades a pesar de estar cansadas tenemos que ser cocineras y realizar las ollas comunes para todos nuestros compañeros. Señores dirigentes y caudillos si tomarías en cuenta a tus compañeras, a tus hermanas para realizar y hacer un paro cívico e indefinido, marchas indefinidas sería diferente, planificada con creatividad no pasaríamos tanta hambre, las protestas, las marchas serían efectivas y creativas como anhelamos, como soñamos las mujeres, encaminaríamos para recuperar nuestros recursos naturales, una convocatoria hecha por nosotras y con nuestras propuestas hacia la Asamblea Constituyente (Alegre 2005: 161).

Arnold y Spedding (2005: 94) apuntan a las cocaleras como la participación femenina más importante en cuanto a movimientos sociales, debido a que ellas, por ejemplo, se identifican ante la opinión pública como cocaleras y no como *amas de casa* o *esposas*, como sucedió en los movimientos mineros y en muchos otros. Este es de por sí un hecho que puede marcar una diferencia y hasta un avance, pero los obstáculos y la centrificación del machismo todavía está muy arraigado. Aunque las demandas son importantes no negamos la importancia del proceso de participación porque, por un lado, es a la mujer a la primera que se identifica como inmigrante (debido a su vestimenta), y segundo, porque la participación de ella en la reproducción del capital social es vital.

En Tarija, el surgimiento de organizaciones de base residencial antes que laboral pudo haber facilitado un mayor rol de liderazgo de las mujeres, ya que la casa y su manejo se consideran dentro de la esfera legítima de las mujeres. Aunque "las mujeres participan con mayor frecuencia que los hombres en las acciones y programas de las juntas

---

[17] Sobre el tema, véase Arnold y Spedding (2005).

vecinales" (entrevista 15/04/2011b), las raíces de las organizaciones en las estructuras sindicales mineras o campesinas garantizaron que sea el liderazgo masculino el que predomine, donde las condiciones están pre-establecidas de acuerdo al siguiente formato:

> [Una mujer] antes de ser dirigente es socialmente y culturalmente designada mujer. Cuando le pregunté a un dirigente de la asociación Tiwanacu de ¿por qué siempre eligieron a varones como dirigentes principales? Él me respondió: "Porque los hombres tienen más tiempo, ser dirigente implica responsabilidad, dar tiempo y dinero. Y una mujer, generalmente, no tiene ese tiempo porque tiene que estar atendiendo a la familia". Socialmente la mujer es considerada MUJER, cuando es una buena madre, una buena esposa. Lo que implica que antes de ser dirigente ella tiene que ser mujer. Y no solo descuidar a los hijos, en especial cuando tienen corta edad, sino tampoco descuidar al marido. Lo que no ocurre con los hombres, ellos no llegan a las reuniones, ni a vender con sus hijos, socialmente no es responsabilidad de ellos. Antes de que una sea elegida como dirigente (principales), tiene que llenar ciertos valores sociales, tiene que ser una mujer respetable, aunque eso no dice en los estatutos orgánicos, pero sí le da responsabilidad, legitimidad ante las bases. Si has cumplido tus deberes de mujer tienes derecho a acceder a algunas estaciones de poder. Pero esos mismos deberes encargados sólo a ella son los que la encarcelan. El deber construido para que sea mujer, le aprisiona a lo que es mujer. Una persona aprisionada en el ámbito privado, y si se le permite salir, primero tiene que cumplir con todas sus obligaciones socialmente asignadas (Sarzuri 2005: 1).

El movimiento gremial de Tarija, integrado en su mayoría por mujeres, está liderado por hombres. Nuestras observaciones respaldan a Sarzuri (2005) sobre la participación de "relleno" de las mujeres en las protestas, pues estas participan en mayor número pero quienes finalmente discursean son los hombres, quien toma las decisiones finales es la cúpula dirigencial, siempre ocupada por hombres.

Ser mujer en Bolivia no es fácil, pero si además se es india y todavía migrante las cosas se complican, y mucho. En este contexto, indias y cholas presentan creativas luchas de resistencia, no solo para mantener sino, y sobre todo, para reproducir su identidad. Pasean sus cuerpos de indias y cholas no solo en sus comunidades, encerradas por fronteras geográficas e identitarias, como fue el proyecto del multiculturalismo neoliberal propiciado desde diferentes instituciones tanto gubernamentales como estatales, sino también por centros urbanos, no solo de Bolivia sino del mundo; se rebelan y se resisten a estar confinadas en "reservas". Con este *pasear de sus cuerpos* estas mujeres interpelan, critican, cuestionan, entre muchas otras cosas, el sistema globalizador del gusto, así como la idea cosificadora de los indios y el vapuleado concepto de modernidad.

2.2. Diversidad y heterogeneidad, pero "ante todo migrantes"

El movimiento que se conforma a partir de la inmigración de las tierras altas a Tarija es bastante variado en cuanto a su composición, aunque cuenta con componentes comunes decisivos. Hablamos de este movimiento desde la perspectiva *forma comunidad*, que nos advierte de "estructuras productivas, culturales y de filiación que combinan modos de organización tradicionales con vínculos con el mercado, la migración urbana y pausados procesos de diferenciación social interna" (García Linera 2012: 86). La inmigración de las tierras altas es, sin duda, bastante heterogénea y compleja, de ahí que digamos que el carácter reduccionista de "inmigrante pobre e indígena" que muchas veces se le ha dado a este colectivo obedece más a prejuicios o simplicidades que a hechos reales.

En primer lugar, los inmigrantes no aceptan ser llamados *kollas*, califican esta palabra como despectiva pero que, además, reduce su identidad territorial a departamentos como La Paz, Oruro o Potosí. La mayoría no se consideran a sí mismos indígenas, aunque su consumo cultural sí los sitúa en este lugar. Nuestras entrevistas abarcan la segunda e incluso una tercera generación de inmigrantes, y muchos de estos no conocen las tierras originales de sus padres o abuelos y se autoidentifican como "inmigrantes". En el tema de acceso al consumo podemos decir que hay un grupo con alto poder adquisitivo pero que no busca alienarse para sumarse a la elite tarijeña, sino que incentiva el desarrollo de su identidad andina; sin embargo la emergencia de esta clase inmigrante con alto poder adquisitivo nos lleva al siguiente escenario.

> Vivimos en una sociedad muy compleja, llena de prejuicios señoriales y de clase, en la cual nadie quiere admitir que hay cambios no deseados y no congruentes con su imagen ideal de sociedad y

> de futuro construida a partir del dogma. Algunos no aceptan que el socialismo se haya esfumado, otros refunfuñan al ver que los cholos toman las calles y hasta ingresan a los "clubes sociales" privados para la oligarquía (Toranzo 2006: 643).

Esto se ha dado fuertemente en Tarija, donde la elite no quiere aceptar que está siendo desplazada económicamente por esta burguesía emergente y hace lo posible por distinguirse de este grupo. Como no puede hacerlo a través del factor económico lo hace entonces apelando a la identidad cultural. La puesta en escena de esta complejidad y heterogeneidad de los inmigrantes de las tierras altas en Tarija es el carnaval andino, que con un despliegue rico de colores, formas, ritualidad y baile ha desafiado a las formas tradicionales de festejar una de las fiestas más importantes para los bolivianos, el carnaval.

Tal es la importancia que tiene esta fiesta para Bolivia que Oruro (departamento altiplánico) es la sede de uno de los cinco carnavales más famosos del mundo, declarado "Obra Maestra del Patrimonio Oral e Intangible de la Humanidad" (UNESCO).

Tarija tiene también uno de los carnavales más importantes del país, no tanto como Oruro, de donde provienen una gran cantidad de inmigrantes, pero es una ciudad que acoge a gran cantidad de visitantes por esas fechas; la belleza de sus áreas rurales, donde se celebra esta fecha, el clima, y una entrada con muchos bailarines que apelan a la sátira pero también al ingenio son los anzuelos para dar cita a cientos de turistas que visitan la ciudad en estas fechas. En este contexto, a finales de los noventa los inmigrantes de las tierras altas, representados por una o dos fraternidades (grupos de baile organizado), participaron de la entrada del carnaval; uno de estos grupos fue la Morenada Central de Tarija.

Durante los primeros años el público rechiflaba a los danzantes y mostraba su aversión a través de insultos, pero a mediados de los noventa las cosas llegaron a más, incluso "[llegaron a] tirarnos objetos contundentes, nos gritaban, nos humillaban, nos atacaron con globos de agua, usted sabe lo que es que nos mojen los trajes" (01/03/2014). Como el entrevistado afirma, el ataque ya no solo era verbal. Esto, pero también otros factores, hicieron que se creara el "Carnaval de la Integración", que se hacía en el área circundante al mercado Campesino, "donde los kollas están pues" (*sic*). Comenzó como un pequeño carnaval adyacente al "auténtico" y hecho "por y para kollas", pero pronto las cosas comenzaron a cambiar, el empuje económico que las elites de los inmigrantes le dieron, así como la inclusión de personajes importantes, identificados o al menos que no discriminan públicamente a este colectivo[18], le ha dado un matiz importante, tan importante que el Carnaval de la Integración, también llamado carnaval andino, hoy ha desplazado casi por completo al carnaval "auténtico" (*sic*). Como se hace una semana después del majestuoso carnaval de Oruro, entonces las bandas de música más importantes del país tienen la oportunidad de participar; así mismo, los turistas argentinos (Tarija está a solo 4 horas de la frontera con Argentina) que no pueden llegar al carnaval de Oruro vienen a ver este despliegue de baile y música. Este evento no solo representa la puesta en escena de la inmigración de tierras altas en Tarija y su lucha simbólica por mantener su identidad, sino que es, también, un espacio de lucha política, como cuando en el 2010 la alcaldía y la gobernación pusieron cada uno sus palcos, diferentes y enfrentados. Así mismo, en los últimos años las fraternidades que componen este carnaval se han visto divididas, hoy es la alcaldía que organiza el evento, y dentro de esta organización ha enfrentado a sus participantes, pues hay quienes ven en esta participación una injerencia política —"cuando nos han botado, ¿alguien ha dicho algo?, la alcaldía ¿dónde estaba?, ahora que está lindo, ahora viene, porque ahí se muestran pues, porque quieren cobrar" (01/03/2014)—. Pese a todo, el carnaval andino, o Carnaval de la Integración, cobra cada vez más importancia frente a la mirada recelosa de los regionalistas, tanto de la oposición como del oficialismo político partidario actual, que creen que el paradigma de la cultura solamente es el arte folclórico, y que esta se define en función de las "raíces", la "autenticidad" y "pureza" del origen, y por lo tanto evaden y subestiman el intercambio cultural.

---

[18] Es el caso del conocido dentista S. Salvatierra, quien durante años se ha ocupado de la salud dental de la elite tarijeña y es profesor emérito de la universidad pública de Tarija. Su incursión, no solo como bailarín sino como fundador e incluso pasante de la fraternidad Morenada Central fue un hecho que frenó a muchos de sus pacientes a agredir a este grupo, pero también ha obligado a reflexionar a muchos sobre el estereotipo de que esos bailes solo son para los marginados; hoy hay una reivindicación de la participación en estas fraternidades, que muchos políticos y académicos aprovechan como un espacio para mostrar su apoyo a este colectivo.

3. Memorias y praxis

Rivera (2003) analiza la activación de la memoria en las actuaciones de las acciones colectivas de los movimientos sociales indígenas bolivianos de los ochenta, y se refiere a los movimientos actuales como una compleja combinación de distintos niveles de memoria histórica; por un lado actuaría la memoria larga (luchas anticoloniales, orden ético prehispánico) y por otro lado la memoria corta (poder revolucionario de los sindicatos) (Rivera 2010a: 27). El trabajo de articulación de la memoria en un movimiento, según la autora, se da en un proceso de diálogo, conflicto y debate constante en el seno de las organizaciones que reciben, priorizan y elaboran una orientación de la movilización, recurriendo a la memoria, que históricamente se les presenta como recurso o en algunos casos creando nuevas orientaciones a partir del diagnóstico de la situación. La memoria corta se remonta al ciclo de la democracia plebeya del 52 en los momentos de beligerancia, y en la lucha colectiva se reactualiza la memoria larga[19], siendo precisamente las zonas de la colonización y las de inmigración las que se convirtieron en escenarios de los poderosos movimientos sociales.

El papel de la memoria en la recomposición y la capacidad de articulación ideológico-cultural de los actores sociales forma parte de un proceso complejo en el que se deberán percibir no solo continuidades sino rupturas en las identidades de los actores, en la identificación de los adversarios, en los proyectos de transformación de la sociedad e incluso en las formas y condiciones de plasmar en el futuro su poder reconstruido. Por ello el éxito del movimiento dependerá también de la capacidad de persuasión de los dirigentes para proponer una visión del mundo que legitime y motive la protesta, para promover la resonancia cultural de los marcos de referencia que proponen. Estos problemas están vinculados a los rasgos de la organización social, que es preciso conocer para interpretar los movimientos (Zapata 2006); de esta forma diremos entonces que:

19 El concepto de memoria larga en Silvia Rivera (2003, 2010a) se sitúa como parte de un doble estadio de referencia para el estudio de las luchas campesinas en el horizonte histórico, referido a las luchas indígenas anticoloniales simbolizadas en la figura de Tupak Katari.

> El movimiento social es acción (praxis), actualiza su potencia, se podría decir, despliega su potencia, que es un todo no temporal de fuerzas, al hacerlo temporaliza las fuerzas, las fragmenta, las dispersa en el espacio. El movimiento no realiza toda su potencia, pues esta es infinita, si lo haría (*sic*) suprimiría su propia potencia. La potencia es pues perduración. La memoria retiene el acto, difiere el acto, invierte el acto y hace como si la acción recordara algo, pero en realidad se trata de un recuerdo del presente. El movimiento social construye su memoria para interpretar sus propias acciones. La construcción adquiere dos tonalidades, una mesiánica cuando reivindica a sus víctimas, otra política, significando las actuales luchas mediante analogías con la utopía (Prada *et al.* 2004: 106).

Para Virno (citado en *ibid.*: 105) "la memoria es recuerdo del presente", de allí que la memoria juegue un papel central al actualizar las orientaciones y las luchas pasadas para definir las orientaciones en su lucha presente. "Lo más parecido a la práctica misma es la memoria organizada de la práctica", decía Zavaleta (2008: 102), y agregaba que la conformación de los objetos empírico-descriptibles debe al menos incorporar los objetos teóricos y sacrificados. Prada (*et al.* 2004) acota que la memoria se convierte al presente en el lugar privilegiado del acontecimiento, en un caso como el juego entre inactualidad y actualidad y la acumulación de fuerzas en el movimiento social se produce una acumulación lograda en el ámbito de la relación, memoria y praxis. El movimiento social construye su memoria para interpretar sus propias acciones, valorizando la experiencia acumulada, lo que adquiere mucha más relevancia cuando la movilización se produce en un contexto con multiplicidad de estructuras provenientes de distintos tiempos y cuando se dispone de una simultaneidad de acontecimientos pasados, que reclaman concretarse.

En este sentido, los inmigrantes de las tierras altas acumulan sus fuerzas, revalorizando su propia experiencia en las minas o en el mundo agrario, apoyados en una memoria sindicalista y/o comunitaria, dando un significado a sus acciones en el momento presente, una memoria que se traduce, por ejemplo, en su capacidad de liderazgo, en la organización de sus mujeres, en sus prácticas asambleísticas bajo la presión de la cohesión interna, y en su manera de enfrentar los conflictos con una lógica de "hasta las últimas consecuencias" (Cajías 2004). La memoria social, o las también llamadas representaciones sociales, son las creencias que poseemos en común con otros miembros de nuestro mismo entorno o cultura (Farr y Moscovici 1984), y estas son presupuestas en el conocimiento social que componen aquellas creencias que los miembros consideran verdaderas. Grupos diferentes pueden estar en desacuerdo pero, a diferencia del conocimiento compartido, las creencias no se presuponen, sino que se afirman y defienden e influencian en las creencias personales sobre los acontecimientos del mundo. De hecho, somos incapaces de comprender un discurso si no disponemos de un conocimiento social, aunque sea solo de carácter abstracto y general (Van Dijk 2005).

Los entornos sociales comprenden no solo relaciones interpersonales más o menos estructuradas, sino también un conjunto de creencias colectivas con las que se encuentran los individuos a la hora de entrar a formar parte de los mismos, y a las cuales tienen que adaptarse. Esto hace necesario considerar el papel que desempeñan los intelectuales y las líneas existentes en el interior del movimiento que movilizan los elementos culturales étnicos para lograr articular la acción colectiva y dotarla de objetivos e identidad, en oposición a los elementos clasistas que habían predominado anteriormente. Es necesaria, sin duda, la generación de un compromiso en todos los actores para que un movimiento logre con éxito apropiarse de la historicidad y conformar un movimiento social, recurriendo a los recursos que le entrega el contexto social para crear un sujeto capaz de combinar adecuadamente cultura e identidad (Zapata 2006); en este sentido es importante remarcar que

> La identidad entonces sería el proceso por el cual los actores sociales construyen el sentido de su acción colectiva atendiendo a un conjunto articulado de atributos culturales al que se da prioridad por sobre otras fuentes posibles de sentido de la acción. Estas identidades pueden estar fundadas en la experiencia histórica y en la tradición por un lado, o ser construidas en torno a proyectos individualistas (Castells 1999: 22).

La lógica de la protesta social de los sectores sociales que se consideran a sí mismos excluidos del sistema denuncia una forma de concebir el Estado boliviano, donde los grupos de poder tradicionales controlan el aparato estatal, manejando las instituciones públicas como un feudo de su propiedad, mientras que el resto de la sociedad no tiene posibilidades de acceder a los beneficios. El discurso de interpelación a la forma estatal, en Bolivia se remonta a acontecimientos tan lejanos como el levantamiento de Túpac Amaru en contra de la conquista de España y la rebelión de 1781 dirigida por Túpac Katari y Bartolina Sisa. Esa narrativa de resistencia, repleta de mártires y héroes, victorias y derrotas, establece relaciones entre las luchas actuales y otras anteriores, infundiendo entre la gente un sentido de continuidad, de la inevitabilidad de la resistencia y de la legitimidad de la lucha; de ahí que podamos afirmar que el poder psicológico de estas narrativas en la psique de los bolivianos no puede subestimarse (Thomson 2010: 7-23).

En Tarija, los inmigrantes de las tierras altas, herederos de esta memoria larga colectiva, utilizan un discurso de movilización que alude a la *elite feudal*, o lo que en Tarija se dice "los jailas del centro" y, en el escenario de los conflictos de la región, los inmigrantes de las tierras altas han cuestionado la visión, los objetivos estratégicos y las bases del modelo productivo sustentado exclusivamente en la extracción de recursos hidrocarburíferos. En este sentido, se transita un primer momento de ruptura del orden de dominación a otro momento en el que las fuerzas sociales tendrán la oportunidad de establecer un nuevo orden que desmonte esta estructura de elite feudal, por eso afirmábamos que la intensa movilización social del país tiene su propio correlato en Tarija:

> Aquí, no dejábamos que los canales de la elite vengan a filmarnos ¿Qué quieren? Les hemos dicho, ¿sacar nuestras caras, para que cuando estemos solos, nos peguen? ¿Tener imágenes para después usarlas en nuestra contra si hay juicio? ¿Ahura (*sic*) se acuerdan que existimos? Tanto les hemos pedido que vengan cuando no teníamos ni agua pa'vivir (*sic*), pa' (*sic*) que muestren nuestra realidad. Ahura (*sic*) pero vienen, que dicen que quieren escuchar qué opinamos... que se vayan a la mierda (entrevista 17/04/2011a).

En términos prácticos esta evolución del discurso de protesta tuvo un espacio en los medios de comunicación; evidentemente muy poco en medios privados, pero sí en su mayoría en aquellos medios nacidos de alguna ONG, como es el caso de Radio Aclo Tarija, que tiene una programación dirigida sobre todo al área rural ya desde los años ochenta, o también en radios comunitarias donde la programación incluye lenguas nativas como el quechua o el aymara. Durante los enfrentamientos del 2008, los medios de comunicación jugaron un papel importante en cuanto a la transmisión de los discursos que por entonces se quería hacer llegar a la población; por eso se ve también una polarización en ellos:

> Lo que nosotros hicimos fue, escuchar la radio Tarija, a todo volumen [una práctica que se ve desde hace muchos años ya en los barrios de las laderas de La Paz donde se cuelgan las radios en los parlantes de luz, sobre todo los domingos y en momentos de emergencia] hasta que esos malditos de la plaza los han intervenido. La gente que allá trabaja son en su mayoría chapacos, pero gente que viene del campo. Ellos han estado transmitiendo y poniendo canciones que a uno le hacían pensar… ¿acaso siempre va a ser asi? ¿acaso nosotros no podemos meternos un pan en la boca como ellos? […] ¿Qué canciones? Del Piero, del Nilo Soruco, esas pues. ¿Usted nunca ha escuchado? (entrevista 13/01/09).

Dentro del movimiento de los inmigrantes, Radio Tarija y Radio Patria Nueva son identificadas como las portadoras de una "cultura oral emancipatora" (entrevista 21/04/2011a). Los vecinos de la Zona Norte cuentan que en las narrativas de información, durante los enfrentamientos, pocas veces alguien aparecía como autor de la información, y que esta recorría los caminos de la organización y la movilización y, sobre todo, muchas veces en su lengua nativa.

La conformación del discurso del movimiento de los inmigrantes de las tierras altas tiene relación directa con el acceso a los medios de comunicación; en principio esta fue difícil, pero los inmigrantes —sobre todo los que vienen de las minas— cuentan con una larga tradición de uso de estos como medio de denuncia. Recordemos que radios mineras como Radio Siglo xx, Radio Pío XII o San Gabriel fueron pioneras en el asunto. En el área rural del departamento de Tarija es la radio el medio de comunicación más utilizado, sobre todo las radiodifusoras de la cadena Aclo. Hay que subrayar que en Bolivia hay una tradición muy fuerte en cuanto a programas en vivo, donde los oyentes pueden participar con opiniones o denuncias; un ejemplo de esto fue la Tribuna Libre del Pueblo, que llevó a Carlos Palenque a conformar uno de los partidos políticos más importantes de la década. Bajo esta tradición comenzó en Tarija "La Preguntita" de Radio

Fides, cuyos programas de participación en vivo, como lo constatamos durante el trabajo de campo, dejan momentos de alta tensión, como cuando el oyente llama y denuncia con nombre y apellido determinado hecho; aunque después haya una contrallamada, el tema está en el aire y lo escucha gran parte de la población en un horario de alta audiencia, como las siguientes citas lo expresan:

> Así escuchando la radio, nos hemos ido dando cuenta de que no erabamos (*sic*) los únicos, que otros hermanos estaban siendo maltratados como nosotros, en La Preguntita, ponen un temita y uno llama para dar la opinión, pero en el 2004, no había caso… la gente se salía del tema y llamaba igual pa'decir lo que pensaba listo (entrevista 16/01/2009).
> Aquí los compañeros no escuchamos esa radio, porque es de los jailas. Yo principalmente estoy escuchando más Radio Tarija, otros escuchan Patria Nueva, pero eso sí, no me pierdo La Preguntita, porque ahí llaman los de la Plaza, o porque las preguntas son siempre pa'provocar, pero pucha que es lindo escuchar cómo los compañeros se organizan pa'responder. ¡Ay! Eso sí, que me gusta, miechi… nadie se queda [de] brazos cruzados, yo los he visto llamar hasta de celulares solo pa'no quedarse con la boca callada (entrevista 16/01/2009b).

La historia de la criminalización de la protesta data de muchos siglos atrás y se repite en diferentes escenarios, no solo bolivianos; aquí cabría reflexionar sobre el papel de quienes cubren la información, es decir, si el periodista puede ser parte del movimiento, o sobre la incursión política de estos, utilizando sus espacios al aire como palestras políticas. Por otro lado, pero también en el caso boliviano, se habla del "periodismo activista" o "periodismo militante" (Espinoza 2004: 33-35), en referencia a las radios mineras.

En todo caso, tanto la memoria corta como larga de los inmigrantes de las tierras altas bolivianas se activa en Tarija, allí donde estos inmigrantes son objeto de una discriminación latente la resistencia viene del brazo de una praxis aprendida, en el caso de los mineros, pero también en los *ayllus* y sindicatos del agro andino, en forma de una lógica de interpelación, de protesta, de visibilización de sus necesidades, y para ello recurren a las radios, por ejemplo, donde articulan un discurso que antepone elementos de clase a lo étnico. Escuchan radios con programación en quechua o aymara y no se limitan a ello, sino que participan de programas de micrófono abierto, donde ellos no se sienten identificados pero saben que serán escuchados, como la última entrevista nos lo hace saber.

4. Construcción del discurso político a partir de la oposición

Cuando Van Dijk (1997: 26) habla sobre el poder como control hace referencia al acceso a formas específicas de discurso, por ejemplo el de la política, el delos medios o el de la ciencia, y añade que si es posible influenciar en la mentalidad de la gente, por ejemplo en sus opiniones, es posible también controlar indirectamente algunas de sus acciones; dado que la mente esta influida sobre todo por textos y por el habla, se deduce que el discurso puede controlar, al menos indirectamente, las acciones de la gente a través de la persuasión y la manipulación, lo que significa que aquellos grupos que controlan los discursos más influyentes tienen también más posibilidades de controlar las mentes, las creencias y las acciones de la gente.

Según esta definición, aquellos que gozan de mayor control sobre influyentes discursos son también más poderosos. De allí que en este acápite nos dediquemos al uso de los medios como fuente de difusión de un discurso que pretende ser hegemónico, lo cual es solo posible a través de un control del contexto; ello implica controlar el estatuto de la situación comunicativa, decidiendo sobre el tiempo y el lugar del acontecimiento comunicativo, o sobre qué participantes pueden o deben estar presentes en él y en qué papeles, o sobre qué conocimientos u opiniones deben aparecer (Diamond, en Van Dijk, 1997: 27). Entonces, para que haya un control del contexto, son necesarios varios factores; empezaremos por explicar la situación de confrontación de identidades en Tarija, para derivar hacia el debate sobre la imposición de la identidad hegemónica, y así comprender la construcción de comunidad imaginada que se pretende para la ciudad.

Cuando los inmigrantes aymaras van a ciudades andinas siguen encontrando allí una cultura aymara; esta es evidentemente subalterna a los grupos no aymaras, pero al menos tiene el origen cultural de este grupo (Sandóval 1981). Pero cuando estos van a Tarija el contraste, y no solo geográfico, es muy fuerte; hay una confrontación entre dos maneras de entender el mundo. Tarija como espacio social receptor de inmigración presenta una serie de singularidades que generan en los recién llegados procesos de desadaptación, junto con una fuerte crisis de identidad. A los inmigrantes de las tierras altas les resultaría mejor mimetizarse para evitar la violencia física, verbal y/o social ejercida por el medio, pero como veremos este *mimetizaje* no se da; por el contrario, reafirma su identidad porque para ellos la cultura desempeña un papel clave como fuente de identidad y foco de resistencia a la exclusión y la discriminación. La referencia a la cultura de origen los ayuda a mantener la autoestima en una situación en la que sus capacidades y experiencias se ven minusvaloradas.

Como esbozamos a lo largo de este trabajo, la diferencia cultural sirve como una marca de fronteras entre dos grupos, los tarijeños —o quienes se consideran así— y los inmigrantes, y desempeña un papel central en la conformación de ambos grupos. En el caso de los inmigrantes, estos se concentraron en la Zona Norte de la ciudad y allí establecieron sus propios barrios, marcados por el uso distintivo de los espacios. Esta zona es percibida por miembros del grupo mayoritario como la confirmación de sus temores, o lo que es lo mismo, como una amenaza a la cultura dominante, y ven en la conservación lingüística y cultural de los inmigrantes una prueba de su incapacidad para adaptarse a la sociedad receptora. De ahí que, ante sus miradas, quienes no se asimilan "son culpables por sí solos" de sus posiciones marginadas. En respuesta, los actores sociales que se manifiestan a favor de la inmigración ofrecerán un discurso que no es neutro, ni imparcial ni aséptico, pues encierra una intencionalidad que busca imponerse en el campo político.

Identidad hegemónica

Como dijimos, los inmigrantes deciden buscar aliados en el correlato de su discurso entre los propios tarijeños, y para comprender mejor quiénes son estos aliados necesitamos explicar las categorizaciones dentro de lo que se entiende por identidad regional. Para Fornillo (2009) la identidad regional de Tarija es el resultado histórico de procesos de imposición, dominación, subalternización y resistencia que datan de la conquista y la colonia, y que se reafirmaron durante la creación de la República. Actualmente esta expresa las profundas contradicciones sobre las cuales se constituyó Bolivia y se manifiesta en los conflictos, ya sea por el acceso a los recursos o por la participación en los procesos de toma de decisiones, pero sobre todo en lo que se refiere al ejercicio de la ciudadanía.

En cuanto al tema del acceso a los recursos, el problema se da con la provincia del Gran Chaco[20]; la presencia de yacimientos de gas en ese territorio es el factor que genera la conflictividad, pues ha promovido la construcción y solidificación de una identidad diferente en relación a Tarija, lo que nos muestra en qué medida la política de la identidad es y ha sido un elemento importante para convertir a un sector marginado en un actor político central que lucha por sus intereses y, a la vez, de qué manera puede ser un elemento de fácil manipulación de generación de intolerancias (Lizárraga y Vacaflores 2007). Y cuando nos referimos a la participación en los procesos de decisión hay que decir que los inmigrantes adquieren formas de cuasi-ciudadanía, lo que les confiere algunos derechos, pero no todos, porque para la construcción de la identidad tarijeña el lugar de nacimiento del individuo es un asunto central que le permite al individuo el reconocimiento formal de su pertenencia a *lo tarijeño*.

En el contexto nacional se suelen confundir las categorizaciones de chapaco con tarijeño, o incluir dentro de lo tarijeño también a identidades como lo chaqueño; para una mejor explicación diremos que:

> El chapaco es el campesino de los valles interandinos del Departamento de Tarija. [...] La esencia de la identidad del chapaco es su origen campesino y su condición de productor agropecuario, ambos elementos relacionados a una vida comunitaria con una práctica cultural tradicional. [...] El manejo completo del territorio es otro aspecto que lo diferencia, por ejemplo de un productor agropecuario que no es campesino chapaco, pero que ha nacido en Tarija, se considera igual a los inmigrantes del norte en cuanto a la marginación que es objeto por parte de las políticas de desarrollo del Estado que están centradas en las ciudades y no llegan al campo (Lizárraga y Vacaflores 2007: 29).

[20] El discurso chaqueño de separación del departamento de Tarija tiene orígenes muy antiguos, esta propuesta se sustenta en la necesidad de superar las relaciones de dominación que históricamente sufrió el pueblo guaraní por parte de las elites políticas capitalinas, que intentan centralizar el poder en la ciudad de Tarija.

En resumen, chapaco y tarijeño son iguales en origen pero no dentro del imaginario; el tarijeño sería el urbano y el chapaco el que se mantiene fiel a su consumo tradicional, por tanto el enfrentamiento discursivo es de los inmigrantes de las tierras altas contra *lo tarijeño*, pero se resalta una alianza en *lo chapaco*. En Tarija, como en el resto del país, identidades como la del campesino han sido tardíamente identificadas, o mejor dicho valoradas, de ahí la confrontación entre lo chapaco y lo tarijeño, porque como la siguiente cita aclara:

> La conflictividad entre lo urbano y lo rural ha provocado el desgaste entre ambos sectores, reacomodando la identidad de la población de Tarija, dando por sobreentendido que la denominación "chapaco" corresponde a la identidad rural-campesina, mientras que las personas que viven en el área urbana deben ser identificadas como "tarijeños". Esto explica una vez más por qué en el departamento de Tarija, la Prefectura tiene como oposición política a la Federación Sindical Única de Comunidades Campesinas (PADEP/GTZ 2010: 32).

En momentos de confrontación *lo tarijeño* se posiciona a partir de la diferenciación con un enemigo externo, construido en el discurso del Comité Cívico y tipificado como "el centralismo, el occidente convulso y el gobierno del MAS", como la presidenta del Comité Cívico de Tarija decía en alusión a lo que ella entendía como tarijeño:

> Lo tarijeño es lo que nace en nuestro departamento, nuestras raíces, nuestras costumbres, modo y forma de vida creo; los tarijeños llevamos una vida mucho más pacífica, no tenemos una vida agitada, precisamente por la forma que es nuestra cultura, nuestras costumbres e inclusive nuestra identidad cultural y la infraestructural departamental (entrevista 07/04/2010).

Como podemos inferir, es tarijeño lo que nace en Tarija, por tanto cabría preguntarse si los inmigrantes que no nacieron en Tarija, pero que sí se sienten tarijeños, como lo delatan las entrevistas que hicimos más adelante, no deben ser considerados tarijeños; pero es que, además, esta entrevista hace énfasis en la *vida pacífica*, un aspecto que según ella sería la marca que diferencia a unos de otros. En resumen, la confrontación discursiva de la clase dominante del departamento se construye en base a un discurso que utiliza la lógica de la victimización: el Estado centralista, como los inmigrantes de las tierras altas, son los culpables de los problemas regionales. Hay una intención clara de imponer a la identidad *tarijeña* como la dominante y de subsumir otras identidades como la chaqueña o la chapaca a esta. En este sentido, hay la construcción de:

> [Un] Proyecto de la clase dominante que se impone en este período [y que] está relacionado a la lucha por perpetuar la dominación, expresada en una construcción ideológica que legitima el ordenamiento estatal basado en el monopolio de un grupo social para acceder al aparato de Estado, que no tiene un proyecto de nación, que no le interesa liderizar un proyecto de desarrollo ni generar acción colectiva para generar riqueza sobre la base del trabajo colaborativo (Lizárraga y Vacaflores 2007: 45).

La identidad entonces que busca legitimarse como hegemónica es la tarijeña, sobreponiéndose incluso a otras de la propia región y oponiéndose a la de los inmigrantes; esta identidad genera un discurso que busca imponer a las demás identidades y grupos sociales, haciendo valer su posición y negando todo aquello que puede ser una amenaza para la perpetuación de esta hegemonía.

Comunidad imaginada

Anderson (1999) dice que la comunidad es una construcción social, es decir, imaginada por las personas que la integran, en su percepción de sí mismos como parte de este grupo; en este contexto nos referiremos a la comunidad imaginada que se construye en Tarija, y donde historiadores regionalistas[21], políticos, comunicadores sociales y muchos otros participan activamente. Su trabajo es redescubrir, reinterpretar y resignificar la historia regional, tamizando y seleccionando mitos y recuerdos que sustenten un pasado significativo y glorioso. Esta tarea, para llegar al resultado buscado, tiene que ser selectiva, pues sus interpretaciones deben ser compatibles con las demandas ideológicas del regionalismo.

---

21 Por *historiadores regionalistas* entendemos aquella corriente de historiadores que sustentan el eje Estado-región para la lectura de la historia. No utilizamos el término "regionalista" como un calificativo político, sino en el sentido de nombrar un principio que organiza la lectura de la realidad.

Esta construcción sigue el camino que Van Dijk (1997) menciona cuando apunta a que el discurso histórico hegemónico alimenta y brinda soporte a la construcción de una identidad movilizando a los ciudadanos mediante la explotación de sus emociones colectivas. Esta historia construida reconstruye, selecciona, omite y/o resalta acontecimientos, episodios, héroes y mártires a fin de alimentar la pertenencia a una comunidad imaginada. Estos vínculos simbólicos son reforzados a través de rituales de mantenimiento, como la conmemoración de hechos puntuales y prácticas discursivas que fortalecen la conciencia y el sentimiento de pertenencia de la comunidad.

Para generar este sentimiento de cohesión se crea un proyecto homogeneizante, basado en una identidad ficticia, que enarbola un discurso que justifica una pureza imaginaria biológica y cultural, de la cual los sectores dominantes se sienten orgullosos. De ahí que "el hecho de no mantener una pureza, en este caso biológica, dentro de este sector de la sociedad acarrea un cierto tipo de shock colectivo en las clases dominantes de Tarija que todavía se consideran blancos" (Núñez 2011: 631). Un ejemplo de la comunidad imaginada en Tarija se expresa en la siguiente cita:

> El manejo instrumentalizado del sentimiento regional en defensa de la amenaza de una supuesta invasión, se ha caracterizado por los tintes racistas y los prejuicios producidos por los discursos de la clase dominante, puesto que el problema no es solo la migración, sino más bien quiénes son los migrantes, cómo se los ven en el imaginario tarijeño y a partir de qué factores se crean los prejuicios y como se crea un enemigo para la región (*ibid.*: 631).

Se deduce entonces que esta comunidad imaginada se siente amenazada —según el discurso de las elites— por la llegada de los inmigrantes. Se ha llegado a la "tarijeñidad" como posición política regionalista que tiene el objetivo de enfrentar al Estado nacional a partir de argumentos de aislamiento; tenemos entonces que el discurso regionalista agrupa hechos que pueden ser entendidos como comunes a la generalidad de los tarijeños para crear una sola conciencia histórica, sobre cuya base se fortalezca la conciencia de grupo de un nosotros frente a los otros. Así entonces en el caso de la decisión de Tarija en el siglo XIX de pertenecer a Bolivia y dejar a Argentina; los acontecimientos se interpretan como "el sacrificio", dejando aparentemente en el olvido las razones económicas que les llevaron a tomar esa decisión, pues por entonces Bolivia era un país mucho más rico que Argentina. La tarijeñidad ha logrado una comunidad imaginada, a la cual se adscribe la mayor parte de la población no migrante y de alto poder adquisitivo.

Nuestra indagación respecto a las formas cotidianas y locales de construir comunidad nos muestra que la migración es un fenómeno social netamente distinto para cada comunidad. Sus prácticas, sus realidades, sus desafíos y posibilidades se definen en conjunto con la configuración de la comunidad. Cómo argumentamos, en el capítulo teórico, la construcción del colectivo, a través de la producción, reproducción e institucionalización de prácticas e imaginarios, es esencialmente local. En general, entre la población tarijeña existe una concepción negativa del conflicto (Medina, en conversación personal, 2003), atribuyéndole al inmigrante de las tierras altas una condición conflictiva. O, como la presidenta del Comité Cívico lo precisa: "Este es un departamento chico, donde los conflictos son momentáneos, no son continuos como en la ciudad de La Paz, los tarijeños somos personas pacifistas, pero cuando se nos toca nuestros derechos, podemos dar la vida por defenderlos, ese es el verdadero tarijeño" (07/04/2010). En algunos casos se precisa la temporalidad de la conflictividad de algún grupo, anotando que ahora los kollas son más conflictivos que los que llegaron hace años, lo que alude a la emergencia de nuevos proyectos políticos de los sectores subalternos que han tenido una explosión desde el año 2000. Se identifica a los barrios periféricos como los espacios más conflictivos (PNUD 2003), pero es posible suponer que se usa "barrio periférico" como sinónimo de clase popular y también de inmigrante, ya que la causa del conflicto está identificada en la falta de oportunidades.

En oposición, los inmigrantes de tierras altas en las encuestas identifican a los sectores conflictivos con aquellos que están en disputa por el control del aparato de Estado en la región, y que claramente están definidos como una elite tradicional y su estructura clientelar, en cuya confrontación se manejan narrativas y retóricas que buscan estigmatizar al adversario político, generando un imaginario de intensa polarización social. El hecho de identificar al *otro* como más conflictivo, a partir de características sobre todo identitarias, sugiere una concepción negativa de lo conflictivo, probablemente por ser el eje de las estrategias discursivas de estigmatización que se usa para descalificar al circunstancial adversario político.

Generaciones de migrantes nacidos en Tarija: ¿nuevos tarijeños?
Zehraoui (1981: 229) cree que hablar de segunda generación es "confundir una categoría institucional con una noción sociológica". Costa-Lascoux (1989) y De Rudder (1997) consideran las diversas denominaciones que las ciencias sociales han dado a los hijos de inmigrantes poco claras (en García 2003: 2), en tanto que Bourdieu (1999: 23) se pregunta: "¿cómo se puede considerar 'inmigrantes' a personas que no han 'emigrado' de ninguna parte y de las que se dice, además, que son de 'segunda generación'?". A pesar de los razonados argumentos de quienes desaconsejan su uso, la expresión "segunda generación" va consolidándose como la más corriente para aludir a los hijos de inmigrantes. La intención de estas líneas no es censurar los usos lingüísticos, sino tratar de averiguar de dónde extraen su fuerza, analizando las representaciones sociales que trasmiten y reproducen. Todo parece indicar que cuando aludimos a la llamada "segunda generación" hay que recordar, sin embargo, que la mayoría de esas personas nunca inmigró. La diferenciación entre los inmigrantes "de primera generación" y los de la segunda implica, como toda operación diacrítica, el hecho de incluirlos en un colectivo del que en rigor no tendrían por qué formar parte.

En el caso de los hijos de inmigrantes de tierras altas en Tarija, como en muchos otros casos, existe un riesgo de culturalismo —y, por ende, de etnificación— cuando se centra toda su problemática en la existencia de un supuesto conflicto debido a las tensiones entre la llamada "cultura de origen", encarnada en su familia, y la cultura mayoritaria que se desarrolla en el lugar de su nueva residencia. Sin embargo, para hablar de conflicto cultural habría que asumir que la cultura, transmitida de generación en generación, es entendida como un tema de disputa generacional, lo cual no ha pasado entre nuestros entrevistados, toda vez que, y para nuestra sorpresa, la segunda y hasta tercera generación de inmigrantes de las tierras altas en Tarija, según las entrevistas, se autoidentifican en muchos casos con las tierras altas, aun cuando han nacido —y sus certificados así lo constatan— y crecido en Tarija.

El desarrollo y la formación de la comunidad de inmigrantes no se encuentra autocontenida y mantiene una constante interacción con el Estado, a través de las escuelas, por ejemplo. Aunque en estas no se enseña en quechua o aymara, lengua que es utilizada en el ámbito familiar de muchos estudiantes, se han encontrado estrategias que han ayudado a que los estudiantes puedan retomar con orgullo provocador la identidad étnica de sus padres, pero sobre ello nos ocuparemos en los siguientes capítulos; por ahora diremos que los inmigrantes y sus descendientes no tienen una identidad estática, cerrada y homogénea, sino que poseen, en cambio, identidades múltiples, influidas por una variedad de factores culturales, sociales y de otros tipos.

Finalmente diremos que coincidimos con Portes y Rumbaut (2009: 90) cuando, en su estudio sobre la segunda generación inmigrante en Estados Unidos, dicen que el capital social no depende tanto del éxito económico o laboral de los inmigrantes como de la *densidad* de lazos entre ellos; así, por ejemplo, en las entrevistas en la escuela de inmigrantes donde indagamos nos decían que el acceso a un puesto de trabajo depende básicamente de estas redes.

5. Estructuración del discurso regional

Como vimos anteriormente la identidad y el discurso que se quieren imponer en Tarija como hegemónicos son aquellos que emergen del grupo identitario, que se autoidentifica como *lo tarijeño*; ahora nos toca ver cómo se estructura este discurso, un discurso que tiene como fin sobreponerse al discurso emergente de otras identidades regionales y al mismo tiempo contraponerse y crear una distancia con el discurso que proviene de los inmigrantes de las tierras altas. Antes de adentrarnos en esta explicación queremos detenernos en lo que es el Comité Cívico y su labor en cuanto a la generación y transmisión a la población de un discurso afín a las elites.

Comité Cívico de Tarija

Los comités cívicos en Bolivia tienen una fuerza política importante. En principio son instituciones cívicas que cuentan con el respaldo de organizaciones, tanto privadas como públicas, o de cooperativas, que proponen los nombres para la directiva y que además las financian económicamente (Crabtree 2005). En el sistema de partidos boliviano actual no se evidencia una fuerza partidaria concreta de oposición al partido gobernante, y quienes hacen ese papel son sin duda los comités cívicos, siendo los de Santa Cruz, Beni, Pando y Tarija los más radicales, aunque los de Sucre y Potosí han estado, a partir del 2009, en el centro del debate también.

> Todos los departamentos bolivianos tienen sus Comités Cívicos para defender los intereses de sus regiones, pero el Comité Cívico Pro Santa Cruz ha sido muchísimo más enérgico y ha reflejado la fluidez de la economía del departamento y la agresividad de la elite local. Durante los últimos 50 años en ciertos momentos [...] el Comité Cívico Pro Santa Cruz ha llegado a amenazar con promover la separación de ese departamento del país (Crabtree 2005: 35).

El Comité Cívico Pro-Intereses de Tarija[22], o también conocido como la *Casa Moral de los Tarijeños*, se creó según el estatuto orgánico del 17 de octubre de 1948. El sustento económico de su funcionamiento viene de las empresas generadoras de servicios, como la de agua, electricidad y telefonía[23]. Una explicación más gráfica nos la da su presidenta:

> El movimiento cívico es la representación de la institucionalidad departamental, es por eso que la forma de elección de estos comités cívicos, de sus directivas, es por voto institucional, porque es una representación civil del departamento, [por tanto] se constituye en el gobierno moral de los tarijeños. [...] Representamos a sesenta instituciones. [...] No buscamos legitimidad sino representatividad (entrevista 07/04/2010).

El sangriento enfrentamiento de septiembre del 2009 en Tarija puede ser visto como una prueba del éxito del Comité Cívico para movilizar poderosas protestas regionales, demostrando su habilidad para convencer de que el desempleo, los problemas sociales y el incremento de la violencia se originan principalmente a consecuencia del sistema centralista vigente en Bolivia, pero sobre todo a causa de

---

[22] Algunos miembros, como los del brazo juvenil, están siendo procesados por actos vandálicos y por un atentado a un asentamiento cuyo resultado fue la muerte de un niño.

[23] Fuente: Radio Fides de Tarija, en el programa *Caminando* sobre el escándalo de los aportes de COSSALT, la empresa de agua potable en el 2010.

la inmigración. Sin embargo, los campesinos de esta parte del país no han mostrado su simpatía con esta institución y, guiados por su Federación de Trabajadores Campesinos, con su dirigente (luego senador del MAS) a la cabeza formaron una resistencia que se oponía a los llamados a una autonomía departamental; otros grupos, como los emergentes del Chaco, empezaron a convocar a la formación del décimo departamento, lo que significaba separarse de Tarija. Estos movimientos, que en principio deberían ser parte del Comité Cívico, muestran que la institución no representa realmente a todos los colectivos de la ciudad, como este quiere hacer creer.

Estructuración del discurso hegemónico

Los resultados del referéndum del 2008 en Bolivia, donde se consultó sobre un cambio al modelo de autonomías, fueron contundentemente favorables a una mayor administración autonómica en los departamentos de Santa Cruz, Beni y Tarija, mientras que los departamentos del occidente votaron en contra; esto mostraba una vez más la polarización del país. El movimiento regional de Tarija, liderado por sus elites, fue uno de los más críticos hacia el cambio de actores políticos que se llevaba a cabo a principios de este siglo en Bolivia, con el ingreso por ejemplo del MAS como partido político, de ahí que su discurso más radical optara por el separatismo. El Referéndum del 2008 fue la apuesta más importante por demostrarle al gobierno del MAS su poder de convocatoria. En enero de aquel año, en medio de lo que estuvo cerca de ser una insurrección, la entonces dirigente del Comité Cívico, P. Galarza, anunció su intención de conformar un gobierno provisional autónomo: "nosotros hemos decidido ser bolivianos, nosotros decidimos no serlo más" (entrevista 07/04/2010), dijo en referencia a la intención de esta creación.

Durante las protestas del 2003 había gente bloqueando los caminos hacia la frontera argentina para presionar al gobierno para que la empresa estatal de hidrocarburos tuviera sus oficinas en Tarija, pero en ningún momento se exigió la renuncia del entonces presidente Sánchez de Lozada, como en el resto del país; al contrario, se organizó una cruzada de solidaridad hacia él.

La elite de entonces se aferró al discurso autonomista y buscó centrar la atención de las discusiones internas hacia la unidad departamental, buscando imponer una ideología que visualizaba a la "región unida" sin contradicciones de identidad ni relaciones de explotación y dominación, al mismo tiempo que repudiaba cualquier intento de protesta de los movimientos sociales. La unidad departamental significaba una homogeneidad de la identidad regional y que nadie cuestionara el liderato ni de la elite ni de las relaciones internas de poder (Lizárraga y Vacaflores 2007). Pero el contradiscurso encontró eco no solo entre los no-tarijeños, sino también entre quienes estaban descontentos con el orden social impuesto: "cinco familias son las dueñas de la prefectura, ahí lo tiene a A., que no hizo ni carrera, pero es jefe de adquisiciones, nada más porque es un C." (entrevista 01/03/2009[24]); "la plaza es de los jailas, mirá no más como en [la fiesta de] Comadres se dan el lujo de cerrar la calle para sus chupas. ¿Vos ves ahí un morenito o un chapaco? ¡No! Ahí solo hay jailas disfrazados de chapacos, se ponen la ropa del campesino, pero solo para decir: 'Hoy me disfrazo de vos'" (entrevista 20/01/2009), pero sobre todo, el contradiscurso encontró eco entre quienes vieron que sus hijos tenían que verse obligados a dejar la ciudad porque los puestos públicos, como cátedras en la universidad pública, en la prefectura, la alcaldía, las cooperativas de servicios básicos, etc., estaban reservados para los hijos de las elites, y que esto no iba a cambiar ni en el siguiente siglo si ellos no se enfrentaban y lograban arrancarles del poder. No es de extrañar que en este período haya emergido la resistencia campesina con más fuerza, y que haya realizado bloqueos de caminos y marchas, que resultaron novedosos en la región debido a que el campesino chapaco era, hasta entonces, tipificado por las elites como "apacible y tranquilo"; esa apacibilidad se hizo característica en Tarija, y dentro del imaginario ha sido utilizada siempre para evitar la protesta, dando la idea de que la protesta es típica de los otros, pero no de la región.

> La elite tarijeña está constituida básicamente por no más de cinco familias tradicionales que se legitiman en la conducción del aparato del Estado y de los aparatos ideológicos del Estado y el estamento social adjunto que se constituye en la red clientelar que se beneficia de las fuentes laborales que se distribuyen a partir del control del

[24] Evitamos poner el nombre y apellido del funcionario, a petición del entrevistado.

> aparato del Estado. Como esas fuentes son limitadas, la red clientelar es también limitada, por lo tanto la visión de esta clase se limita a gestionar estrategias para mantener esta estructura clientelar sobre la base de la otorgación de fuentes laborales bajo diversas modalidades con recursos económicos del Estado (Fornillo 2009: 9).

Este discurso, que se pretendía implantar como hegemónico, tuvo como portavoz oficial básicamente al Comité Cívico, que se sirvió de los medios de comunicación regional para su difusión y de instituciones como la universidad estatal. Este discurso se centró en una disputa territorial que conformó el campo político y que se manifestó en el debate por el control de los recursos públicos, pero también en la disputa por la propiedad y tenencia de la tierra, como en el caso de los asentamientos en el área urbana, esto justifica la tensión creada entre el área rural y las zonas urbanas, y el problema de la polarización a través de la territorialización del voto.

En sus lecturas más radicales, este discurso se sirve del nacionalsocialismo alemán evocando las diferencias genéticas, como la siguiente cita lo demuestra:

> El pueblo [de Tarija] constituido por gente blanca, sufrió un proceso de cholificación, prácticamente ya no existen las costumbres de la madre España, es raro ver por las calles a los exponentes de las familias patricias; la genética y la mezcla han cambiado los caracteres anatómicos, citológicos y funcionales. Los habitantes no solo parecen animales, sino insectos gigantes vistos al microscopio con rostros de cucarachas, pulgas, vinchucas y piojos. Los cuellos son como garrafas y los cogotes, los hombros y las caderas son del mismo grosor (*El País* 10/06/2003).

El tema de la contaminación biológica o de la pureza de sangre es polémico y refutado científica y éticamente. Por eso llama la atención que este discurso vuelva al espacio público y precisamente a través de quien en su momento es autoridad dentro de una institución que aparentemente representa a una comunidad. La cholificación (*sic*) que el autor utiliza como categoría biológica es en realidad el mestizaje. El autor, no corto en sus apreciaciones, continúa en su tarea y ofrece esta otra cita:

> Estos artrópodos hablan e insultan en sus dialectos ininteligibles, las construcciones que edifican son horribles y de altiplánico gusto [...] por sus calles hormiguean los comerciantes de baratijas, impidiendo el tránsito y despidiendo nauseabundos olores [...] las aguas del arroyo La Victoria son usadas para lavar mugrosas frazadas y pullos llenos de piojos. En definitiva, la migración del norte convirtió a Tarija en una gran porquería [...] Nadie absolutamente nadie, en especial los advenedizos no tienen ningún derecho de ofender e insultar a ninguno de los pocos tarijeños de pura sangre castellana (*ibid.*).

En la noción de contaminación cultural aparecen aspectos como el idioma o las costumbres, haciéndose alusión al tema de la limpieza y la suciedad, por ello también se leerán grafitis o se escuchará recurrentemente la frase "kollas sucios".

5.1. Posición del Comité Cívico

La discusión sobre las autonomías lideradas por el Comité Cívico de Tarija fue planteada, inicialmente, en torno al concepto de región. Sin embargo la ambigüedad de este concepto dio lugar a que se plantee la propuesta del "décimo departamento" por parte de Gran Chaco, lo que significaba dejar a Tarija capital sin las regalías por gas; por ello se abandonó rápidamente el concepto para asumir el término "departamento" como equivalente de región, y así se eliminó cualquier posibilidad de redefinición territorial de los departamentos sobre la base de otros criterios que no sean las estructuras de poder ya establecidas que beneficiaban a las elites locales (Lizárraga y Vacaflores 2007). Se buscó entonces que el término *región* se consolidara conceptualmente, en el imaginario tarijeño, como el equivalente territorial de departamento.

Durante los últimos años, la construcción del discurso regional ha estado en estrecha alianza con el discurso en Santa Cruz, que postuló a las autonomías departamentales como una respuesta para retomar el poder a nivel regional en contra de un sistema de gobierno que aparentemente estaría perdido en el nivel nacional a causa del accionar cada vez más efectivo de los movimientos sociales. El manejo ideológico de este discurso buscó mostrar a una región agredida por el centralismo estatal, aunque en la práctica el modelo autonómico centralizaba el poder en las ciudades capitales; como el dicho boliviano dice, "la misma chola pero con otra pollera". Esta estrategia discursiva buscaba desprestigiar y quitarle fuerza en el imaginario de la opinión pública regional a los reclamos de los sectores populares, especialmente el campesino, que en este período emergió con una fuerza inusitada y con perspectivas de proyección política que amenazaban la hegemonía de la elite regional.

Vemos entonces que el discurso dominante que emana del actor institucional más importante, el Comité Cívico, se muestra como poseedor de una única verdad y legitima su existencia bajo una supuesta representación otorgada por los tarijeños. La característica de este discurso es también la ausencia de crítica a las relaciones de poder internas de la identidad regional tarijeña, lo cual reafirma que esta institución maneja un discurso que va en favor de los intereses de la clase dominante. Como veremos, pronto el discurso se traduce en acciones, como la siguiente cita lo demuestra:

> Inmediatamente después del Referéndum Revocatorio se comenzó a gestar una intentona golpista-prefectural cívica, se sucedieron reuniones entre el MNR, la Prefectura y los cívicos para desestabilizar al Gobierno Central. Según estas mismas fuentes, el MNR habría financiado el conflicto con recursos económicos y materiales a la Prefectura, que a través de la Unidad de Gobernabilidad de la Prefectura, cuyo encargado es Bartelemí, hijo del que fue asesor de Goni, habría fomentado grupos de choque de jóvenes antisociales. Empresas privadas como CIABOL, empresa constructora de los hermanos Manuel y Ricardo Cuevas, este último ex constituyente MNRista, ERIKA e incluso la propia alcaldía respaldaron el conflicto facilitando movilidades y recursos económicos, financiando fiestas con trago y comida para los jóvenes maleantes. Por otro lado, también denuncian la existencia de reuniones secretas en el cívico y la casa de Galarza para tensar el ambiente, utilizando "la confiscación del IDH y demás regalías" y "la exclusión de la clase media mestiza" como excusa para promover conflictos con los sectores afines al MAS; incluso la injerencia de la embajada norteamericana que propició una reunión en La Paz a la que asistieron los presidentes cívicos de Tarija y Santa Cruz, Bayard y Marincovik, poco antes de la "intentona golpista" (Leticia García, *La Época* 03/02/2009).

Ante este discurso surge un contradiscurso que como ya explicamos viene precisamente de las clases subalternas de Tarija que, en alianza con los inmigrantes de las tierras altas, buscan la reivindicación de sus identidades, la interpelación a las elites del departamento y una serie de demandas sectoriales. Todo esto se organiza en torno a una afirmación territorial y el usufructo de derechos que ellos sienten les son arrebatados.

5.2. Grupos radicales

Como hasta ahora vimos, la inmigración en Tarija, como en otras partes del mundo, ha producido reacciones racistas y xenófobas de parte de miembros de grupos radicales. En este subtítulo nos referiremos a las prácticas y discursos que emanan de estos grupos en contra de quienes —según su posición— son portadores de una cultura de pobreza; por tanto, los causantes de los problemas sociales. Dentro del discurso de la clase dominante hay un ensalzamiento de una pureza cultural tarijeña que se siente amenazada por la supuesta invasión *colla*; esta forma de concebir la situación se ha agravado tras el ascenso de partido de gobierno MAS al poder y, como veremos más adelante, tiene facciones radicales cuyo quehacer tiene que llamar nuestra atención, porque propone el retorno, en el debate, de conceptos no solo obsoletos sino incluso vetados por su carga ideológica y por las graves consecuencias que su uso acarrea. Nos referimos concretamente al manejo instrumentalizado de la idea de *superioridad biológica* o *pureza de sangre*, lo que es no solo políticamente incorrecto sino peligroso.

Con este preámbulo nos enfocaremos en la construcción discursiva de la incitación al odio y las prácticas de violencia que ciertos grupos ejercen contra los inmigrantes de las tierras altas en Tarija. Comenzaremos refiriéndonos a las "Juventudes" del Comité Cívico, una sección que actúa en semejanza a su homólogo la "Unión Juvenil Cruceñista" de Santa Cruz; es por tanto una de las entidades más estridentes y contundentes en la violencia hacia los inmigrantes. Actualmente algunos de sus dirigentes[25] son objeto de procesos judiciales acusados de la toma de instituciones públicas, pero también por, supuestamente, haber propiciado la muerte de un niño de origen inmigrante de nueve años, como el siguiente relato lo confirma:

[25] Como A. Echart que presidía el grupo durante los enfrentamientos del 2008 y que más tarde fue Asambleísta Departamental.

> Cerca del mediodía de viernes pasado, brigadas de choque del Comité Cívico de Tarija amenazaron a las familias sin techo de la ciudad con incendiar las carpas que habían instalado en la zona de Las Barrancas. A las 17 horas, medio centenar de "cívicos" armados de palos, botellas, petardos y otros objetos contundentes atacaron a unas 20 personas sin techo. Pasadas las 20 horas de ese viernes, una de las tres carpas del campamento fue incendiada. Dentro de ella dormía el menor de ocho años Alex Guevara, quien murió con el 90 % de su cuerpo quemado. Según las declaraciones de los testigos, se acumulan las evidencias contra miembros del "Comité Juvenil de Tarija". El dirigente de las personas sin techo de Tarija José Flores confirmó que antes de ser agredido, cerca de las 17.00 del viernes, él y sus compañeros recibieron amenazas de los integrantes de los grupos irregulares del Comité Cívico de Tarija. Vladimir Ibáñez relató a Canal 7 y a la agencia ABI que dos horas antes del incendio de la carpa, él fue víctima del vandalismo: "Vinieron los del Comité Cívico y comenzaron a lanzar piedras y petardos. Fui agredido por ellos y me echaron fuego a mi cabello, yo lo apagué. Luego también me tiraron querosén a mi espalda, pero logré escapar junto a otros compañeros". Los miembros del denominado "Comité Juvenil de Tarija" amenazaron con incendiar el asentamiento y luego ultrajaron y revolcaron a patadas a los sin techo, tirándoles petardos a mansalva, amenazando de muerte y llamándolos "kollas de mierda". Los "cívicos" estaban armados no sólo de petardos y palos sino que algunos llevaban consigo querosén. Es muy posible que fuera el combustible que alimentó las llamas que acabaron con la vida del niño Alex Guevara, denunció Ramiro Burgos, también dirigente del movimiento sin techo. El constituyente del MNR Ricardo Cuevas habría encabezado la agresión de las 17.00 del viernes contra los sin techo, aunque otro de los acusados, el también constituyente Roy Morón, también del MNR, negó el hecho. "Es una mentira tan grande tamaño del país. Que me comprueben, así de sencillo. Por suerte estuve con los medios de comunicación", declaró a la agencia ABI. "La verdad es que muchos de los miembros del Comité Cívico Juvenil estaban embriagados y comandados por un señor que es asambleísta Ricardo Cuevas", dijo Burgos. Ante la arremetida "cívica" los sin techo escaparon a unos 500 metros de la carretera hacia el asentamiento. Durante la dura represión los sin techo sufrieron dos heridos: uno con proyectil de bala y otro con el brazo fracturado (*Bolpress* 11/09/2006).

El radicalismo viene también de parte de conocidos periodistas. En una entrevista a un importante comunicador social de Tarija nos dice:

> Ellos por ejemplo no entran a esto que inclusive la misma sagrada Biblia dice, cuando Jesús enviaba a sus apóstoles a predicar el evangelio, que donde ellos estuvieren deben hacer lo que vieren, lamentablemente estas culturas que vienen del norte, de occidente no entienden los valores, ellos vienen cargando hasta la propia vestimenta, que no es nuestra. Si ellos vinieran y se integraran no habría esos problemas que usted dice, de discriminación, de regionalismo. [...] En estos momentos quien le habla pertenece a un grupo, la Junta Tarijeña por la Justicia y el Futuro, esto nació al amparo de los hechos que ocurrieron en el 2003, la muestra es clara que mientras en la Paz, Oruro, Cochabamba se estaban matando y esas ciudades ardían, aquí estábamos jugando básquet, porque a los tarijeños nos gusta trabajar. No nos gusta entrar al problema de los bloqueos, de las huelgas, del insulto. El problema es cultural, los quechuas y aymaras, siempre que ese han encontrado no se han logrado someter entre ellos, pero ahora tratan de someternos a nosotros y nosotros que no nos dejamos. [...] Tarija ha sido una república independiente y se sumó a la heredad (*sic*) boliviana, decide pertenecer a Bolivia porque el 6 de agosto de 1845 estaba solo como observador, Tarija miraba sólo desde el balcón. [...] La autonomía sólo es un puente, la idea es hacer de Tarija una República independiente. [...] Lo peor de la inmigración se ha venido a Tarija, un gran porcentaje de la delincuencia en Tarija es de occidente, antes no importaba la posición social, ahura (*sic*) Tarija no es una sociedad clasista, como es el caso de la ciudad de La Paz, usted debe conocer La Paz, donde [...] en un mercado cualquiera, usted no va a encontrar a un señor de la sociedad comiendo un plato típico. Aquí pero un campesino, así sea un cargador, y a lado un señor de corbata bien cambiado están sentados juntos, aquí no hay esas diferencias de clases. [...] Esa otra gente se muestra diametralmente distinta, no se lava no se limpia y eso no entra dentro de la vida cotidiana de nosotros, mientras un tarijeño hace su casa con grandes ventanales, esa gente del norte hace sus casas con ventanas pequeñas. [...] Hasta en el tema de la utilización del agua, mientras un tarijeño (y esto no es racismo), se asea unas dos veces al día por lo menos, esa gente que viene de allí, prefiere estar trascendiendo a cualquier cosa, menos a un ambiente de limpieza y esa cosa yo pienso que en cualquier sociedad del mundo no encaja si hay gente de esa índole (entrevista 29/11/2005).

Como ya veíamos en otras entrevistas, el uso de la palabra "higiene" como recurso de justificación a la intolerancia está presente en varios niveles, o la idea de que los otros son muy diferentes, y la apelación al carácter católico de la sociedad tarijeña con recursos que aluden a pasajes bíblicos. Es interesante ver que estos discursos a los que categorizamos de radicales emergen precisamente cuando los inmigrantes asumen la posición política de cuestionar a las elites. La crítica a estos discursos no se limita solo al entorno regional, sino que cobra un alcance nacional, y es allí donde se identifica la fuente con nombre y apellido, como en el siguiente caso:

> En Tarija la prensa está controlada por los grupos de poder, que muchas veces estimulan el racismo. Uno de esos comunicadores que incitan a la violencia es Roberto Vargas, de Radio Guadalquivir. Durante la jornada del paro los grupos de choque del Comité Cívico de Tarija distribuyeron panfletos con contenido fascista: "Tarijeños, para que los kollas no nos gobiernen y para acabar con su sociedad, con ese su corso andino y expulsarlos de Tarija, muerte a los kollas sucios para que el gas lo manejen sólo los tarijeños de pura cepa y no el indio colla de Evo Morales Ayma". Este panfleto había sido también repartido antes del 2 de julio, cuando también se efectuó el referéndum sobre las autonomías y la elección de constituyentes que ganó el MAS en este Departamento (*Bolpress* 09/11/2006).

Otro comunicador social, autoidentificado como "costumbrista", nos decía lo siguiente:

> A mí me dan asco [los kollas], tienen la cara deformada a causa de masticar coca, a mí me da asco decir que soy boliviano "masca coca". Nos invaden, ¿usted sabe por qué nosotros no somos una cultura invasora? La explicación ya está en la música, nosotros no podemos ir con nuestro erke y hacer una fiesta en la calle, nosotros tenemos instrumentos de viento, ellos de percusión, con sus platillos, sus bombos, nuestra música no es amplificable. A mí me han quemado el coche, yo no los odio, ellos me odian. Soy racista [...] defiendo mi raza, [el] problema es que no hay cohesión entre los tarijeños si no los hacemos retroceder. No hay barrios de tarijeños, solo en el centro. El Dr. Jaime Paz trajo a los kollas porque era necesario, pero ahora ya no lo es, tienen que irse (entrevista 30/03/2011).

Aquí nuevamente vemos el uso de términos como "invasión" o "raza" como parte del discurso en contra de la inmigración. Los programas al vivo, que el entrevistado dirige, se convierten en espacios donde se induce al odio al inmigrante.

Los medios de comunicación escritos son otra fuente de propagación del discurso radical; nos sorprendía que fuera precisamente el periódico con más tiraje el que se hiciera eco a través de sus columnas e incluso editoriales de esta forma de entender la inmigración:

> Bolivia tiene una deuda histórica con Tarija [...], desde la desmembración del doble de su territorio hasta la invasión clandestina de abominables indígenas (...) no somos culpables de toda esta convulsión social que no tiene remedio, no nos echen la sucia carga de la irresponsable y delincuencial actitud de los indios de mierda como el Evo Morales y el Quispe [...] Debe saber el ciudadano tarijeño que se cierne una gran amenaza a esta tranquila Villa [...], hordas de desalmados indígenas del norte ya están preparados para invadirnos, masacrarnos y disponer a su capricho con el tema del gas, es necesario estar prevenidos con todas las armas posibles y pedir ayuda a nuestros vecinos para que resguarden nuestras fronteras, nuestras vidas e impedir el asalto y avasallamiento a nuestra soberanía y a la riqueza acumulada en nuestro suelo. Si quieren guerra la tendrán, [...] es obligación de todo tarijeño asistir esta tarde a la marcha convocada por el Comité Cívico (*El País* 10/06/2003).

En la revisión a publicaciones historiográficas sobre Tarija encontramos relatos que, como el siguiente, muchas veces son los que se manejan en los medios académicos locales:

> Obedecíamos a un "Destino": el de perennizar una diferencia manifiesta en lo geográfico, social y cultural; la cual evolucionaría en consonancia con las sociedades hermanadas a la nuestra por indudables semejanzas de su desarrollo que confluyeron en una identidad cultural: la de Tarija y el noroeste argentino. Además los exploradores y pobladores españoles, que siempre estaban acompañados por misioneros católicos venían a cumplir un alto designio o misión: convertir Tarija en un lugar de encuentros y de relaciones hermanas entre los pueblos conquistados, explorados y poblados por los ejecutores de un nuevo orden social, económico y cultura (se refiere a los españoles). En Tarija no hubo conquista propiamente dicha. Se llevó a cabo sí la política indiana de España de combatir a los Chiriguanos a pedido de los Chichas y de las etnias que soportaban apenas las depredaciones chiriguanas, para unir los territorios rioplatenses. Al contrario

> de lo afirmado por ciertos ignorantes y poco acuciosos investigadores actuales, ni en el Alto Perú, ni menos en Tarija se produjo un "exterminio" de los gobiernos precolombinos, ni se prohibió tajantemente el uso de lenguas y sus creencias religiosas. Esta obra [...] de los más que sacrificados soldados españoles [...] no sólo causa asombro, sino que ni siquiera con las modernas tecnologías de explotación ha sido superada y ello debido a su trascendencia inaugural y las gestas que dio lugar. Es pues justo que los tarijeños de nuestra época comiencen a valorar esa hazaña de sus abuelos y al mismo tiempo, proclamar nuestro legítimo orgullo por este ciclo de nuestra historia. Y ojalá recuperemos el coraje fervoroso y febril, la imaginación creativa y el sentido histórico de esos abuelos [...]. En suma revolucionaron los ascéticos y duros usos comestibles de los andinos y las tribus chaqueñas. El catolicismo imperante en España [...] fue en gran parte conservador del espíritu original del cristianismo [...]. Esta concepción ética y profundamente moral, en el plano jurídico se tradujo en el reconocimiento del derecho a la vida y a la estima de las creencias más profundas de los individuos, así como a sus derechos civiles [...] esa noción fanática (se refiere a las persecuciones por herejías) solamente se la ejerció contra los judíos, los mentalmente enfermos, los protestantes, los curas disolutos y los brujos, pero nunca se juzgó o ajustició a ningún indio. Téngase en cuenta que tampoco se interfirió en la educación y en el saber adquirido por los criollos, criollas o mestizos que llegaron a la santidad como Francisco Solamo, Pedro Claver Santa Rosa de Lima y la poetisa sor Juana Inés de la Cruz. Es también notable que muchos judíos y profesantes islámicos tuvieron destacadas carreras en la corte y en los mismos tribunales reales y civiles como Tomas de Torquemada, por ejemplo. Se concluye que la Inquisición persiguió tan solo por razones religiosas y políticas y no raciales. Una vez más reiteramos que, con esos idiomas andinos nos habría sido difícil acceder a la universalidad de las ciencias, las artes y la comunicación tecnológica (Echazú 2006: 201-205).

El responsable del Archivo Histórico de Tarija (2009) decía en el programa radial "Crónicas de Tarija" (11/01/2003) que a inicios de la colonización española no hubo mestizaje en los valles tarijeños; que español se casó con española y, después, hijo de español con hija de español y así sucesivamente; por tanto concluye que los habitantes originarios de Tarija eran descendientes "puros" de español. Fundamenta su afirmación en una ordenanza del virrey Toledo que prohibía matrimonios entre español e indígena.

Como vemos, las apelaciones a la *pureza de sangre* o las *diferencias biológicas*, así como la *superioridad cultural*, son elementos claves de un discurso radical que nace en un momento político importante y es alimentado, sostenido y difundido por los medios de comunicación, que confunden a la población e incitan hacia la discriminación al inmigrante, lo que se plasmará en el "septiembre negro" del 2009, cuando un enfrentamiento, con sucesos de por sí dramáticos, llama la atención sobre hasta dónde se había llegado alimentando un discurso xenófobo y racista que fue incubado nada menos que desde instituciones aparentemente formales, como el Comité Cívico, pero también, y todavía es difícil de creerlo, desde la universidad pública Juan Misael Saracho. De este acontecimiento vamos a ocuparnos en las siguientes páginas.

IV. ESCENARIO POLÍTICO: REFORMAS, ACTORES Y PRÁCTICAS

Varios autores e instituciones se refirieron a Bolivia como un país con un Estado débil e inestable[1] —se llegó incluso a presentarlo como *un país fuera de servicio* dentro del contexto político—; otros tantos sin embargo también identifican a Bolivia como un país con una alta participación electoral[2] y con un escenario privilegiado por la acción colectiva y la emergencia de unos poderosos movimientos sociales. En este sentido, Gray (2009: 125) precisa que en los últimos años se ha prestado mucha atención a la fuerza de los movimientos sociales e indígenas y a la debilidad de los partidos políticos, las instituciones democráticas y el Estado de derecho. Para algunos, esto es el indicio de una nueva era histórica; para otros, es la evidencia de una particular, pero efímera, forma de populismo político.

Fue a mitades de los ochenta, frente a la desaparición de la fuerza aglutinadora de la COB, cuando emergió una estructura obrera numéricamente alta pero materialmente fragmentada en diminutos campos de trabajo, donde el común denominador es la pauperización del trabajo a través de malas condiciones laborales y de contratos temporales —con los meses de contratación precisos para que la parte patronal no tenga que pagar seguros—, de sistemas de ascenso laboral fundados en el nepotismo y sindicatos carentes de legitimidad ante el Estado; como consecuencia se produce una "vasta proletarización social" sin arraigo organizativo, desterritorializada, atravesada por una profunda desconfianza interna y con una mentalidad precarizada, que se refleja en el surgimiento de un nomadismo de obreros

1 Entre otros, véase *Transparency International* (2007), *Foreign Policy Magazine* (2007) y Zuazo *et al.* (2012).

2 Sobre el tema, véase Nohlen (2005).

que tienen que combinar el pequeño comercio, el contrabando, el trabajo asalariado o el trabajo agrícola, según las temporadas y las necesidades (García Linera 2008: 271). En este contexto, Bolivia vive uno de los movimientos poblacionales internos más importantes de su historia, lo que dará como resultado una generación que recorre su territorio dejando, allí por donde va, sus cuestionamientos a un sistema que sienten que los trata injustamente, y que está plagada de tensiones irresueltas entre el Estado y la sociedad. No se alinean, no se mantienen impávidos, al contrario, resisten, cuestionan, trasladan sus memorias organizativas aprendidas —en las minas, por ejemplo—. Así es, en resumidas cuentas, como van a surgir los movimientos que van a cambiarle el curso de la historia política al país en el siglo XXI. En el presente capítulo vamos a adentrarnos en las reformas, los actores y las prácticas que hicieron posible este cambio.

1. Coyuntura política nacional

Aunque el sufragio universal fue instituido en Bolivia hace más de medio siglo, el advenimiento de la democracia es un hecho reciente, pues no fue sino en 1982, y después de casi dos décadas de poder militar, que el país optó por la democracia (Crabtree 2009: 9). Muchos autores apuntan a que Bolivia tiene una tradición de protesta y de movilización, a menudo al margen del sistema político formalmente constituido, y a una sociedad organizada en base a las tradiciones comunitarias de sus grupos étnicos, los mismos que se entretejen con el sindicalismo. En este contexto, es importante señalar la emergencia del katarismo[3] de finales de los setenta, que fue concebido en principio como una propuesta política y en cuya base surgieron organismos étnicos y populares muy importantes para el devenir político del país,

[3] El katarismo es un propuesta política postulada por indios, en su mayoría inmigrantes de primera y segunda generación al área urbana, principalmente en la ciudad de La Paz. Su nombre se remite al primer líder indígena anticolonialista, y postulaban que la etnicidad es sobre todo una construcción intelectual, conscientemente creada, a base de una historia alternativa a la oficial, de otra lengua y de otro pasado: el de los indígenas, unos "semiciudadanos", cuyo origen compartían. Para más información sobre el tema, véase Van Cott (2005), Escárzaga (2002), y Kohl y Farthing (2007).

como el Consejo Nacional de Ayllus y Markas Aymaras Qhichwas (CONAMAQ), el Consejo Nacional de Suyus Aymara Qhichwas (CONASAQ) y las poderosas juntas vecinales.

El año 2000 constituye un punto de inflexión dentro de la historia política boliviana; en abril de ese año se produjeron dos movimientos, la llamada Guerra del Agua en Cochabamba y el bloqueo campesino, cuyo epicentro fue Achacachi. Estos movimientos surgieron como respuesta a la política de privatización del agua[4], pero además pueden ser considerados como el inicio del proceso de recomposición de los actores sociales y de las articulaciones subyacentes entre sectores aparentemente diversos y dispersos. Desde esa fecha, y hasta el 2003, Bolivia vivió un proceso sostenido de emergencia social que se plasmó en bloqueos, movilizaciones, marchas, huelgas de hambre, protestas callejeras y demás (Cajías 2004: 20). Cada una de aquellas era superada por la siguiente en número y en ingenio; recordemos que la protesta popular en Bolivia utiliza una mezcla de diferentes formas de acción directa, lo que ocasiona muchas veces enfrentamientos entre manifestantes y fuerzas de seguridad (Philip y Panizza 2011: 61). En todo caso, las protestas del 2003 iban desde alfombras humanas hasta huelgas de hambre. La creatividad en las formas de protestas llegó incluso a las crucifixiones por parte de los estudiantes de la carrera de Sociología, y a cocerse los labios como una forma de reclamo por los presos de la cárcel de El Ara en Cochabamba. Los alcances de estas protestas eran cada vez mayores, todos y cada uno de los habitantes del país pasaban por cuestionar las políticas estatales, identificando a los partidos tradicionales como los causantes directos de los problemas sociales y económicos del país.

En febrero del 2003 el FMI incitó al gobierno del entonces presidente Sánchez de Lozada a cobrar el impuesto al ingreso, que ante todo afectaba a los asalariados, entre ellos los policías, y como forma de reclamo estos llegaron a amotinarse. La respuesta del gobierno a este hecho fue la intervención militar, con el consecuente enfrentamiento entre militares y policías, algo que llamó a la reflexión a la población sobre el peligro de la violencia entre grupos armados. Para octubre del mismo año las cosas habían alcanzado un tamaño descomunal; todo empezó con el pedido de libertad para presos políticos

[4] Sobre el tema, véase Philip y Panizza (2011).

campesinos y derivó, luego de represión militar, protestas multitudinarias, bloqueos y huelgas de hambre masivas, en la renuncia y la huida de un presidente. El conflicto central estaba relacionado con la exportación de gas natural de los pozos chaqueños a Estados Unidos y México, y la demanda de la población al respecto era que no se podía exportar sin antes abastecer el consumo interno. Además, se criticaban los precios tan bajos que el país conseguía por esta venta, aunque el reclamo más generalizado constituía el hecho de que dicha exportación fuera a través del suelo chileno. A mitades de mes esta discusión derivó en el enfrentamiento entre militares y los movimientos sociales. La discusión todavía gira en torno al número exacto de damnificados, pero se sabe que fueron más de 80 los muertos y más de 400 los heridos. Los pocos alimentos que había en las calles costaban fortunas, por eso se organizaron ollas comunes y la gente custodiaba día y noche sus barrios, ante la amenaza constante de un estado de sitio. Con la renuncia del entonces presidente Sánchez de Lozada las cosas parecía que iban a calmarse, pero Bolivia todavía estaba muy lejos de ver cumplido ese deseo. De esta forma, entre el 2001 y enero del 2006 Bolivia tuvo seis jefes de Estado, pero llegó finalmente, en el 2006, a elegir democráticamente al primer presidente indígena de la historia política del país, un hecho que representó un cambio importante en la representación política que hasta entonces se tenía en Bolivia.

Hasta hace algunos años se pensaba que la Bolivia de la protesta estaba anclada en las tierras altas[5], pero a partir del año 2000 departamentos como Santa Cruz y Tarija han visto las movilizaciones en sus propias calles. Durante este tiempo el país se vio obligado a enmiendas en sus formas de hacer política y en las relaciones de sus instituciones con sus ciudadanos, al punto de redactar una nueva Constitución. En concreto, la política boliviana ha sufrido un giro de 180 grados a partir de principios de este siglo, permitiendo, entre otras cosas, el ingreso de sectores de la población hasta hace pocos años impensable a la estructura política nacional. Esto es un logro, eso no cabe duda, sin embargo hay que ser cuidadosos al momento de enfocarlo como el objetivo de un proceso, pues un hecho electoral o la presencia de un primer presidente indígena no son suficientes

---

[5] Sobre el tema, consultar Ströbele-Gregor (1994).

para hacer desaparecer como por arte de magia el colonialismo interno al que durante siglos ha estado expuesta la sociedad boliviana; por otro lado, simbolizar un cambio social en la imagen de un actor puede resultar incluso peligroso.

1.1. El sistema de partidos en Bolivia[6]

A pesar de la importancia de los partidos políticos para el sistema democrático en Bolivia estos tienen un déficit de legitimidad y una credibilidad alarmantemente baja entre la población, llegando a solo el 30 % en los índices de niveles de confianza (LAPOP 2012: 96). Esta crisis de imagen de los partidos políticos llegó a un punto álgido en las elecciones del 2002 debido sobre todo a la emergencia de políticos "antipolíticos", la proliferación de candidatos independientes en las elecciones y los varios intentos de organizar partidos desde las instituciones de la sociedad civil (Lazarte 2005: 63); el clientelismo —"en el área rural es normal que las promociones de los últimos cursos designen padrino a diputados o senadores" (Lazarte 2005: 73)— se percibe de manera tan normal que hay políticos que se han permitido reclamar públicamente a los ciudadanos por las prestaciones que les habían entregado, como cuando el jefe político de uno de los partidos más importantes del país acusó de "malagradecidos" a los ciudadados de Tarija porque estos les dieron la victoria a otro partido, aunque esta inversión fue hecha con el dinero que le correspondía al municipio; de esta forma:

> En las campañas electorales es muy común que los partidos sobre todo grandes, no puedan imaginar una concentración electoral que no esté acompañada por la entrega de materiales, por ejemplo de construcción, destinados a la escuela de la vecindad. Los más afortunados entregan estadios de fútbol, alquilan camiones para mejorar los caminos vecinales. Los menos afortunados obsequian balones o camisetas de fútbol. Es como si los partidos o candidatos creyeran que con estos actos probaran lo que dicen, o anticiparan el sentido social de sus gestiones futuras ante una población que cada vez cree menos en ellos (*ibid.*: 72).

---

6 Para una mejor comprensión el lector puede remitirse al anexo nº 2, donde encontrará la lista de partidos y alianzas políticas desde 1952 y al anexo nº 3, con los datos electorales y los tipos de elección nacional hasta las elecciones del 2002.

Derivada de la práctica clientelar, tenemos también el prebendalismo, entendido como el otorgamiento de cargos de la administración pública a los militantes del partido; cuando hay un cambio de gobierno en Bolivia se produce la llamada "masacre blanca", que significa que en las oficinas públicas "no se queda ni el portero", por ello la mayoría de las veces la adhesión al partido responde más a "la expectativa del cargo prometido" que a una coincidencia ideológica. Por otro lado, los partidos políticos bolivianos muestran una fuerte dependencia hacia las estructuras centralizadas, pero la generación de líderes políticos cuenta con una perspectiva decididamente municipal o departamental. Después de ganar una elección subnacional, los líderes se topan con un límite en su liderazgo político y raramente pueden trascender la política regional para buscar cargos públicos nacionales; es el caso que se ha visto reiteradamente en Tarija. En cambio, una exitosa gobernabilidad subnacional no es capitalizada por los partidos que los oficiales electos representan. En este sentido, a nivel nacional, los cargos representativos del Senado y la Cámara de Diputados se toman más como victorias individuales departamentales que como posiciones de liderazgo nacional dentro del partido (Informe del NDI 2008: 15). Contrariamente a la confianza que los partidos puedan despertar en el ciudadano, los niveles de democracia electoral en el país están muy por encima del promedio para la región latinoamericana (PNUD 2004), como veremos a continuación:

Cuadro nº 7
Participación electoral en países latinoamericanos, según porcentaje de votantes registrados

	1945-1959	1960-1969	1970-1979	1980-1989	1990-1999	2000-2004
Argentina	90.9	87.1	85.5	85.3	82.2	75.6
Bolivia	**85.0**	**91.9**	**90.5**	**82.0**	72.2	**72.1**
Brasil	92.0	79.6	81.7	94.9	85.8	82.3
Chile	79.5	80.6	81.8	94.7	91.3	87.1
Costa Rica	67.5	81.4	83.3	81.8	81.8	68.8

Ecuador	82.6	-	80.4	77.3	86.2	-
Paraguay	-	85.1	86.0	92.6	80.5	64.1
Perú	-	-	-	79.8	68.1	82.0
Uruguay	-	74.3	91.9	88.7	91.8	-
Venezuela	92.1	94.5	96.5	87.3	60.2	56.0

Fuente: Nohlen 2005: 19

Como se puede apreciar en el cuadro, a partir de 1960 y hasta 1999 la participación electoral en Bolivia no baja del 70 %, un hecho que, dadas las circunstancias por las que atravesaba el país —dictaduras, profundas crisis económicas, etc.— es por demás loable. Debemos considerar los altos niveles de corrupción —en algunos casos coadyuvada por la dispersión de poder en muchas manos debido a las coaliciones y alianzas políticas, donde las oportunidades de sobornos se han visto incrementadas—, pero además las reformas neoliberales, que hicieron el sistema más sensible a la corrupción, especialmente en lo que se refiere a la venta de empresas estatales, y también el incremento en el número de líderes populistas (cuyas políticas están enfocadas al corto plazo y en agradar a su entorno sin importar las consecuencias que ello signifique). En fin, una serie de razones por las cuales no debería sorprender el hecho de que Bolivia sea el país con menores niveles de apoyo al sistema y de confianza en sus instituciones, sin embargo, lo que todavía causa conmoción tanto de propios como de extraños es la alta participación electoral de los bolivianos, que según observadores internacionales es una de las más altas del continente.

El sistema electoral boliviano especifica que cuando ninguno de los candidatos presidenciales obtiene una mayoría del 51 % el Congreso selecciona a uno de los dos candidatos con mayor opción de ganar; en ese sentido "la política boliviana ha estado funcionando como si fuera parlamentaria —con pactos (como el Pacto por la Democracia), con gobiernos multipartidarios [...], pero sin muchas de las características de un sistema parlamentario" (Linz en Mayorga 2001: 105). De ahí la frase "nosotros elegimos pero el Congreso decide", porque dentro del Congreso se hacen las coaliciones: izquierda con derecha, perseguidos de la dictadura con perseguidores; no importa, pero siempre en busca del oportunismo político. Ocurrió también que el tercero en votos se convirtió en presidente en 1989 cuando Paz Zamora, candidato por el MIR, firmó un acuerdo con el ADN, segundo en las votaciones, liderado por el exdictador Banzer, acuerdo al que denominaron "Acuerdo Patriótico"[7]. Medios de comunicación y entendidos en el tema hacen hincapié en que se trataba de la unión de un partido identificado por una ideología de izquierda que había sufrido la persecución, el exilio y la tortura de sus integrantes precisamente durante la dictadura del que ahora era su aliado, el exdictador H. Banzer. Aunque el sistema de pactos y coaliciones contribuyó a desarrollar cierto grado de estabilidad en el sistema político, el costo fue su propia desacreditación ante la opinión pública, debido, entre otras cosas, a "ese uso prebendal del poder, la apropiación privada de la cosa pública deslegitimó a los partidos; la gente no sólo dejó de creer en los partidos, sino que comenzó a descreer de ellos y detestarlos, inició movilizaciones y acciones de todo tipo, muchas de ellas violentas, para enfrentarse a esa democracia de pactos y coaliciones que poco a poco se fue tornando en insostenible" (Toranzo 2006: 35).

A partir de 1985 el sistema de partidos empezó a perfilarse por tres elementos claves: una distancia ideológica relativamente leve entre los partidos grandes, una tendencia a la formación de coaliciones entre partidos de distintas posiciones y una competencia partidaria predominantemente centrípeta (Sartori, en Mayorga, 2005: 3). Fue hasta antes del 2003 cuando el ADN (Acción Democrática Nacionalista), el MIR (Movimiento de Izquierda Revolucionaria) y el MNR se alternaban en el gobierno en coaliciones de diversa índole. Entonces las nuevas agrupaciones políticas y otros partidos menores solo sirvieron para complementar el "eje político" de estos tres partidos. En las elecciones de 1993 y 1997 la gama de partidos se fue abriendo, y la inclusión de CONDEPA (Conciencia de Patria) y UCS (Unión Cívica y Solidaridad), que trataremos en el siguiente apartado, hicieron posible esta apertura.

A partir de las elecciones de 1997 se notó un desgaste en el sistema de partidos; el MNR y el MIR se mantuvieron provisionalmente

---

7 Sobre el tema, véase Sivak (2007) y Dunkerley (2003), entre otros.

aunque debilitados, incluyeron al NFR en su coalición para obtener la mayoría parlamentaria que necesitaban (Mayorga 2005). En las elecciones del 2002, ni CONDEPA ni UCS ni ADN estaban ya presentes como partidos políticos fuertes, y desaparecieron a la muerte de sus líderes, lo que pone en evidencia el caudillismo[8] persistente en los partidos políticos bolivianos. Para tres de los cinco partidos importantes desde 1989 las elecciones del 2002 significaron su desaparición, de ahí que la recomposición del sistema de partidos fuera reveladora, porque además los movimientos campesinos se transformaron en movimientos políticos, logrando, en estas elecciones, una representación política de carácter histórico. El MAS se ubicó en segundo lugar, con el 21 % de los votos, y el MIP consiguió el 6 %, un hecho revelador si tomamos en cuenta que ambos partidos estaban claramente autoidentificados con las demandas indígenas; si bien el número efectivo de partidos se mantuvo inalterablemente en cuatro, es indudable que el sistema experimentó una notable transformación respecto a los actores que lo componían (*ibid.*), y a partir de entonces las mantas, las polleras y los ponchos desfilaron una y otra vez en el parlamento boliviano, algo impensable solo pocos años antes, cuando reportajes televisivos denunciaban que hoteles y clubes se negaban a recibir como huéspedes a mujeres de pollera. De esta manera partidos nuevos, con un perfil totalmente alejado del imaginario que la población tenía de un partido político en Bolivia, no solo hacían su ingreso en el sistema de partidos, sino que además lo hacían con una ventaja cuantitativa tan importante en los recuentos de votos que les permitía ser parte activa de la oposición. Ello se debió entre otras cosas a las reformas a las reglas de representación política, de lo cual nos ocuparemos en el siguiente subtítulo, a continuación presentamos un cuadro que permite al lector un mapeo de la situación de los partidos políticos en el país hasta antes de la llegada del MAS al gobierno.

---

[8] Sobre el tema, véase Mayorga (2005) y Dunkerley (2003), entre otros.

Cuadro nº 8
Evolución de votación de los principales partidos (1999-2004)

Partido	**% 1999 (votos emitidos)**	**% 2004 (votos emitidos)**	**Evolución 1999-2004 (en puntos)**
MNR	19.2	6.1	–13.1
MIR	15.0	6.5	–8.5
ADN	13.7	2.3	–11.4
UCS	11.1	2.5	–8.6
NFR	7.8	2.7	–5.1
MSM	5.4	8.1	+2.7
MAS	3.0	17.1	+14.1
PP	-	6.1	+6.1
UN	-	5.4	+5.4
MIP	-	2.2	+2.2

Fuente: Corte Nacional Electoral, en Romero, 2005: 44

Lo que el cuadro refleja es el deterioro de los partidos tradicionales, como el MNR, que en cinco años pierde más de diez puntos de apoyo, una cifra importante si consideramos que fue un partido gobernante que contó con el apoyo incondicional de los organismos internacionales —lo que se tradujo en préstamos que servían para aparentar una sociedad sostenible económicamente—. Paralelamente vemos el crecimiento del MAS y el MIP, partidos que habían sido subestimados —ninguno tuvo la oportunidad de dar a conocer su plan político en alguno de los debates presidenciables, pues ni siquiera fueron invitados— y que sin embargo obtuvieron un importante número de votos.

Aunque el sistema de pactos y coaliciones contribuyó a desarrollar cierto grado de estabilidad en el sistema político lo hizo a costa de principios políticos. En el 2004 se hicieron reformas al sistema electoral, y a partir de entonces los candidatos no necesitaban estar afiliados a partidos políticos para presentarse a elecciones. Así se dio lugar al nacimiento de organizaciones ciudadanas. Valdría la pena ilustrar esto con un ejemplo: H. Vaca Díez, que fue militante del

MIR y hasta el 2005 presidente del Senado, intentó en mayo del 2005 quedarse con la presidencia tras la renuncia del presidente interino Carlos Mesa, pero no contaba con el apoyo de una mayoría en el Congreso ni entre la población, por eso para impedirlo hubo un bloqueo masivo de caminos, huelgas y hasta una marcha de mineros y campesinos. Vaca Díez, derrotado, cumplió su gestión como senador, formó la Agrupación Ciudadana "Alianza Andrés Ibáñez" y con menos del 1% de los votos totales entró como asambleísta. Este, quizá, sea el caso más emblemático de la devaluación radical de los políticos tradicionales: de presidente de senadores y aspirante a la presidencia en solo un año pasó a ser un modesto constituyente de una organización totalmente desconocida; pero también con este caso podemos ver que la Ley de Convocatoria a la Asamblea Constituyente incluyó mecanismos de salvación para los hábiles políticos tradicionales (Lazarte 2005).

Finalmente, diremos que durante los últimos veinte años los actores del sistema de político de partidos fueron el MNR (Movimiento Nacionalista Revolucionario), ADN (Acción Democrática Nacionalista), MIR (Movimientos de Izquierda Revolucionaria), UCS (Unidad Cívica Nacional), CONDEPA (Conciencia de Patria) y MBL (Movimiento Bolivia Libre). A estos los han acompañado algunos partidos que han tenido cierta importancia coyuntural, como NFR (Nueva Fuerza Republicana), el MSM (Movimiento Sin Miedo), PODEMOS (Poder Democrático Social) y UN (Unidad Nacional). El MAS (Movimiento al Socialismo) no tiene un proceso de desarrollo institucional para lograr su conversión en una organización partidaria (Toranzo 2003); es más, se ha alejado de ser etiquetado como partido político, y se autoidentifica ante la población boliviana como una sumatoria de movimientos sociales, consciente del efecto negativo que aquella etiqueta tiene en el imaginario boliviano. Este es probablemente el secreto de su éxito[9]. Los rasgos estructurales

---

9 Como anécdota podemos mencionar que en las elecciones del 2001 el MAS estaba en el cuarto puesto de las preferencias, y los medios de comunicación le daban el 16 % de los votos. Pocos días antes de las elecciones el embajador estadounidense Manuel Rocha hizo declaraciones públicas en las que alertaba a los bolivianos que consideraban darle su voto a "un terrorista", refiriéndose claramente a Evo Morales, y además amenazaba con retirar la ayuda a Bolivia si Morales ganaba. Al día siguiente ya había carteles con la figura de Morales y la

fundamentales del sistema multipartidista fueron: la vigencia de un formato tripartidista, es decir, de una triada de partidos relevantes para la formación de coaliciones gubernamentales con mayoría parlamentaria; el pluralismo moderado y una polarización ideológica leve entre los partidos relevantes del sistema; la persistencia de mayorías relativas, y una competencia partidaria predominantemente centrípeta (Mayorga 2005: 24-25). Vemos que la historia del sistema de partidos en Bolivia está marcada por la ambigüedad del ideal democrático, donde la polarización lo desborda muchas veces, como en el 2005, cuando el discurso polarizado se convierte en bandera de los partidos políticos, eclipsando asuntos tan importantes como la presentación de un programa de gobierno.

1.2. Reformas a las reglas de representación política (1991-2004)

Las reformas en Bolivia —como en otros escenarios políticos de la región— generalmente se presentaron en contextos de crisis producidas en democracia, sea porque había aún instituciones básicas no adecuadas para la nueva etapa histórica, sea porque no funcionaron de manera apropiada, o porque simplemente sus rendimientos no estuvieron de acuerdo con las expectativas de la población. A ello se sumó el comportamiento de los actores políticos, que optaron por la política de poder y no por la política inclusiva, desoyendo las demandas de la sociedad, entre ellas la de mayor participación. El problema de las reformas en Bolivia fue, sobre todo, que no siempre estuvieron pensadas en términos democráticos sino como producto de la presión de la movilización colectiva que proponía hacerlo o de los organismos que las financiaban. Ello puso reiteradas veces en entredicho el sistema institucional de representación (Lazarte 2008: 2). Dentro del abanico de reformas del sistema político, y por tanto de las reglas de participación electoral y de representación que Bolivia ha vivido en-

---

leyenda: ¿Quién está al frente, Rocha o la voz del pueblo? El resultado de esas elecciones fue que el MAS tuvo el segundo lugar en las votaciones y se convirtió en la principal fuerza opositora. Con toda razón, Evo Morales le agradeció públicamente el favor al embajador, y hoy dice que fue el mejor jefe de *marketing* que ha tenido. Este tema ha sido objeto de muchas especulaciones; para más información nos remitimos a *La Nación* de 06/12/2005 y a *Time Magazine* de 11/09/2008, entre otros medios.

tre 1982 y 2005, nos concentraremos particularmente en tres reformas —pues son las que de manera directa afectaron en el devenir del objeto de nuestro estudio— a través de un repaso sobre lo que estas reformas significaron en los años posteriores a su implementación.

La Ley de Participación Popular: Entró en vigor en 1994 formando parte de un paquete de reformas fomentadas por el Banco Mundial y por la cooperación técnica y financiera bilateral. Consistió básicamente en la desconcentración administrativa de tareas y decisiones a nivel departamental, así como en la creación de gobiernos municipales a los cuales se les transfirieron competencias del Estado central como educación, salud, deportes, caminos vecinales, riego y cultura, pero también el derecho a recaudar impuestos permitiendo la redistribución de los recursos fiscales en función de la densidad poblacional (Calderón 2000); esto significó la creación de 314 municipios nuevos sobre la base de las secciones de provincia existentes, que se convirtieron en la unidad mínima de planificación departamental y nacional.

Cuatro cambios fundamentales pueden ser atribuidos a esta Ley: la reestructuración de los municipios, el reconocimiento de nuevos actores políticos, una mayor participación ciudadana y la redistribución de fondos públicos. Esto último se tradujo en la emisión de la Ley de Descentralización, que ofrecía una ampliación en la participación política más allá de los partidos políticos, llegando a las Organizaciones Territoriales de Base (OTB)[10] y los comités de vigilancia[11]; el campo de acción política de las primeras es, sin embargo, limitado, pues su función de representación frente a la administración municipal se limita a los derechos de información, asesoría, cooperación y control, en tanto que los comités de vigilancia tienen bajo su control la ejecución de actividades y la realización de los planes de desarrollo aprobados por el Consejo Municipal. En teoría ambas instituciones carecen de toda facultad de decisión, pues el acceso al poder de deci-

---

10 Las OTB pueden ser juntas vecinales, Federaciones de campesinos locales y organizaciones socio-políticas tradicionales a nivel comunal.

11 Se trata de mecanismos de articulación de las OTB con los gobiernos municipales; están constituidos por un representante de cada cantón o distrito de la jurisdicción, y entre sus funciones y atribuciones están la de vigilar los recursos municipales, controlar los gastos corrientes del gobierno municipal y pronunciarse sobre el presupuesto (Lizárraga y Vacaflores 2007: 77).

sión en la administración comunal es todavía un privilegio de partidos políticos o asociaciones ciudadanas (Ströbele-Gregor 1999), pero en la práctica los municipios no cuentan con los recursos financieros para responder a las nuevas tareas que la nueva Ley les asigna. Por otro lado, las capacidades administrativas de una parte de la población, por ejemplo con altas tasas de analfabetismo, se convirtieron en una traba a la hora de ejercer de forma exhaustiva su derecho a la fiscalización. Aunque la Secretaría Nacional de Participación Popular y sus instituciones departamentales estaban a cargo de las responsabilidades para la guía estratégica del proceso, gran parte de este trabajo fue delegado a organizaciones no-gubernamentales (ONG) y fundaciones políticas, e incluso a las agencias de cooperación.

La crítica de los sindicatos y de las organizaciones sociales a esta Ley se refiere a tres aspectos centrales; primero se reclama que las tareas que hasta entonces fueron obligación del Estado ahora pasen a ser competencia de las comunidades (en ese sentido la Ley se convierte en un instrumento para la continuación de la reestructuración neoliberal, institucionalizando la privatización de actividades sociales a cargo del Estado, es decir deja a los pobres administrar su propia pobreza). Segundo, con anterioridad a la Ley de Participación Popular las elecciones municipales, que se realizaban cada cinco años y habían tenido lugar únicamente en las ciudades más grandes, y en ellas los candidatos estaban normalmente afiliados a partidos tradicionales controlados por las elites políticas urbanas, pero con la nueva Ley los más de 250 nuevos municipios pequeños y principalmente indígenas requirieron miles de concejales; para el financiamiento de estos nuevos gobiernos municipales se les asignó el 20 % del presupuesto general, requiriendo además la conformación de comités de vigilancia (CV) para la fiscalización del gasto municipal. Más de 15 000 OTB fueron autorizadas a formar parte de la planificación participativa municipal. Aunque la Ley de Participación Popular se concentró en la política del ámbito local, la nueva comprensión de los derechos ciudadanos que provocó terminó por afectar los discursos políticos a escala nacional, y en el proceso los discursos contrahegemónicos que se oponían a las políticas neoliberales alcanzaron audiencias cada vez mayores, preparando el terreno para lo que ocurriría a partir del año 2000 en Bolivia. Y finalmente diremos que, aunque el propósito encubierto de la Ley de Participación Popular fue restar poder a las organizaciones sindicales, la descentralización y las reformas políticas que la acompañaron terminaron con un resultado contrario, y, de hecho, alentó el surgimiento de líderes en las áreas rurales y marginales de las ciudades, lo cual fue decisivo para cambiar el mapa político.

La reforma electoral: Cronológicamente, los puntos más importantes de estas reformas en el nuevo siglo fueron transferencias de competencias a los ciudadanos: a las elecciones municipales se añadió la elección de diputados uninominales (aplicada por primera vez en 1997), en el 2005 se añadió la elección de prefectos y en el 2006 la de constituyentes; mientras, el referéndum del 2004 inscribió a Bolivia en la tendencia latinoamericana de la democracia directa. Como el 2003 había dejado una crisis política sin precedentes se pensó en nuevas reformas electorales, pero estas llegaron impuestas por la presión social y rompieron con el monopolio de la representación política. Hasta ese año Bolivia no tenía formas directas de participación ciudadana, pero a partir de entonces se incorporaron a la Constitución dos mecanismos de democracia directa: la iniciativa legislativa ciudadana y el referéndum (Romero 2005). En consonancia con esta nueva disposición constitucional, es decir las reformas electorales de comienzos del siglo, nos interesan dos en particular para ver de qué manera esto pudo influir en la emergencia de actores políticos dentro de la comunidad de inmigrantes de las tierras altas en Tarija:

a. El surgimiento de las asociaciones ciudadanas: A lo largo de este capítulo hemos hablado sobre la percepción de los ciudadanos acerca de los partidos políticos, marcada fuertemente por la frustración y la desconfianza; son precisamente estos elementos los que llevaron a plantearse a la sociedad boliviana la necesidad de los partidos políticos. El *Latinobarómetro* (2007-2009) ofrece datos que aseveran que los partidos políticos son percibidos como los últimos en cuanto a confianza, incluso por debajo de la Policía. "Con el fin de enfrentar esta situación de desafección y permitir que la democracia siga funcionando, se han buscado y puesto en marcha mecanismos alternativos a los partidos, que en general se han llamado agrupaciones ciudadanas" (Lazarte 2005: 183). En este contexto nacen las asociaciones ciudadanas (AA.CC.) y los pueblos indígenas (PI) como una construcción de representación política. Lazarte (2005) se refiere a ellos como sustitutos funcionales, es decir, estructuras no partidarias que pueden funcionar como si fueran partidos políticos, otorgándoseles los mismos derechos y obligaciones que a estos. Pero Romero (2005) advierte de que estas figuras fueron uno de los mayores espejismos de las elecciones municipales de 2004, porque la presentación con esa etiqueta no parece haber dado ningún beneficio adicional significativo ante el electorado.

En este contexto, las reformas constitucionales del año 2004 determinaron la pérdida de exclusividad de representación política de los partidos políticos en favor de las AA.CC. y PI, quienes podían postular directamente a los candidatos a todos los cargos electivos. Estas reformas constituyeron un cambio esencial en reglas que estuvieron vigentes en los últimos 50 años. Fueron la magnitud y la profundidad de la crisis de octubre del 2003 las que impulsaron una reforma a la que los partidos se habían resistido durante muchos años (Lazarte 2008: 311). En consecuencia, viejos políticos excluidos de los partidos políticos tradicionales fueron reciclados en las asociaciones ciudadanas y las elecciones municipales del año 2004 consagraron el triunfo de muchos de ellos, no solo porque ocuparon el primer lugar, sino por que salieron reforzados, pues encontraron en la fórmula de la agrupación ciudadana un mecanismo sencillo para mejorar las condiciones de su negociación con los aparatos partidarios (Romero 2005).

En las elecciones del 2004 participaron 341 AA.CC. y 63 PI, junto a 17 partidos políticos (Lazarte 2005: 191). En el caso de Tarija, esta apertura política participativa significó la incorporación de agrupaciones ciudadanas nacidas de las juntas vecinales, como fue el caso de Luis Espinal, considerado un barrio de inmigrantes. La presidenta (y candidata en aquel entonces) nos dice: "nos presentamos y no sabíamos bien a qué nos metíamos, no nos fue bien, pero ganamos experiencia" (entrevista 10/04/2011), lo que denota que hubo un intento de concurrir como partido en la esfera política.

La comparación entre las elecciones municipales de 2004 y de 1999 indica que en la mayoría de las alcaldías la participación se incrementó. A grandes rasgos diremos que lo positivo de esta reforma fue la multiplicación de actores, la diversificación de ofertas y el surgimiento de organizaciones bien adaptadas a las expectativas locales, lo que incitó a todavía más votantes a desplazarse a las urnas. Teóricamente, las diferencias entre las tres entidades relevantes (partidos políticos, agrupaciones ciudadanas y pueblos indígenas) significaron mayor apertura para el sistema partidista.

b. Nuevo sistema electoral en la Cámara Alta y la Cámara Baja: A partir de las reformas se instituyó como forma de elección en las Cámaras el sistema de representación proporcional mixto, mediante el cual el votante realiza dos votos en la misma papeleta, uno para elegir al representante (en este caso diputado) de su Distrito y otro por el partido político de su preferencia. A los diputados elegidos por mayoría relativa se los denomina uninominales, y a los elegidos mediante representación proporcional se los llama diputados plurinominales. De los 130 miembros de la Cámara de Diputados, 62 son plurinominales y 68 diputados uninominales, a diferencia de lo que se hacía antes, cuando eran los partidos políticos los que asignaban todos los asientos. Aunque con esta reforma el votante tiene mayor capacidad de elección y la mitad de los diputados son elegidos por circunscripción, siguiendo al modelo alemán, las ambivalencias y contradicciones de la Constitución están presentes en la elaboración de esta reforma[12]. Kohl y Farthing (2007) nos advierten de que el desempeño de los diputados uninominales ha sido desigual: algunos instalaron oficinas propias en su circunscripción uninominal para atender a los ciudadanos, cuyas demandas son, en la mayor parte de los casos, de alcance inmediato, local y a veces personal, hubo quien hizo una rendición de cuentas de su gestión ante instituciones sociales, mientras otros no aparecieron en toda la gestión por su circunscripción.

A través de las reformas, organizaciones de la sociedad civil como sindicatos, juntas de vecinos, coordinadores comunales del agua y el gas y comités cívicos, principalmente de Tarija y Santa Cruz, obtuvieron el reconocimiento institucional para convertirse en intermediarios entre la sociedad civil y el gobierno; como dijimos anteriormente, a finales de los ochenta la COB había perdido su habilidad para canalizar los intereses ciudadanos hacia el gobierno, dejando un vacio en la mediación que fue llenado por los mencionados grupos. Ello produjo en apariencia un desarrollo en

[12] Este sistema, al reconocer la elección directa de los uninominales, contiene la posibilidad de producir un número mayor de diputados que el número legal establecido, lo que tuvo que ser admitido en la Constitución en una dudosa redacción de la ley reglamentaria que aumentó la desproporcionalidad ya existente de los diputados uninominales (Lazarte 2008: 29).

cuanto a representación política, pero surgieron dos hechos: por un lado las organizaciones no se conformaron con ser intermediarias y comenzaron a exigir papeles de representación más amplios, lo que desencadenó que muchos de ellos actuaran como pseudopartidos, y por otro lado se vio que los votantes tendían a votar a líderes que reflejaran sus propias características sociales, culturales y étnicas, sin importar ni la propuesta ni la ideología del partido, como la siguiente entrevista lo ejemplifica:

> No he leído lo que propone el Evo porque no sé leer (ríe), votó por él (silencio) porque es como yo: indio, runa, ha sufrido como yo, solo él sabe de sufrir, porque ha sufrido en su carne también. Le dicen que no habla bien, ¿acaso el Goni [en referencia al ex-presidente Gonzalo Sánchez de Lozada] hablaba bien? Yo le entiendo al Evo cuando habla, porque habla como yo, como indio que llega a la ciudad. No necesito saber qué nos va a dar (entrevista 16/04/2011).

Como se puede inferir el problema pronto derivó en algo que los bolivianos conocían de sobra en su historia política, el caudillismo. Hasta las elecciones del año 2002 no se puede afirmar que el votante hubiera actuado motivado por las identidades que los políticos representaban, pues en el discurso de los partidos políticos en pugna el concepto étnico fue muy poco utilizado. Para el caso de Tarija, estas reformas han significado un cambio radical en la composición de la bancada. Hace solo unos años era impensable tener a inmigrantes de las tierras altas entre las listas de candidatos.

2. Incursión de partidos identificados étnicamente

A finales de los ochenta y principios de los noventa emergieron en el panorama político dos partidos, CONDEPA y la UCS, con un fuerte componente étnico. No es que fueran los únicos o los primeros, pero su importancia radica en el importante apoyo que consiguieron, en la forma de hacer política de sus líderes y en que prepararon el terreno para la emergencia del MAS. Uno de los elementos que más llama la atención es que los líderes de estos partidos forjarán su éxito al margen de las vinculaciones tradicionales —o sea las redes con la elite hegemónica del momento—, apostando en cambio por redes que las clases subalternas les ofrecen; los votantes se caracterizaron por el simbolismo en la identificación con el líder y los elementos culturales que este representaba, identificación reforzada por una acción comunicativa que estableció una suerte de pertenencia y destino común. Pero esta fidelidad, que dependía de una persona, el líder, pronto se diluyó, por ejemplo cuando las condiciones de producción discursiva se modificaron (con la muerte de sus líderes) y el partido no pudo llenar de manera adecuada el vacío simbólico, por ello es que varios estudiosos denominaron a estos partidos como caudillistas.

El partido político CONDEPA, liderada por Carlos Palenque, tuvo como origen un programa en vivo, "La Tribuna libre del Pueblo", un programa radial —y más tarde televisivo— de ayuda social, en base a la denuncia. Este partido marcó un hito porque llevó a la primera mujer de pollera al parlamento, pero también porque dio su voto para que el exdictador Banzer se hiciera presidente. Palenque comenzó su carrera como cantante de uno de los grupos folclóricos más importantes del país, "Los Caminantes", en los años 60. Años después se desempeñó como periodista hasta ser propietario de una radio y un canal televisivo cuyo contenido de programación era indudablemente hecho para el público migrante indígena. Hasta entonces el capital social de los pobres nunca había sido transmitido en vivo y directo; no era la solidaridad de los ricos, repartiendo lo que les sobraba, sino que se trataba de pobres compartiendo su pobreza con más pobres. Como la siguiente entrevista lo relata:

> Llegaba por ejemplo una chica, que la habían violado y tenía una criaturita en sus brazos, por eso la habían botado de su casa. Ese rato el compadre [Carlos Palenque] llamaba a la comunidad y entre todos se juntaba platita o llamaba alguien al canal para ofrecerle un trabajo. Recuerdo cómo en un programa, una viejita viene con sus nietitos, tan pobres… las wawas con sus caritas de no haber comido en días. Ese rato llama la Maestra Mayor del mercado Bolívar y dice, que han recaudado 1 200 pesos (*sic*). Imagínate lo que es esa plata, en esos años, pero sobre todo de vendedoras de comida (entrevista 05/02/2009).

El discurso paternalista de sus líderes, dirigido a un grupo hasta entonces olvidado, logra poner a estos actores en la mira de otros partidos políticos o medios de comunicación, que pronto copian el formato. La clausura temporal en 1988 de sus medios por parte del gobierno[13] provocó nutridas manifestaciones de protesta, y al sentirse masivamente respaldados ello propició la fundación del partido que participó en las elecciones presidenciales de 1989 y obtuvo el cuarto lugar a nivel nacional. Ese mismo año ganó las elecciones a la alcaldía de La Paz, pero no por mayoría, viéndose obligado a ceder el cargo a sus adversarios, que habían coalicionado (Mayorga 2002: 99); después de ello obtuvo otros triunfos electorales en La Paz, El Alto y poblaciones del altiplano, y en poco tiempo se expandió al valle y entre los migrantes andinos en Santa Cruz. Parecía inminente una victoria presidencial, pero en pocos meses el partido entró en una crisis sin precedente que comenzó con un tema familiar —una acusación de infidelidad entre los líderes del partido— y terminó con el inesperado fallecimiento de Carlos Palenque.

UCS fue otro de los partidos de los que hablábamos. El partido nació en 1988, y su entonces líder, empresario y dueño de la cervecería Paceña, Max Fernández, llegó a instar públicamente al abstencionismo, dado que su partido tuvo problemas para hacer oficial su participación en unas elecciones. En las mismas elecciones, ante la falta de una mayoría absoluta, el líder del partido pidió públicamente la intervención de las Fuerzas Armadas "con mano dura"; ante esta actitud la Cámara de Diputados le amenazó con un enjuiciamiento por incentivo a la subversión. Max Fernández cultivó la imagen de hombre emergente de las clases pobres pero que se encumbra al éxito en base al esfuerzo individual, haciendo hincapié en su falta de formación universitaria. Se convirtió en distribuidor exclusivo en Santa Cruz de la Cervecería Boliviana Nacional, una de las empresas privadas más importantes. En poco tiempo compró acciones de la empresa y captó la presidencia del directorio, una insólita hazaña para un "empresario de tez morena, representante de la burguesía chola" (*Hoy* 19/03/1993). Esto alentó de gran manera a la, por entonces, incipiente clase empresarial inmigrante, que incluso adoptó la forma de vestir y el discurso del líder de UCS. En las elecciones de 1997 por primera vez se sintió

---

13 El motivo fue una entrevista al "rey de la cocaína" Roberto Suárez, quien involucró en sus actividades delictivas al primer mandatario de entonces. La entrevista fue considerada como una apología del delito (Cajías, *La Patria* 10/10/2010, "Ascenso y caída de Condepa").

el peso de los electores inmigrantes asentados en los bordes de ciudades capitales como Tarija y Santa Cruz, ya por entonces la primera ciudad del país, y aquí fue cuando se vio que la protesta social de los grupos populares dejó de ser exclusiva de las regiones occidentales, lo que quedó demostrado con el porcentaje que partidos como la UCS obtuvieron. En el siguiente subtítulo vamos a ver de qué forma estos que hemos llamado partidos con identificación étnica impactaron en la política local del departamento de Tarija.

3. Coyuntura política de Tarija

3.1. Análisis del escenario político local

Como ya mencionamos antes Tarija vivió tardíamente los hechos que envolvieron al país durante el 2003, pero los vivió con una repetición casi cronológica. En este sentido, llegó a asumir el poder departamental —concentrado en la gobernación— un campesino inmigrante de las tierras altas. Y es un hecho que merece consideración, primero porque históricamente fueron partidos políticos tradicionales —MNR (Movimiento Nacionalista Revolucionario), MIR (Movimiento de Izquierda Revolucionaria) y FRI (Frente Revolucionario de Izquierda)— quienes rotaron o se aliaron para ostentar entre ellos el poder político del departamento; los otros partidos apenas llegaban, entre todos, al 5 % de los votos. Por otro lado, el cambio de actores políticos le toca a Tarija en un momento decisivo, pues recordemos que es en las tierras de este departamento donde se produce el gas del cual Bolivia ha disfrutado en los últimos años, de sus divisas, y además, y probablemente lo más importante para nuestro estudio, porque:

> El departamento [de Tarija] jugó un papel determinante en la disputa "occidente"-"oriente", porque tiene la capacidad de ejercer un peso más que significativo en el balance tan estable como delicado que se da entre las regiones. La lógica de la guerra territorial que vivió Bolivia durante el 2008 tuvo aquí un epicentro, en una suerte de verdadero derrotero macro político que se juega en los detalles: paradójicamente, aunque muy determinante, la vida local tiende a pasar desapercibida y a quedar desconocida frente a los movimientos del escenario nacional (Fornillo 2009: 2).

En este sentido, desde las elites y la clase política regional se apostará por un proceso de construcción de la autonomía, que es una forma de descentralización del poder emitido desde el gobierno instalado en La Paz. El tema de la autonomía, como forma de administración política, se desarrolló con visiones e intereses diversos y que aún se manifiestan desde la gran variedad de actores sociales que conviven en el territorio departamental, lo que ha derivado en permanentes conflictos con el gobierno nacional. Quizás uno de los procesos con más repercusión mediática fue el referéndum sobre las autonomías realizado en julio del 2006. Las fuerzas de la oposición presionaron exitosamente para lograr un referéndum que fue realizado el mismo día que las elecciones de la Asamblea Constituyente; en este sentido:

> La autonomía regional nunca fue claramente definida durante la campaña o en la papeleta del referéndum. Un voto por el SÍ debía ser vinculante para la Asamblea, obligándola a considerar los modelos de descentralización departamental en la nueva CPE. En los cuatro Departamentos del este del país denominados la "Media Luna" el voto por el SÍ ganó con un promedio de 66 % mientras que el voto por el NO ganó un promedio del 69.2 % en los cinco Departamentos del occidente del país; a nivel nacional ganó el NO en el referéndum. La mayoría de los expertos constitucionales consultados para este estudio creen que los resultados del referéndum reflejan una predisposición individual o una movilización partidaria de los votantes en vez de una toma de decisiones informada de parte de ellos. Al momento del voto, muchos ciudadanos no podían identificar el modelo autonómico por el que ellos se encontraban votando ni tampoco tenían claro cuál iba a ser el resultado del referéndum dado que las atribuciones de la AC no estaban establecidas (Informe del Instituto Nacional Demócrata para Asuntos Internacionales (NDI 2008: 12).

El tema de las autonomías forma parte del imaginario colectivo desde diferentes niveles y está establecido en la actual Constitución Política del Estado, involucrando nuevas estructuras de poder, así como la asignación de recursos; es decir, cuando las elites pidieron autonomía para el departamento, las elites de las provincias pidieron a su vez una mayor descentralización del gobierno departamental para tomar decisiones en sus municipios y provincias y, de igual manera, controlar el poder y los recursos de sus regiones. A los campesinos e indígenas, excluidos históricamente, les interesaba lograr mayor poder en el ámbito local, manejar los recursos sin depender de la gobernación y alcanzar su autodeterminación. La aprobación del nuevo texto constitucional debió haber tenido como consecuencia la reducción de estas tensas relaciones pero, por el contrario, han surgido nuevos frentes de divergencia, tanto en el nivel departamental como en el regional, estos problemas se refieren a la validez del estatuto autonómico propuesto por el departamento y a la falta de un pacto fiscal que norme la asignación y distribución de la inversión pública, en este sentido:

> La existencia de las autonomías indígenas y regionales le quita a la elite departamental en Tarija el protagonismo absoluto en el proceso autonómico (elite que generalmente administraba su influencia en el área rural a través de las subelites existentes en las secciones municipales) [...] En [este] contexto podemos entender el que en Tarija se haya vivido en los últimos diez años una verdadera emergencia de los sectores rurales, campesinos y provinciales que ha afectado en diversos sentidos el equilibrio de poderes tradicional (Ayala 2011: 177).

Al inicio, el gobierno del MAS condenó y combatió los intentos autonomistas bajo el discurso de que eran un riesgo para la unidad del país, pero en el 2008 la propuesta autonomista ganó y una vez constitucionalizada en sus diferentes expresiones, el escenario de conflictividad se instaló tanto por la delimitación de competencias como por la asignación de recursos; "de esta forma se generó un acumulado de interpelaciones por el control y la distribución de estos recursos, que sumado a la pugna por el poder político se ve acentuada por las divergencias y visiones diferentes entre autoridades y líderes políticos, sociales y cívicos" (PADEP/GTZ 2010: 29).

La gobernación (antes llamada prefectura) hasta el 2010 estuvo en manos M. Cossío, elegido por votación hasta que un juicio de responsabilidades por corrupción lo obligó a abandonar el puesto, poniéndolo además a disposición de la justicia. Para evitar su inminente encierro huyó a Paraguay alegando persecución política. Con esta medida el MAS, que obtuvo el segundo puesto en las elecciones departamentales, ocupó la gobernación con Lino Condori, un campesino de las tierras altas, como gobernador. Una sorpresa y un verdadero cambio simbólico para las estructuras rígidas, clasistas y racistas del poder del departamento. La alcaldía, liderada por el

MIR, se convirtió entonces en el refugio político y laboral de las elites que se vieron obligadas a dejar la gobernación. En este contexto se desarrollan relaciones complejas, polarizadas y conflictivas entre distintos actores regionales, como el Comité Cívico, diferentes colegios de profesionales, la Universidad Autónoma Juan Misael Saracho con algunos sectores estudiantiles y docentes, los empresarios privados y la mayoría de los medios de comunicación social. En este sentido el proceso de descentralización apunta a la gobernación como el sistema de gobierno que debe dar solución a todos los problemas del departamento.

Es a partir de la descentralización que, en el marco del Congreso de la tarijeñidad —evento que abarcó a una mayoría de instituciones del departamento—, se decidió que por lo menos la mitad de los delegados debían provenir de las provincias. Por ende, fue por primera vez elegido un presidente que provenía del área rural. Esto se sumó a la importancia de la Federación de Comunidades Campesinas, bastión importante del MAS, en el departamento de Tarija. "De una u otra manera puede decirse que en la Tarija contemporánea es imposible resolver cualquier ecuación política sin la presencia de este sector" (Ayala 2011: 174). Dentro de este escenario, destacamos la emergencia de lo rural, pues:

> En el amplio espectro de la emergencia rural en Tarija, hay dos regiones que se han destacado por distintos motivos. Vale la pena reseñar por un lado, el "posicionamiento" que ha logrado la "zona alta", constituida por las secciones municipales de Yunchará y El Puente. De las cuatro ecorregiones que forman el Departamento se trata sin duda de la más pobre y relegada. Se trata de una zona que tradicionalmente ha sido considerada como expulsora de sus habitantes, los que periódicamente se ausentaban a las zafras de Bermejo y Argentina, cumpliendo ciclos que se repetían hasta consolidar la migración. Como emergencia de lo rural, el altiplano tarijeño ha cobrado una inesperada presencia en el escenario político tarijeño a través de una nueva camada de dirigentes de partidos políticos y de organizaciones sociales (producto de su larga tradición sindical) provenientes de sus comunidades, y sobre todo se ha hecho presente en lo que concierne a la planificación del desarrollo departamental. [...] La instalación de la Asamblea Departamental, también ha traído una importante renovación de liderazgos. En unos casos los nuevos asambleístas

> provienen de los viejos estratos políticos y ya cuentan con una experiencia apreciable, pero en la dirigencia de la Federación ha sufrido un importante proceso de renovación a la cabeza de Elvio Dias, dirigente de la zona Alta de Tarija (Ayala 2011: 172).

Podemos decir que los sectores campesinos, sobre todo los provenientes de las tierras altas y los sectores urbanos de las periferias, ocupados en su mayoría por inmigrantes de las tierras altas, han obligado a redefinir el panorama político de Tarija. Es cierto también que los *espacios claves* todavía son detentados por la vieja elite pero se respiran tiempos de cambio y es claro que ya no tienen el dominio absoluto y que, más temprano que tarde, el escenario cambiará por completo.

La ciudad capital del departamento de Tarija registraba alrededor de 120 000 votantes, según el tribunal electoral de Tarija en 2013. En las elecciones a gobernador de abril de 2010 la provincia Cercado (que coincide con el municipio de la ciudad de Tarija) le dio voto mayoritario a Camino al Cambio y en las elecciones municipales ganó la Agrupación Ciudadana UNIR (SIAM 2010: 4); ambas agrupaciones fueron entonces opositoras férreas al partido gobernante del MAS. El resto de las agrupaciones políticas que participaron en las elecciones municipales de abril del 2010, según Ayala (2011: 200), fueron las siguientes (pasamos a hacer un breve repaso para ubicar mejor al lector en cuanto al contexto político regional de entonces):

Bien Común (BI-CO): Asociación ciudadana que nace exclusivamente para esas elecciones. Su discurso se basó en la imagen de intransigencia contra la corrupción. Su líder hizo entonces importantes denuncias contra la gobernación, la alcaldía y la Cooperativa de Servicios Telefónicos. Alcanzó el tercer lugar, después de UNIR y del MAS, con lo que logró colocar un candidato en el concejo municipal de la ciudad. Aunque su influencia política es básicamente urbana también presentó candidatos en la zona altiplánica rural (Yunchará).

Esto es quizás una prueba de cómo partidos que antes se concentraban solamente en Tarija capital a partir de esas elecciones prueban también con incursionar en las tierras altas del departamento, toda vez que la votación de estas zonas estará en su mayoría identificada como opositora a los partidos tradicionales.

Camino al Cambio (CC): Esta asociación ciudadana se presentó tanto para la candidatura de la gobernación como para las municipales; en estas últimas no tuvo el éxito esperado, probablemente porque su candidato fue identificado con el por entonces moribundo MNR.

Corriente del Renacimiento (CDR Renacer): Una asociación ciudadana que intentó alejarse de ideologías y resaltó los méritos profesionales de sus candidatos. Fue un intento de consolidar una opción basada en las tendencias de rechazo a los políticos tradicionales, pero no logró una votación significativa.

Movimiento al Socialismo (MAS): Logró un crecimiento importante con respecto a su participación en los penúltimos comicios municipales. En el año 2010 se consolidó como fuerza electoral en la ciudad.

Partido Demócrata Cristiano (PDC): Asociación ciudadana que se forma a la sombra y con resabios del desaparecido FRI, pero que no tuvo mayor repercusión electoral.

Unidos para Renovar (UNIR): Agrupación ciudadana encabezada por el actual alcalde; aunque muchos veían en esta asociación ciudadana una oposición para el inminente crecimiento del MAS en Tarija, UNIR ha sido un aliado en muchos momentos importantes del gobierno del MAS.

Valeroso Movimiento Obrero Social (Vamos): Agrupación independiente que intentó atraer el apoyo sobre todo de los comerciantes de los mercados, pero que no consiguió ningún apoyo significativo.

Como vemos todos, a excepción del MAS, son asociaciones ciudadanas. Una mayoría tienen alcance solamente local y apenas llegan a uno que otro municipio rural. También es interesante el hecho de que la tercera fuerza política, BI-CO, intente incursionar en las tierras altas (Yunchará).

3.2. Incidencia de las reformas nacionales en el escenario político regional

En Tarija, como en otras partes del país, las reformas a las reglas de participación política permitieron diversas formas de participación con sus respectivas articulaciones a diferentes mecanismos formales de participación ciudadana; es decir, los nuevos actores políticos no responden ni a formas territoriales, ni a niveles de representación, ni a prácticas, mecanismos o tiempos de gestión territorial indígena, por ejemplo el *ayllu*; en este sentido los actores que surgieron en el escenario local con la LPP no tenían claro cuáles eran sus roles y responsabilidades, lo que no permite establecer mecanismos de diálogo ni un trabajo de colaboración entre las diversas representaciones.

En el discurso de la elite tarijeña, el municipio debe ser el modelo autonómico, que tiene que ser reproducido para contribuir a la refundación de otra Bolivia. Este discurso surge como consecuencia de los beneficios que encuentran las elites en los gobiernos municipales regionales, a los cuales coopta sin problemas. En el momento en que estas reformas se aplicaban tres problemas centrales que afectaban al país tenían como actor principal al departamento de Tarija, y esos eran: la pugna entre oriente y occidente, los problemas de la nacionalización de hidrocarburos y la falta de conceso de una Constituyente considerada "muerta antes de nacer". Es este entonces un momento de alta tensión social, de ahí que, aunque hubo la buena intención de mejorar el sistema, el resultado no haya sido el esperado. En todo caso, lo que nuestro estudio va a demostrar es que, pese a las falencias en la implementación y concepción de las reformas, muchas agrupaciones y líderes supieron sacarle provecho, viendo en estas nuevas oportunidades.

En el momento que esta investigación se escribía el poder se repartía entre tres fuerzas políticas departamentales: Camino al Cambio (CC), Poder Autonómico Nacional (PAN) y el MAS, pero esta última es la única de las tres que constituye una organización política de alcance nacional (Ayala 2011: 192). Es decir, que dos asociaciones ciudadanas (CC y PAN) son la oposición del poder que detenta actualmente el MAS en Tarija. Vale la pena subrayar que el MAS evita identificarse con un partido político. En el caso de Tarija, como en el resto del país, los partidos tradicionales fueron cada vez menos votados (en municipales o presidenciales), por ejemplo el MIR, poderoso partido que llegó a ocupar durante años la alcaldía y que luego ni siquiera llegó a existir como sigla, al igual que el FRI o el MNR, que cuenta con contados adeptos, pese a haber ostentado el poder durante décadas. En todos los casos, diremos que:

> La desaparición de las grandes formaciones políticas en Tarija, ha seguido una lógica absolutamente utilitaria. Sin una propuesta programática que esgrimir ni a nivel nacional, ni departamental, y sin el estímulo de un poder central del que puedan beneficiarse, se han

> roto en numerosas astillas cuyo tamaño es equivalente al del aparato de administración pública (prefectura o municipio) que pretenden ocupar. Los tejidos partidarios se han roto y se han entremezclado a veces en alianzas varias, alrededor de liderazgos locales momentáneos (Ayala 2011: 191).

Pensamos que una consecuencia relevante de las reformas fue, sin duda, la emergencia de un sector de la población que pasó de la subalternidad, de una cuasi-ciudadanía, a una posición de antagonismo, para luego convertirse en protagonista. Veamos entonces este proceso.

De la subalternidad al antagonismo[14]

En este acápite vamos a ver cómo las clases subalternas del imaginario colectivo de la ciudad de Tarija pasan, en pocos años, de esa subalternidad al antagonismo en cuanto a la propuesta de construcción social que la elite les impone. Para el análisis tomamos a dos grupos: los inmigrantes de las tierras altas, asentados en la Zona Norte, y los campesinos representados por la Federación de Campesinos. Analizaremos la alianza entre estos grupos para explicar el *bridging social*[15] y poder analizar cómo se pudo llegar al escenario político con una propuesta que no se queda en un discurso de crítica y victimización, sino que es una propuesta concreta de inclusión ciudadana, como la siguiente cita lo explica:

> La asociación de juntas vecinales se constituyó en febrero de 2008, para generar un entramado organizativo mayor a la asociación urbana que venía trabajando desde el 2005, cuando eran 10 presidentes de asamblea de barrio que se reunían. Hoy se fueron afiliando más presidentes distritales, viendo los frutos de la gestión, contando con 25 representantes de "los barrios más pobres de la ciudad". Como habría de ser, está afiliada a la Federación de Juntas Vecinales, agrupamiento cívico ligado a la prefectura, y no suelen ir a las reuniones del ente matriz: "Nos invitan a veces. Ya no nos invitan porque ellos son funcionarios públicos y difícilmente van a hablar en contra de la Alcaldía. Hay que hablar a favor de ellos y de la prefectura". También

[14] Lizárraga y Vacaflores (2007), en alusión a los levantamientos campesinos de los últimos años en Tarija.

[15] Sobre el *brindging* hemos hecho una introducción en el capítulo dedicado a la teoría, y vamos a entrar en más detalle en el capítulo siguiente.

en estos años se ha conformado el comité cívico popular, una alianza que surge en noviembre del 2006 entre organizaciones barriales y sectores sociales, algunos afines al MAS, que es la línea que predomina, con regionales en las localidades de Yacuiba y Bermejo, como respuesta a la ofensiva cívica la "media luna" (Fornillo 2010: 42).

Durante mucho tiempo se animó desde las elites a una mirada paternalista hacia el campesino tarijeño, calificado como "el chapaco tranquilo y alegre", pero luego del 2003 estos, como los inmigrantes asentados en las laderas de la ciudad, determinaron un protagonismo imparable en el sistema político local. Es entonces que los bloqueos de caminos realizados por la Federación de Campesinos de Tarija tanto en febrero del 2003 como en julio del 2004 aparecen como un hecho inédito, pasando por el 2006, cuando estos demandan el reconocimiento de sus propias autoridades, y llegando al 2008, cuando en una alianza con los inmigrantes de las tierras altas se enfrentan a la elite dominante del momento (Fornillo 2009).

Hasta el año 2005, en Bolivia, a las gobernaciones se les llamaba prefecturas, y su autoridad máxima (el prefecto) era elegido por el partido del gobierno. A su vez el prefecto elegía arbitrariamente a los subprefectos, que son las autoridades de las provincias —recordemos que el departamento de Tarija tiene seis—, y los subprefectos escogían a los corregidores y subcorregidores, que eran las autoridades de la sección provincial y de la comunidad, respectivamente. Este modelo institucional de organización estuvo enfrentado al que los campesinos tradicionalmente tenían, el mismo que consistía en la articulación de familias en torno a la gestión de un espacio definido, como la siguiente cita lo explica:

> La organización campesina se adaptó a la organización territorial del Estado colonial para acceder a oportunidades de desarrollo para las familias del sector; sin embargo en la práctica se fueron manifestando las asincronías de los sistemas institucionales en vigencia. El entramado institucional territorial dominante invisibiliza las formas propias de organización y sistemas de representación de la organización campesina y las somete a mecanismos de participación instrumental a su proyecto de dominación con las reglas de la cultura política de los grupos dominantes (Lizárraga y Vacaflores 2007: 71-72).

Frente a esta imposición de carácter organizacional, los campesinos del departamento de Tarija se organizaban en tres Federaciones; una de ellas fue la Federación Sindical Única de Comunidades Campesinas de Tarija (FSUCCT), liderada hasta los enfrentamientos por quien luego sería senador por el partido en función de gobierno MAS. Esto último nos muestra la importancia que tiene esta Federación en las disputas por el poder local. Así, a continuación haremos una cronología de los hechos que llevaron a los inmigrantes y campesinos a una alianza y posterior enfrentamiento con las elites.

En el año 2007 los bloqueos y cercos por parte de la Federación de Campesinos se volvieron insostenibles para el poder local, como uno de sus líderes lo transmite:

> Y nosotros terminábamos de peones para que ellos ganen plata, entonces hemos dicho: "queremos manejar la plata, queremos administrar". Eso ha sido la pelea en marzo, después en julio 2007: cerco a Tarija donde hemos levantado a todas las comunidades del Departamento… hemos cercado Tarija (entrevista a A. Pérez, Secretario General de la FSUCCT, en Fornillo 2009: 4).

Estas palabras vienen a propósito del dinero que estaba destinado a las comunidades, pero que en vez de ello fue repartido entre consultorías, licitaciones y supervisiones de obras. El cerco es una estrategia que fue usada ya en los tiempos de la colonia y que en el año 2002 sirvió para presionar al gobierno en La Paz, evitando la llegada de alimentos. En Tarija había nueve puntos en negociación para levantar el cerco, y uno de ellos era el rechazo al Prosol, un programa que consistía en un bono y que según los campesinos solo beneficiaría a unas seiscientas familias y que no querían que fuera manejado por el PNUD, bajo el argumento de que:

> Para la construcción de un velódromo, una piscina olímpica y una presa calderas se otorgaron USD 2 973 751 cuya ejecución un año después no fue iniciada, encontrándose los recursos en las cuentas corrientes de los contratistas. De lo transferido al PNUD el 3.5 le corresponde por comisiones, además de beneficiarse del alquiler de sus oficinas por parte de la prefectura y el cobro del valor de pliegos. Pero esas posibilidades existían cuando el PNUD, organismo de la ONU, otorgaba créditos a Bolivia. Hoy la prefectura de Tarija

> no recibe recursos financieros para la ejecución de sus proyectos, al contrario, el Departamento transfiere recursos al PNUD. Además el PNUD realiza las transacciones a su nombre, ni siquiera a nombre de la prefectura, lo que puede generar problemas sobre la propiedad real, para reparaciones o cambio de productos adquiridos. Ninguna ventaja es visible, se transfirieron 41 571 399 para fondos de apoyo productivo de los cuales solo se cuenta con un proyecto de 500 000 [...]. Según el informe mencionado [se refiere a la auditoría de la Contraloría General de la República sobre la administración en la Prefectura del Departamento de Tarija en el 2006], la prefectura realizó un contrato con el PNUD para transparentar la gestión, pero es de lo más irregular: no solo no está permitido por ley, sino que, entre otras cosas, el PNUD no permite el acceso a la documentación, y controla el 49 % de los recursos del IDH (Fornillo 2009: 9).

Como respuesta a los bloqueos la prefectura organizó grupos de choque, llegando entonces a la violencia; en este punto la prefectura tuvo que retroceder y obligarse a cumplir los puntos de la demanda. Uno de estos enfrentamientos se desarrolló en el mercado Campesino, donde la alianza de los inmigrantes con las clases subalternas ya se había dado: "las mujeres del Comité Cívico Femenino de Tarija se habían citado en la plaza principal bajo el mando de su presidenta Rosario Balcázar, se dirigieron temprano al mercado Campesino a evitar que se realice la manifestación" (Fornillo 2009: 25). En su incursión les acompañaron las fuerzas juveniles del Comité Cívico y los universitarios, y cuando llegaron los inmigrantes, campesinos y clases subalternas los estaban esperando.

Aquí hacemos un paréntesis para subrayar la disputa simbólica de los espacios. La prefectura y el Comité Cívico, las instituciones que representaban al poder local, tenían como escenario la plaza principal, mientras los inmigrantes, los campesinos y las clases subalternas ocuparon el mercado Campesino, no solo como un lugar de intercambio de productos, sino como un lugar de intercambio discursivo entre sus pares. Más allá del simbolismo que se pueda encontrar en este enfrentamiento, en el que se denunció la participación de niños, el resultado fueron varias personas heridas y la pérdida de documentación importante de las oficinas tomadas y quemadas. Muchos medios de prensa, no solo nacionales sino también internacionales, se hicieron eco de lo que acontecía[16]. Para ofrecer al lector una idea gráfica de lo sucedido recurrimos a las siguientes entrevistas y citas:

> Las imágenes de hijos contra padres, hermanos contra hermanos, todos frente a frente, unos con cuchillos, otros con piedras, es algo que va a quedar para siempre en mi memoria como en la de muchos, que no vamos a poder olvidar, esos malditos politiqueros nos han hecho pelear entre hermanos, eso es lo que yo he aprendido, la política... (pausa) solo juega con nosotros (entrevista 26/01/2009).
>
> Estábamos emboscados, no nos han dado tiempo para nada. La intención era quemar todo el sector del mercado Campesino. O sea, sentar precedentes, acallar la radio Patria Nueva que tenemos acá y dejarnos cenizas. Ese día fue muy jodido y lo único que podíamos hacer era llamar a los que vienen al mercado, y decir, y convocar a los compañeros por las fuentes del trabajo "aquí es vida o muerte". Entonces aguantamos todo el día acá, eran, 500, 8 000, 10 000. Todos con dinamitas, con ondas, piedras, con volquetas, y nos han pillado sin nada. Ya cuando venían por la calle Comercio venían destechando las casas, los vidrios. ¡Gremiales de mierda! "¡Estos campesinos de mierda!". Hemos aguantado hasta las tres de la tarde, porque ya estábamos arrinconados, porque lo único que hacíamos era... Ellos un poco más miedosos, porque nosotros somos gente del campo y cuando podíamos arremeter arremetíamos... Después como vemos que la gente va llegando. Y ya a la tarde han visto lo que estaba haciendo la gente de la prefectura, ya [a] los gremiales, la gente de la periferia, y poco menos un cerrar de ojo le empezamos a dar. Ya sacamos ondas, piedras, palos, escoba, así que le empezamos a hacer resistencia. Nuestra gente es más metedora, más fuerte, porque ellos son mucha gente de padre rico, cobarde. ¿No? Ellos tenían un tablero grande y se escudaban, y avanzaban como una flota, y si se ondeaban o arqueaban no les pasaba nada. Hasta que nuestra gente volteó el tablero y salieron escapando todos, y lo hemos atropellado y llevado 500 metros para abajo. La reacción del pueblo esta vez ha sido más contundente (entrevista a A. Pérez, dirigente campesino en Fornillo 2009: 25-26).
>
> Ya estaban dispuestos a todo desde los dos lados. No íbamos a permitir que vengan a tomar algo que no era de ellos. Si agarraban a uno de ellos lo limpiaban, le pegaban, lo querían matar. Y ellos también,

---

[16] Para más referencia véase la hemeroteca de septiembre del 2008, por ejemplo Radio Caracol de Colombia, periódico *El Clarín* de Argentina, el noticiero de noche de la televisión alemana ZDF, entre otros.

> agarraban uno de nosotros, le pegaban, lo linchaban y hasta autos, movilidades, motos, los han pillado. Era una masacre y a la noche feo se veía. Ellos retrocedían con dinamitas y se protegían con latas, retrocedían a pedrada limpia que empezaba a tirar. Ellos estaban dispuestos a todo, este lado de aquí no estaba tan definido. Ellos estaban decididos a todo, directamente nos iban a hacer retroceder, nos iban a limpiar, este lado eran más hartos, aquel lado eran más poquitos, pero por defender lo que era de ellos estaban dispuestos a todo. Ellos eran pocos para llegar hasta aquí, si se dividían los íbamos a acorralar, por eso no les convenía salir (entrevista a un activista de la Federación Universitaria, en Fornillo 2009: 26).
>
> Era claro, vivir o morir, no había otra alternativa, ellos o nosotros. ¡Qué carajo! Nosotros, ellos ya han robado, ellos quieren más solo para acumular, nosotros pedimos para sobrevivir. Ahora o nunca, hemos dicho y usted verá que nosotros hemos ganado (entrevista 15/04/2011d).

Vemos que los habitantes de la Zona Norte se enfrentan bajo la lógica de defensa de su espacio pero también de sus medios de subsistencia —muchos inmigrantes son vendedores y los campesinos proveedores—; el enfrentamiento puso a unos frente a otros, por ejemplo universitarios que encontraban a sus familiares en el mercado —que fue lo que le pasó a un universitario que en el ataque se hizo volar la mano mientras accionaba una dinamita, y la gente lo interpretó como un castigo divino, dado que su madre era vendedora en este mercado—. Si hasta entonces se habla de un muro imaginario, que partía a la ciudad en "la de ellos y la de nosotros", ahora este muro se materializa en un espacio físico que separa, la zona del mercado Campesino.

Aunque pasados unos días se llegó a un acuerdo, y una aparente y frágil paz volvió a reinar en la ciudad, se podían escuchar los siguientes comentarios: "En la colimba adquirieron entrenamiento militar" (en referencia a las clases subalternas, que son las únicas que prestan el servicio militar *obligatorio*[17]). "Ahora estamos ya unidos. Si ellos vienen con una cosa nosotros les vamos a responder con lo mismo". "Para que nunca más se atrevan a venir a asaltar a nuestra propia casa, esto es una cuestión territorial que tiene sus límites" (Fornillo 2009: 27). Como vemos, las emociones todavía estaba a flor de piel.

---

17 Sobre el tema, ver Cottle y Ruiz (2000).

Finalmente diremos que la lucha del poder en Tarija tuvo dos vertientes, una nacional (que cuenta con el apadrinamiento del partido gobernante MAS) y una regional (que tiene entre sus defensores a la elite tarijeña). Estas dos visiones se disputan el discurso hegemónico sobre las autonomías, entre el centro de la ciudad y sus periferias, y se ha extendido hacia un enfrentamiento entre sus pobladores donde el discurso anti-inmigración ha encontrado un fértil caldo de cultivo. En ambos niveles se nota una pugna de poder, desde la capital hacia las provincias, y desde lo departamental hacia lo nacional. Cabe resaltar que el enclave de mayor representación y afinidad con el nivel gubernamental se encuentra en las provincias del departamento, con mayor visibilidad en la región del Chaco.

Si bien en Tarija la votación conseguida por partidos con una fuerte identificación con inmigrantes de las tierras altas no fue suficiente para ingresar en el poder político local ni regional sí marcó el surco para un espacio donde fuera posible que actores identificados con las tierras altas del país pudieran no solo elegir, sino también ser elegidos. Para una mejor comprensión ponemos a consideración las estadísticas de las elecciones municipales de 1993:

Cuadro nº 9
Elecciones Municipales 1993; cómputo departamental, Tarija

Partido	Votos	%
CONDEPA	516	1.05
MNR	15 160	31.05
UCS	4 101	8.40
MIR-NM	4 565	9.35
MBL	4 575	9.37
AND	2 430	4.97
ASD	758	1.55
FRI	13 496	27.65
FSB	460	0.94
EJE	0	0.00
IU	491	1.00
MRTKL	2 258	4.62
TOTAL	**48 810**	**100.00**

Fuente: Corte Nacional Electoral

Como podemos ver Condepa apenas llega al 1 %, UCS al 8 % y el MRTKL (Movimiento Revolucionario Tupak Katari) al 4 %; aunque numéricamente estas cifras apenas dicen algo, simbólicamente tienen un significado muy importante: estos tres partidos se presentan por primera vez en Tarija y consiguen un espacio, todavía pequeño, pero que marcaría lo que se venía en los siguientes años. Frente al 31 % del MNR y el 27 % del FRI, los partidos hegemónicos de Tarija, estos tres partidos juntos apenas representan el 13%; es decir 45 puntos de diferencia. Impensable por entonces que solo 10 años después un líder emergente de estos pequeños partidos fuera el gobernador de Tarija.

3.3. La incursión de nuevos actores políticos en la política local

En un ambiente invadido por la polarización la reconstrucción de la confianza entre actores y sectores sociales requiere del proceso de construcción de una nueva conciencia social que sea capaz de avanzar en una sociedad que se encuentra en proceso de cambio. Esta nueva estructura política pone en el centro del debate no solo a los nuevos actores, sino también el conjunto de relaciones y articulaciones políticas, formas de ejercicio político y expresión de intereses, representaciones simbólicas y tramas institucionales. Con este ambiente Tarija comenzó el nuevo siglo con recursos discursivos y batallas simbólicas, pero respetando en todo momento, incluso en los de conflicto, el deber de legitimar el poder a través del voto:

> En la nueva constitución conviven los enunciados de democracia representativa con otros formatos como la democracia directa y participativa, así como la democracia comunitaria. En los hechos, estas formas de ejercicio democrático están vigentes aunque desarticuladas. Por ejemplo, las formas de representación democrática siguen siendo predominantes en la conformación de los poderes públicos, pero conviven con formas de democracia directa y participativa que se incorporaron en reformas constitucionales previas, así como con formatos como la democracia sindical basada en el mandato imperativo que rige en formas colectivas de organización social, y con la democracia comunitaria que emerge del paradigma de las organizaciones y sistemas políticos propios de los pueblos indígenas bolivianos. Estos prevalecen en distintas comunidades bolivianas, sobre todo del

área andina e implican diversas formas de auto organización y auto gobierno (Zegada 2010: 6).

Durante los años de democracia, el votante ha acudido obedientemente a las mesas electorales, igual si había más de una elección por año, incluso cuando en Bolivia el voto debe ser presencial es decir que no se puede enviar por correo postal, si hubiera la necesidad. Miles de ciudadanos, sobre todo del área rural, necesitan horas de caminata para llegar a las mesas electorales. La obligatoriedad del voto no parece ser la única razón para la alta participación electoral de sus ciudadanos; uno de los castigos cuando no se ejerce el derecho al voto es que durante tres meses no se pueden hacer trámites bancarios o burocráticos, pero entonces nos preguntamos: ¿En qué podría afectar esto a campesinos o indígenas que poco o nada tienen que hacer en instituciones bancarias, pero que sin embargo tienen que caminar durante horas para llegar al centro electoral a emitir su voto? Varias emisoras escogen anualmente al *personaje del año*, y en el 2004 este fue *el votante*, debido precisamente a la alta participación. Fue allí donde salieron reportajes sobre campesinos e indígenas que caminaban hasta cuatro horas para emitir su voto. De esto podemos concluir que el tema de la obediencia electoral es un tema muy arraigado en la cultura política boliviana. Así lo han comprendido muchos sectores sociales, que han llevado sus demandas a concretizarse en partidos políticos para buscar a través de ellos su legitimación. Esto es sin duda lo que pasó con los inmigrantes de las tierras altas en Tarija.

Barnes y Kaase (1979) reflexionan sobre la participación política, y sugieren los modos convencionales y no convencionales de participación. Los primeros tienen relación con el proceso electoral, y entre los segundos tenemos las manifestaciones, las ocupaciones, las protestas o las huelgas. En nuestro grupo de estudio encontramos que hay una superposición de tipos de participación política, en el sentido de que la gente usa un modo de acción pero que también puede usar otras vías simultánea o sucesivamente. Es evidente que en Bolivia se ha venido ampliando el inventario de formas de protesta, que no solo llaman la atención de la clase política, sino que convocan la atención de los académicos interesados en comprender su naturaleza, dinámica y efectos, y por eso también se han ampliado sus marcos de análisis y de comprensión. Lo que nuestro cuaderno de observaciones nos permite afirmar es que las viejas formas y repertorios de acción, métodos y recursos se renuevan tomando en cuenta el nuevo contexto, y que hacen un uso intensivo de la tecnología.

En cuanto a la persuasión y protesta podemos citar como ejemplos los lemas, las consignas, las pancartas y folletos, pero no solo de los inmigrantes de las tierras altas sino de los grupos contrarios a ellos, como el Comité Cívico de Tarija; también hemos identificado otras formas de acción pública, como conciertos, desfiles, kermeses o ferias, pero para entender mejor hay que mencionar que estos eventos se utilizan para influir en los imaginarios y las representaciones sociales que circulan y se legitiman a través de la cultura. Lo tarijeño, por ejemplo, se legitima a través de la vestimenta típica de la región o de su música y su comida, en contraposición a la vestimenta de las mujeres inmigrantes de las tierras altas, a los ritos por ejemplo del carnaval o al modo de hablar de ambos grupos. Otras formas y métodos de acción serían "las ocupaciones" en lugares públicos, como la plaza principal por parte de los pobladores de barrios habitados mayoritariamente por inmigrantes, que buscan que sus requerimientos de acceso a servicios básicos sean atendidos, o los mítines o asambleas públicas, como las que se llevan a cabo en los barrios de inmigrantes. La tendencia actual apunta al uso de murales y graffitis, lo cual pretende sobre todo ganar visibilidad.

En la Zona Norte de Tarija, ya sea en sus barrios o en las reuniones de sus juntas vecinales, advertimos la tradición histórica de la movilización y la protesta social de sus miembros. Se trata de unos colectivos consolidados en su discurso y práctica, exitosos en su capacidad de convocar a nuevos públicos cuya estrategia está relacionada con la apropiación de las formas que cuestionen la legitimidad de los marcos jurídicos, de las políticas públicas y de otros aspectos que regulan las relaciones sociales en los ámbitos que entretejen su entramado. Nuestras entrevistas delatan el grado de importancia que este grupo da a la no colaboración con el gobierno local como una manera de expresar su inconformidad. Hay un despliegue más bien mínimo de este recurso porque hoy en día es, para ellos, vital acercarse a escenarios donde se hace palpable la necesidad de ejercer un papel de ciudadanos que trascienda los límites de lo laboral. Como vemos, la idea de formarse políticamente es no solo una estrategia sino una tradición en el grupo de los inmigrantes, en pos de ganar adeptos y posicionarse como fuerza capaz de establecer alianzas con los partidos o de configurar nuevos espacios, con el propósito de entrar a formar parte de las instancias decisorias y no quedarse como simples espectadores en el escenario público.

En este sentido, encontramos en nuestro grupo de estudio una característica poco convencional en los nuevos movimientos o partidos de la estructura política que hasta ahora se han estudiado: una manera creativa de llamar la atención sobre sus formas novedosas de expresión colectiva, más vinculadas con aspectos sociales como la edad, el género o la pertenencia a grupos sociales o sectores laborales que a ciertas estructuras formales de tipo ideológico o partidista. Por tal motivo, las cuestiones relacionadas con la identidad[18] de sus seguidores se sitúan en primer plano de análisis, pues se consideran como plataforma fundamental para motivar la participación. La exclusión y discriminación, junto a la pobreza y la negación recurrente de una serie de derechos ciudadanos y de determinadas identidades, son factores estructurales que, a su vez, impulsan otros nuevos repertorios de protesta, los cuales contribuyen —a veces— a una escalada de la conflictividad, como el enfrentamiento del 2008.

---

[18] Una identidad que en su autopercepción no tiene que ver con el origen sino con la explotación a la que —según ellos— son obligados por parte de las elites; con este discurso logran una alianza con las clases subalternas tarijeñas.

V. CAPITAL SOCIAL EN LAS PRÁCTICAS POLÍTICAS

La teoría del capital social pone énfasis en la reciprocidad social de la comunidad local, es decir, la sociabilidad, las capacidades de sanción y el control; en ese sentido, para la presente investigación pensamos en un espacio, la ciudad de Tarija, y en redes asociativas —que en principio no fueron políticas— como son las juntas vecinales, fraternidades culturales y sindicatos comerciantes, conformadas básicamente por inmigrantes de las tierras altas, para reflexionar a partir de la teoría del capital social.

Entendemos que los conflictos sociales producen por sí mismos los lazos que unieron a la comunidad inmigrante y que les proporcionó la fuerza y la cohesión que necesitaron en su momento, pues, como Tocqueville (en Luque 2004: 124) enfatiza, son conflictos regulados los que alimentan la creación política del capital social:

> [L]a política, en cualquier sociedad, depende de la existencia de representaciones culturales que definen las relaciones entre actores políticos, permitiendo por tanto a individuos y grupos avanzar las reivindicaciones entre sí y respecto del conjunto. Tales reivindicaciones pueden hacerse inteligibles y vinculantes solo en la medida en que los actores políticos desplieguen recursos simbólicos mantenidos en común por los miembros de la sociedad política, perfilando y redefiniendo de ese modo las implicaciones de estos recursos para los propósitos cambiantes de la práctica política. La disputa política asume la forma de esfuerzos en competencia para movilizar y controlar las posibilidades del discurso político y social; a través de estos intentos dicho discurso se extiende, reformula y —en ocasiones— transforma incluso radicalmente (Baker, en Luque, 2004: 331).

Hemos intentado capturar la apertura de los espacios políticos y administrativos a los actores que estudiamos en nuestra investigación, y encontramos oportunidades de aceptación y puesta en práctica de determinadas iniciativas. Sin embargo, lo que llama la atención del movimiento de inmigrantes de las tierras altas es su capacidad de alterar estas pautas heredadas, consiguiendo a través de alianzas inesperadas innovaciones organizativas y reformulaciones del discurso que le permite establecer de antemano el rumbo de las luchas.

1. Aplicación teórica al estudio de caso

Sobre la base del marco teórico explicado ofrecemos una propuesta para definir el capital social en la comunidad de inmigrantes de las tierras altas. Extraemos y seleccionamos las variables pertinentes de acuerdo al contexto, con la idea de que pueda servir como dispositivo explicativo del proceso de cambio en la estructura política.

Para una mejor comprensión sobre las categorías, códigos y elementos que utilizaremos a lo largo del modelo, presentamos el siguiente cuadro:

Cuadro nº 10
Elementos, categorías, dimensiones y contextos

<table>
<tr><td>Precursores del capital social</td><td>— Factores de identificación
— Factores de autoidentificación
— Rituales</td><td rowspan="5">Bonding
Bridging
Linking</td><td rowspan="5">L
I
D
E
R
A
Z
G
O</td></tr>
<tr><td rowspan="3">Capital social cognitivo</td><td>Confianza:
— Manifestaciones, limitaciones y estrategias para crearla
— Aplicación al bonding, bridging y linking</td></tr>
<tr><td>Reciprocidad:
— Manifestaciones, limitaciones y estrategias para crearla
— Aplicación al bonding, bridging y linking</td></tr>
<tr><td>Cooperación:
— Manifestaciones, limitaciones y estrategias para crearla
— Aplicación al bonding, bridging y linking</td></tr>
<tr><td>Capital social estructural</td><td>Redes:
— Manifestaciones, limitaciones y estrategias para crearla
— Aplicación al bonding, bridging y linking</td></tr>
</table>

Fuente: Adaptación propia en base a Figueroa 2007

Como nuestro propósito es precisamente analizar cómo los elementos, categorías, dimensiones y contextos que identificamos en nuestro estudio influyen en la formación del capital social, a continuación haremos un análisis de cada uno.

1.1. Precursores

Son un tipo de variables que, adecuadamente movilizadas, pueden convertirse en materia prima para el surgimiento y/o el desarrollo del capital social. Entre estos elementos podemos mencionar las normas y/o la memoria común de la historia propia (Durston 2002); se trata de factores que identifican, pero que también autodefinen y que ritualizan la pertenencia.

Cuadro nº 11
Variables precursoras del capital social

Factores	Subfactores
Factores de identificación	— Uso del espacio — Uso de la lengua — Mecanismos de identidad
Factores de autodefinición	— Uso del discurso — Memoria colectiva — La otredad
Rituales	— La Pachamama y la hoja de coca — Resignificación de las tradiciones

Fuente: Elaboración propia en base a Figueroa (2007)

a. Factores de identificación

a.1. Uso del espacio: La referencia a la comunidad aparece asociada a la tenencia de la tierra y al "tener que abandonarla"; cuando a los entrevistados se les pregunta por su lugar de origen recurren constantemente a esta frase, dando a entender que no migran porque quieren, sino porque son obligados, como la siguiente cita lo refleja:

> ¿Usted piensa que uno viene aquí a hacerse humillar porque quiere? Siempre vamos a ser extranjeros, nos miran así diciendo: qué quiere aquí. Cuando llegué, yo me vendía refrescos de linaza así mismo (*sic*) y me sentaba en la vereda de San Roque, [la dueña de la casa correspondiente a la acera] me echaba con agua sucia para que me vaya. ¿Acaso eso es lindo? Por mis wawas he dicho, cualquiera (*sic*) cosa hay que aguantar. Por un pedazo de pan, estoy sentada y le miro no más, chola sucia me dice, chola andate a tu cato. Pero yo calladita, ese rato escuchando estoy mi música, mis ojos se llena (*sic*) de lágrimas (silencio). Por mis wawas digo (entrevista 14/01/2010).
>
> Nosotros hemos hecho respetar nuestro espacio, a través de ser nosotros mismos quienes decidimos, quienes escogemos, nosotros aquí, le hacemos temblar a los de la alcaldía. Ellos no buscan diálogo, vienen solo para darnos parches a los problemas. Pero esto es nuestro, es nuestro lugar, aquí las construcciones son colectivas, porque el espacio es colectivo, con nuestras manos hacemos las calles, con nuestras manos nos instalamos una cañería para que haya agüita, entonces los vecinos, sentimos que es nuestro, lo hacemos con cariño, porque nos ha costado (entrevista 15/04/2010a).

En ambas entrevistas se hace mención al territorio como un elemento componente de la identidad que permanece anclado en la memoria colectiva y que aparece mencionado en el discurso como factor aglutinador. Los barrios con alta presencia de inmigrantes de las tierras altas en Tarija son lugares que habían sido invisibilizados por el Estado pero, sin embargo, se puede decir también que:

> La inmigración transformó a la Tarija hispana: Entre 1985 y 1986 se registró un crecimiento urbano descontrolado que rompe por completo la vieja estructura y se proyectan nuevas avenidas, puentes, parques de acuerdo a la demanda y la oferta de espacios. Paralelamente se produce un desplazamiento, descentración y fragmentación de la ciudad. El centro histórico simbólico de la ciudad pierde su cualidad y se convierte en centro comercial y de esa manera Tarija comienza a mostrar diferentes imágenes arquitectónicas, la arquitectura ya no responde a un equilibrio, ni a estilos sino que se rige de acuerdo a la condición económica de cada individuo. El hormigón armado se impone y las formas clásicas desaparecen. [...] En la actualidad Tarija vive un desorden citadino, la mancha urbana ha crecido y más en los últimos años por la tan anunciada riqueza gasífera, esto queda

demostrado en la cifra de cuatro mil hectáreas de mancha urbana que se pensaba alcanzar recién en 2015 (*El País* 30/08/2012).

Harvey (1996) resalta que los lugares construidos y las aglomeraciones en sí mismas son un resultado de las estrategias de poder, de discurso y luchas que se transmiten de forma materializada y simbólica a la vez. Esta producción simbólica depende de los sentidos y valores que cada grupo social otorgue a dichas actividades, y su dimensión no depende de una construcción del gusto, sino que parte de una construcción social del sentido del uso. Un consumo por tanto de los espacios públicos que se construye de manera desigual y conflictiva, generado por una apropiación específica de grupos sociales con distintos capitales (culturales, económicos, simbólicos). Estas lógicas mercantilizadoras son por tanto productoras y reproductoras de la estructura social, capaz de segregar tanto en tiempos como en espacios.

> Así, en el imaginario Tarija está perdiendo otro de sus rasgos esenciales, inherente a la pequeña ciudad del pasado y evocada por todos. Este hecho puede tener varias implicaciones importantes: las calles se están despersonalizando y, consecuentemente, se va perdiendo el contacto interpersonal. [...] Los tarijeños recorren diariamente las principales calles del centro histórico de la ciudad, sin salir de la esfera de influencia del casco viejo; en su recorrido no existen vías que vinculen a los barrios periféricos, lo que nos demuestra claramente que, para los tarijeños, estos barrios son realmente marginales. [Mientras que] los inmigrantes, en sus recorridos diarios, no ingresan al centro histórico, solamente lo hacen por el área de tránsito que conecta muchos barrios marginales (Lea Plaza 2003: 120).

Esta cita nos permite concretizar aquello que planteábamos en este subtítulo: de qué manera la composición arquitectónica de la ciudad (planificada o no) sirvió también para *dividir* a los inmigrantes y a los no migrantes; como un muro imaginario que estaría separando a dos ciudades dentro de una. En el imaginario de inmigrantes y tarijeños los lugares más limpios de la ciudad se encuentran en el centro (donde supuestamente vivirían los no migrantes), que es identificado como el lugar "más alegre", por tanto lo malo, lo feo y lo sucio, como variables del uso del espacio, son atribuidos al *otro*, como la siguiente cita lo confirma:

> Los tarijeños piensan que el gran crecimiento registrado por la ciudad en los últimos años, a partir de las fuertes corrientes migratorias de bolivianos de la zona andina (gente "del norte"), está produciendo cambios que transforman radicalmente a la ciudad, destruyendo la esencia de la Tarija linda, tranquila, limpia y vinculada con la naturaleza, retrocediendo de alguna manera en el desarrollo. Esta percepción le atribuye a los inmigrantes la culpa de una diversidad de males que aquejan a la ciudad: caos y desorden, mayor pobreza y delincuencia, suciedad y ruptura con el panorama arquitectónico tradicional y especialmente avasallamiento cultural (*ibid.*: 128).

En las ciudades no pertenecientes al eje central boliviano, a diferencia de las europeas, la elite prefiere el centro de la ciudad como residencia porque los suburbios, la periferia, está destinada a *lo que no se quiere ver*. Los llamados barrios residenciales han introducido políticas urbanas que se concentran en el sentido del gusto de las clases medias y medio-altas; en Tarija, por ejemplo, el espacio delantero de la vivienda se usa para jardín, y las casas son enrejadas en vez de encerrarse en un muro, lo cual es totalmente opuesto a lo que sucede con las de los barrios de la periferia, más bien diseñadas con muros altos y donde se construyen habitaciones alrededor de un patio. En otros casos, como en las avenidas comerciales, se levantan construcciones de hasta cinco pisos y se cubren los techos con calamina, en tanto que los barrios residenciales lo harán siempre con tejas. Es en estos espacios precisamente donde los actores expresan su posición en el sistema social, donde se produce el enclasamiento y desclasamiento, o lo que es lo mismo, la estratificación social materializada en una fuerte segregación urbana.

a.2. Uso de la lengua: El idioma de origen se considera un canal importante para mantener vigente la cultura, siendo consecuentemente la portadora de una visión. La mayoría de los inmigrantes de las tierras altas son bilingües, es decir utilizan el español y además el aymara o el quechua, lenguas estas últimas que constituyen un factor clave para la sobrevivencia cultural. La mayoría de los inmigrantes utiliza el español para comunicarse, aunque recurren a algunas palabras quechuas o aymaras para saludar, despedirse o para transmitir alguna idea. Por una parte están aquellos que hablan quechua o aymara porque provienen de las comunidades o porque lo aprendieron de sus padres o abuelos, y por otra aquellos que solo hablan español y que manejan un vocabulario quechua o aymara pobre. En ese sentido, la población de inmigrantes de las tierras altas en Tarija no es homogénea en sus rasgos lingüísticos, pero se observa que el interés por aprender las lenguas indígenas en el país es creciente, como la siguiente entrevista lo confirma:

> Antes me daba vergüenza hablar quechua delante de otros, pero últimamente ya no es como antes, ahura (*sic*) todos quieren aprender, no ve que el Evo les ha dicho que para trabajar en la prefectura hay que saber quechua, desde ahí los universitarios hacen hasta cursos. Pero antes era otra cosa (entrevista 17/03/2010).

Pese al interés creciente las denuncias por discriminación por el idioma no han disminuido; como nos confirman desde la oficina de Derechos Humanos de Tarija, "recibimos denuncias de discriminación por el tono de hablar, por ejemplo de barrios como el 6 de junio que es [un barrio] básicamente aymara" (entrevista 30/04/2011). Intrínsecamente asociados a la lengua como elemento aglutinador surgen elementos de contenido; la cultura quechua, como la aymara, es eminentemente oral, aunque se ha derivado en una castellanización de ambas.

a.3. Mecanismos de identidad: La tradición oral cobra especial relevancia, pues los padres y los abuelos recurren a ella con el propósito de entretener, enseñar, valorar o entregar un mensaje, entre otras funciones:

> Otro elemento que contribuye a intensificar el conflicto es el gran desconocimiento que existe sobre los códigos culturales del "otro" y las visiones del mundo que cada grupo cultural detenta. En esas condiciones, ambos grupos se rechazan, pues, por ejemplo, mientras para unos el trabajo es un valor, para los otros es interpretado como ambición e incapacidad de ser feliz, por el contrario la actitud serena y tranquila ante la vida de unos puede ser interpretada como la "flojera congénita" del otro. [...] El sentimiento de temor a perder la identidad cultural genera reacciones distintas en ambos grupos. En el grupo de inmigrantes existen dos posturas diferenciadas, un sector afirma que la identidad se irá fusionando poco a poco con la cultura local, pues expresan que sus hijos ya adoptaron las prácticas y costumbres tarijeñas,

mientras que otro sector piensa que su cultura (más fuerte) se impondrá sobre las costumbres locales hasta el punto de que los tarijeños asimilarán y practicarán las costumbres del norte (Lea Plaza 2003: 189).

Entre los principales recursos de aprendizaje tenemos la referencia a la memoria colectiva (que se manifiesta como una forma peculiar de recordar sucesos pasados, para ir explicando y evaluando el presente), la asistencia a ritos y festividades propias de la cultura andina y los ensayos de bailes folclóricos.

De acuerdo a los datos recogidos por Vacaflores, el martes se realizan las ya tradicionales "challas" de las viviendas y puestos de venta de los mercados, tiendas y negocios, incluso vehículos, que son rituales de agradecimiento, convocando la buena fortuna a la Pachamama. Sin embargo este ritual ha sido copiado de la costumbre andina, y se ha instalado entre la gente tarijeña, pero en los últimos años hay un intento por resignificarla dentro de la tradición chapaca, dándole un simbolismo propio. A raíz de este conflicto identitario, ahora se quiere llamar a la celebración "martes de la albahaca", en alusión a las plantas de albahaca que se cuelgan en cada pórtico de las viviendas cuando entra la comparsa bailando la rueda del ercke (*Los Tiempos* 14/02/2007).

En los estudios que analizan el desarrollo del capital social se muestra que es el espacio familiar el que crea condiciones que hacen factible la supervivencia de la cultura, donde los padres juegan un rol fundamental, ya que su nivel de implicación en la educación de los niños determina, en gran medida, el compromiso y el valor que se asigna a la identidad. Por tanto las políticas educativas son importantes en el tema identitario; si ellas no toman en cuenta el desarrollo de sus potencialidades, orientándose también hacia modalidades informales en sintonía con el contexto local, serán más parecidas a un instrumento de dominación que de desarrollo, con las consecuencias negativas que esto conlleva, pues, como dicen, "si perdemos nuestra cultura perdemos el norte" (entrevista 22/01/2009).

b. Factores para la autodefinición

b.1. Uso del discurso: Las construcciones discursivas son "fabricaciones artificiales que persiguen el objetivo de aquellos que los crean y esto se da a través de la reinvención del lenguaje, por medio del uso semántico y mágico de la palabra" (Cassirer 1992: 334). Estos usos asignan a las palabras sentimientos y pasiones por medio del ambiente que las rodea. El uso de la palabra, el símbolo y la memoria son utilizados actualmente de forma eficiente; no obstante, estas apelaciones no actúan solo desde las reivindicaciones, sino también desde los discursos de autonomías, así como la reacción de miedo a la inmigración. Esta visión será más evidente en el enfoque de Foucault (1983, 2001), quien ve en las construcciones sociales el producto de la enunciación y el uso del lenguaje. Para el autor el discurso y el papel que este juega es fundamental para comprender la construcción de los sujetos a través de la historia; la producción de los discursos est*á* normada por instituciones y procedimientos vinculados al deseo del poder, de ahí que la exclusión sea una construcción articulada por un discurso que actuará por medio de prácticas principalmente educativas que pretenden tener esa verdad.

> El discurso de la clase dominante buscó imponer la noción de una agresión externa contra el Departamento de Tarija, primero del Estado centralista, luego de los movimientos sociales de Occidente y, finalmente del MAS en función de gobierno nacional. Con este discurso, la clase dominante buscó generar una movilización regional que legitime su condición de *vocera* del Departamento. Por otro lado, el discurso de los sectores sociales excluidos buscó denunciar su condición de exclusión y posicionar la conflictividad como un aspecto constitutivo de las relaciones sociales en el Departamento. [...] Las clases se construyen en el discurso y en la práctica de la lucha de los sectores sociales que se sienten excluidos por la clase dominante (Lizárraga y Vacaflores 2007: 45).

Lo interesante de los discursos es que son capaces de legitimar relaciones de poder simbólico que se consolidan gracias a su apropiación. Corroborando este enfoque, puede verse la forma en la que los discursos, gracias a sus estructuras simbólicas y su difusión, son capaces de producir efectos en los sujetos que crean. El discurso funda la cognición social en revisiones históricas que los legitiman y los dotan de coherencia.

b.2. Memoria colectiva: Halbwachs (2004) sostiene que los recuerdos no son conservados en la memoria de un grupo sino que se reconstruyen a partir de los imperativos del presente; en este sentido, la memoria colectiva es una compleja construcción dinámica y procesual, en la que tanto recuerdos individuales como colectivos, experiencias pasadas y situaciones presentes se imbrican inexorablemente. La memoria histórica puede convertirse en un elemento aglutinador que sirve de base para la cooperación y el emprendimiento conjunto, como herencia (pasado), como compromiso (presente) y como proyecto (futuro).

La comunidad de inmigrantes de las tierras altas posee una memoria histórica que tiene relación con varios elementos, siendo uno de ellos el lugar que dejaron. Los inmigrantes se refieren a los elementos del paisaje del altiplano como su lugar de pertenencia, el cual tuvieron que dejar por causas como la sequía o la relocalización. La referencia a la comunidad resulta interesante pues nuestros entrevistados, por ejemplo en aquellos inmigrantes de segunda y tercera generación que no han vivido en la comunidad de origen; por tanto los significados de pertenencia ancestral se han mantenido a partir de los relatos de los padres o de los abuelos, quienes han transmitido sentimientos, vivencias y/o experiencias que sirven de marco referencial para la formación identitaria. En estos relatos se transmite la vinculación con el lugar de origen, todo ello con una profunda cosmovisión como la Pachamama, diosa de la tierra, para la cultural andina; así entonces nos dicen:

> En las minas, no hay tanto verde… hay mineral. El paisaje es un poco triste, pero uno aprende a quererlo. Las montañas rojas, la tierra, el sonido de los fierros que sacan mineral. Ahí yo era yo, eso era mío. Nadie me ha dicho forastero. Yo no era forastero, eso era mi origen. ¿Qué hago aquí? Me digo a veces. Tanto he llorado, otra vida empezar ¿acaso es fácil? Quisiera volver, pero ¿a qué? También me digo. […] Cuando puedo voy, todavía tenemos la casa. A echarme de menos voy. La Pachamama me llama también. Me hace soñar, a darle su comida voy o a ponerle velas a mi ñatita[1]. Ella a veces solita está cuidando la casa (entrevista 25/02/2010).

---

[1] Las ñatitas son cráneos humanos a los que luego de un ritual se los utiliza como centinelas o cuidadores de casas o negocios. Se dice que mientras más violenta haya sido la muerte del dueño del cráneo, la ñatita *hará* mejor el trabajo de proteger los bienes del dueño. El 8 de noviembre la iglesia católica ofrece una misa donde ben-

La referencia a una memoria colectiva no construye un discurso que se repliega sobre sí mismo, sino que esta memoria es rescatada como factor de identidad, como base para la construcción de relaciones. Muchos de los mineros relocalizados sufrieron los efectos de una migración obligada y han tenido que acostumbrarse a nuevos estilos de vida que tienen poca relación con su cultura y sus tradiciones, pero no han perdido su sentimiento de pertenencia a una comunidad. Debemos mencionar el rol que se le asigna al Estado en esta memoria social; el Estado como principal determinante de las condiciones actuales de los inmigrantes aparece asociado a la pérdida de tierras, a la promoción de políticas nefastas para ellos. El sentimiento de un pasado compartido, que sirve de base para el planteamiento de un futuro, se convierte en un instrumento útil y necesario para crear o fortalecer el capital social, porque a través de él se logran objetivos tanto de carácter simbólico como también de carácter material, pues la memoria histórica permite ordenar el mundo, dar significado a las acciones y seguridad a las actuaciones.

b.3. La otredad: La discriminación que han sentido los inmigrantes de las tierras altas frente a la cultura dominante ha influido en sus procesos de autodefinición; los inmigrantes se identifican como tales a partir de las situaciones conflictivas vividas en sus diferentes períodos de socialización, situaciones que se han sustentado en características físicas, donde estereotipos étnicos y estereotipos sociales se acercan y aproximan, especialmente degradando algunos de sus elementos precursores, como la lengua, la cultura y/o su historia. En este contexto, dicen:

> Nosotros somos los otros, los asentados, porque somos [según ellos] flojos, no tenemos su dinero, no vivimos en barrios nuevos. En las escuelas cuando ven un niño sucio, ya directo dicen es hijo de asentado. [...] Vos eres asentado, entonces no te respeto, porque ¿acaso eres como yo? No, vos eres otro (entrevista 15/04/2010a).

---

dice a estos cráneos. Se puede ver desde la mañana a cientos de personas portando estos cráneos, decorados de forma llamativa, en urnas de vidrio; cada una tiene un nombre. Después de la misa se les da cigarro para fumar y hojas de coca para que *pijchen*, y además se ofrece una fiesta en su nombre. Es una costumbre mucho más extendida entre la comunidad aymara que entre la quechua.

> Mientras se reclama al Estado nacional el derecho a plantear una voz y una visión propias de la región, se califica de "antitarijeño" a cualquier habitante de la región que contradiga el discurso de la clase dominante del Departamento. [...] "Así es la vida, hay ricos y hay pobres, nada podemos hacer, siempre será así", dirá la clase dominante y mediante esta ideología buscará constantemente mantener la naturalidad de esa condición social en el imaginario de las masas. Es la naturalización de la contradicción (Lizárraga y Vacaflores 2007: 47).

Las discriminaciones vividas en la ciudad han producido diferentes tipos de reacciones: por una parte, están aquellos que se invisibilizan y que tienen un alto grado de educación académica, como los profesores de escuela; la mayoría de ellos no viven en la Zona Norte, se mimetizan entre los no migrantes, pero su aporte al discurso y al voto ha sido importante en las elecciones; por otra parte están aquellos que utilizan esta misma discriminación para enfrentarse y convertir ese enfrentamiento en un refuerzo identitario. Resulta interesante señalar que tanto en las entrevistas como en las reuniones este sentimiento de enfrentamiento y de hacer valer los prejuicios es compartido y mencionado recurrentemente. Veamos:

> La evolución de la discusión [en Tarija] sobre la distribución de la riqueza del gas fue propiciando paulatinamente la emergencia discursiva de antagonismos en la conformación de la identidad regional. Estos antagonismos, latentes a lo largo de la historia, fueron camuflados por la ideología del discurso sobre la homogeneidad del ser tarijeño, que trasladaba la culpa del atraso regional y la pobreza a un *enemigo externo,* encarnado en el centralismo nacional, alejando así toda crítica peligrosa a las relaciones internas de dominación de una clase social sobre las demás (Lizárraga y Vacaflores 2007: 36).

Las experiencias personales están marcadas por diferentes dimensiones, que determinan las visiones y lecturas que cada uno realiza de su entorno y posición ante los hechos. Las etapas escolares constituyen los primeros puntos de contacto formal con la cultura dominante, y es aquí donde se producen los primeros conflictos y donde comienzan a desencarnarse los factores de autoidentificación.

c. Rituales

c.1. La Pachamama y la hoja de coca: La traducción quechua de Pachamama al español es Madre Tierra, la diosa de los pueblos indígenas andinos. La cosmovisión andina tiene a una mujer como la representación máxima de la religiosidad, una madre que da vida, alimenta y resguarda a los mortales que la invocan. La Pachamama no castiga, pero tiene hambre, de allí que sea necesario ofrecerle sacrificios (Estermann 2006); agosto es el mes de las ofrendas, la Pachamama está sedienta, recordemos que desde marzo hasta agosto Bolivia vive el invierno, que, a diferencia del invierno europeo, es más bien seco. En Bolivia agosto es considerado "mal mes", por ello no se toman decisiones, se evitan los compromisos y los viajes, porque la Pachamama está hambrienta y sedienta.

Un elemento fundamental de la cosmovisión andina y su religiosidad es sin duda la hoja de coca, una planta dotada de virtudes extraordinarias. Desde que se descubrió la cocaína, los intereses político-económicos se apoderaron de la controversia y penalizaron a la planta. Cuando los españoles conquistaron las sociedades andinas intentaron prohibir el uso de esta hoja, pero pronto se dieron cuenta de que sin ella el trabajo esclavo de los indígenas en las minas era imposible. Hoy en día indígenas y no indígenas *pijchan*[2] coca en varios países de la región como Argentina, Perú. Colombia, Chile o Bolivia; en este último no es raro ver a estudiantes o a profesores de universidad con sus *chuspas* (bolsitas donde se transporta la coca), o a albañiles, taxistas, campesinos y a todo aquel al que le falta la fuerza para seguir con su trabajo. Con el *pijcheo* poco a poco se siente un adormecimiento que lleva a una disminución momentánea del hambre, el frío y el cansancio, y paralelamente a una concentración mayor, y todo esto sin el peligro de la adicción. Esto explica sin duda por qué la coca es consumida por una parte de la población que lleva una vida llena de dificultades. La coca sirve también a los *yatiris*[3] para efectuar una gran parte de sus sortilegios y de sus augurios.

---

[2] *Pijchar* es una palabra quechua que se refiere al acto de masticar la hoja de coca y lo que ello conlleva: se mastica la hoja pero sin el peciolo ni las nervaduras, para quitarle el amargo del sabor se combina con bicarbonato de sodio o llujkta, que es una pasta plomiza hecha de ceniza vegetal; así se forma un acullico en la boca que no se traga, pero se va dando vueltas, hasta convertirlo en una masa pastosa que se bota.

[3] Palabra quechua que quiere decir: aquel que sabe. Se trata de un personaje místico con capacidades sobrenaturales para entender el lenguaje de la hoja de coca y poder leer en ella el futuro.

Los mineros son quienes, debido a la peligrosidad que su trabajo requiere, hacen de la coca un elemento importante para el desarrollo de su trabajo; la utilizan además para hacer ofrendas al Tío (el Diablo) y pedirle su protección en las minas. De allí que con la inmigración de las tierras altas el uso de esta hoja se haya expandido también a las tierras bajas.

> En el curso del siglo XX, el principal cambio en los circuitos comerciales fue el surgimiento de Santa Cruz y otros centros orientales como mercados importantes para la coca. Esto se atribuye, en gran parte, al masivo flujo de colonizadores y migrantes "kollas" (de las regiones andinas, occidentales del país) a las tierras bajas, pero también se debe a que grupos indígenas del Oriente como los guaraníes y los chimanes han adoptado la costumbre de mascar coca. Ya por 1977, sólo en los primeros seis meses del año, el Departamento de Santa Cruz recibía el 19.2 % de la coca registrada en fuentes oficiales (Carter y Mamani, en Spedding, 2005: 57).

El consumo de coca es entonces una distinción de la identidad inmigrante. Su uso todavía no ha llegado a la clase media tarijeña, como sí ha sucedido en otras ciudades bolivianas.

c.2. Resignificación de las tradiciones: Es interesante señalar la puesta en escena de las tradiciones y los efectos que tienen en los procesos de autoidentificación y definición del inmigrante. Tal como señalan los mismos inmigrantes, la vigencia de estas prácticas constituye una muestra de la fuerza de la cultura andina. Por lo tanto, los espacios conseguidos para estas prácticas son percibidos por los inmigrantes como méritos de su trabajo conjunto y de la conciencia de pertenencia. Este éxito forma parte de la memoria colectiva inmigrante, que se renueva en Tarija y/o Santa Cruz y que ha sido incorporada a los relatos que se realizan en el ámbito de las organizaciones, lo que se transforma en un importante impulso del capital social al promover futuras cooperaciones y aumentar la confianza en las posibilidades de esfuerzo mancomunado. Esto también ha servido de catalizador para solicitar acciones concretas al gobierno regional, principalmente para que los apoye en la obtención de espacios, por ejemplo:

> La consolidación del carnaval andino ha sido sin dudas un logro. No solo porque estamos presentes (*sic*) sino también porque ahora la

> alcaldía, la prefectura se están peleando por patrocinar, por poner sus toldos, porque saben que ahí está la gente, ahí está el votante, ya sea como folclorista o como espectador (entrevista 08/03/2010).

La existencia de una comunidad inmigrante ha dependido, en gran medida, de la capacidad para adaptarse a las condiciones del entorno, sin perder la esencia de sus prácticas, que han sido objeto de un proceso de reelaboración permanente; son varios los agentes que han influido en ello: Por una parte están los ancianos —recordemos que la sociedad boliviana en general es bastante jerarquizada, y una prueba palpable es el respeto y sometimiento que hay hacia los adultos y la confianza en la sabiduría de los ancianos—, quienes dotan de significado a los ritos y generan la confianza suficiente de que lo que se está haciendo es correcto; Por otra parte están las fraternidades folclóricas, que han contribuido a la difusión de la cultura andina. Así:

> Aquí los chicos se ganan una platita tocando para el carnaval andino. Se puede decir ¡ah, ellos están ahí por la plata! Sí, tal vez, pero ¿cuánto cree que van a ganar? A un chico de esa edad más le puede gustar estar mojando. Yo diría que están también porque les gusta tocar, ellos han crecido con esa música. Se alegran y también los papás cuando le ven se enorgullecen (entrevista 20/02/2010).

Esta entrevista fue realizada a propósito del carnaval andino; allá las bandas de música organizadas en las escuelas, y por tanto conformadas por estudiantes, tocan para las diversas fraternidades; la vigencia de estas prácticas se constituye en una oportunidad para el encuentro y para la generación de redes de contacto no solo entre inmigrantes, sino también con la sociedad, pues en muchos de estos ritos se invita a participar a los no inmigrantes. El mantenimiento de estas creencias se convierte en un instrumento para la colaboración y la generación de confianza, ya que los inmigrantes requieren del apoyo de otros para realizar estos ritos. En ese sentido, creemos que existe en la memoria colectiva la realización de eventos exitosos, no solo considerando la cantidad de personas que han participado, sino también la posibilidad de continuar estas prácticas en Tarija. El desafío está en las estrategias para convocar a otros inmigrantes que aún no han participado de estos eventos, generando confianza y ampliando las redes de colaboración; aunque también reconocen la necesidad de buscar estrategias para que los no migrantes conozcan estos ritos, ampliando su participación en otros espacios, lo cual enriquecería la generación y el fortalecimiento del *bridging* (intergrupal) y el *linking* (vinculante). Recuperar las tradiciones y practicarlas ha significado, en alguna medida, recrearlas y resignificarlas, por ejemplo en el martes de challa, donde se hace ofrendas a la Pachamama, como el entierro de comida cocida, hojas de coca, granos y harina de maíz, cigarros y chicha, y se derrama un poco de bebida al suelo antes de tomar el resto. Además se ofrece una *q'owa*, que es una especie de incienso; ancestralmente este ritual incluye como evento el sacrificio de una llama muy joven (entrevista 16/02/2010) pero, por ejemplo, como no hay llamas en la ciudad de Tarija este rito ha sido modificado, es decir, no se utilizan llamas para el sacrificio, sino que se ofrenda con vino tinto en vez de con sangre de llama, o se utilizan fetos disecados de llama.

La identificación de los precursores del capital social de los inmigrantes de las tierras altas en Tarija nos ayuda a contar con información respecto de los elementos que, de manera consciente o inconsciente, se convierten en elementos que reagrupan a los inmigrantes y que permiten mantener vigente su cultura. Los precursores permiten también saber que hay una identidad compartida con elementos que se resignifican a partir de procesos dinámicos orientados a mantener vigente la cultura, aun cuando esta resignificación tiene lugar en un entorno complejo, donde ha sido una otra cultura mayoritaria (la *tarijeña)* la que ha definido los términos de las relaciones interétnicas.

1.2. Capital social cognitivo

El capital social tiene un contenido constituido por elementos que favorecen la acción colectiva y la interpretación de los símbolos y conceptos compartidos dentro de una cultura, podríamos citar entre ellos a la confianza, la reciprocidad y la cooperación. A continuación presentamos los resultados encontrados analizándolos de acuerdo a las dimensiones recomendadas para el estudio del capital social.

a. Confianza: La identidad compartida, la pertenencia a un pueblo y el compartir necesidades y problemas similares son señaladas como las principales causas para la generación de la confianza entre inmigrantes de las tierras altas; en ese contexto les es más fácil confiar entre ellos que en los que no son inmigrantes porque comparten una memoria histórica colectiva, que tiene un mismo origen: la comunidad. El *ayni* y el trueque son acciones colectivas que tienen una tradición larga y que sirven como referente para intentar mantener estas prácticas en Tarija. Una manifestación importante de confianza se da precisamente en la relación del grupo con el líder; es decir, surge la necesidad de confiar en él. Sin embargo, Nohlen (2003: 8) advierte de que la confianza debe tener límites, porque para el desarrollo de una cultura democrática no se precisa tener una confianza ciega.

Bonding: El *bonding social* lo constituyen las relaciones entre miembros homogéneos, es decir, familiares y amigos muy cercanos y pertenecientes a una misma comunidad. Observamos que existen fuertes lazos de confianza entre los inmigrantes, fraternidades, sindicatos y/o juntas de vecinos, todas ellas influidas por el sentimiento de pertenencia a una comunidad, lo que pone en escena los elementos precursores citados anteriormente.

Bridging: El *bridging social* hace referencia a las relaciones entre los miembros del grupo y personas ajenas a él. En nuestro caso estas no han estado exentas de conflicto, tanto en las peleas por el poder interno como de representación. El ambiente para el desarrollo de la cultura de los inmigrantes de las tierras altas no ha sido siempre de aceptación, y esta desigualdad en las relaciones ha sentado bases para la desconfianza, que es impulsada sobre todo desde las elites, a quienes su sentimiento de supremacía los lleva a privilegiar su posición, su cultura y su forma de pensar frente a la cultura andina. Consideran esta cultura atrasada y también que, si quiere sobrevivir, tendría que asumir elementos de la cultura tarijeña. Los inmigrantes no se cierran a establecer lazos con los tarijeños, sobre todo con las clases subalternas, y señalan que siempre están abiertos a colaborar y a confiar, pues los problemas que los aquejan son similares. La desigualdad del poder ha servido de base para la discriminación y la marginación de la cultura andina; muchos de los conflictos se han originado a partir del desconocimiento que el tarijeño tiene de la cultura andina, y del temor frente a este desconocimiento. Como señalan Portela y Neira (2003), la confianza intercultural es importante para poder lograr el desarrollo del capital social. Nuestro estudio demuestra que existen oportunidades para una convivencia intercultural en términos de *bridging*: lo vimos en la alianza discursiva entre los inmigrantes de las tierras altas y las clases subalternas de Tarija, de ahí que también haya una evidencia de confianza de parte de los inmigrantes, pero no hacia todos los miembros de la sociedad que los recibe, sino básicamente hacia los que identifica como pares, o sea, las clases subalternas.

Linking: Trata de las relaciones de nuestro grupo de estudio con el Estado y sus instituciones. Vale la pena hacer hincapié en que estas relaciones se han caracterizado, de forma histórica, por la marginación. Cada gobierno regional, en su momento, ha reiterado la necesidad de lograr el reconocimiento de los inmigrantes y de su aporte a la diversidad cultural, pero en la mayoría de los casos eso es solo un discurso que emerge en tiempos electorales. Se entiende que la alcaldía intenta más dar señales de que "algo se está haciendo" (entrevista 15/04/2011b), pero no existe un compromiso real de cambio, de soluciones de fondo; por ello se identifica a la política partidista y al clientelismo como prácticas que los han dividido, y que han creado diferencias dentro de los propios sindicatos inmigrantes, fomentando una cultura clientelar con efectos negativos en el *linking*.

Manifestaciones, limitaciones y estrategias para crear confianza: La confianza no solo responde a una memoria, porque también incluye otros elementos como la repetición de interacciones con otros inmigrantes; en este sentido, la territorialidad y/o el espacio se convierten en factores que facilitan la aparición de la confianza: es la cercanía geográfica la que permite solicitar ayuda o pedir favores. Las entrevistas hechas nos permiten percibir que los inmigrantes no sienten que los tarijeños en general sean desconfiables, sino que en igualdad de condiciones privilegian confiar en otro inmigrante, y mejor si es vecino; de este modo, la condición socioeconómica también se convierte en un catalizador para la manifestación de la confianza, que sin embargo puede actuar en dos direcciones contrapuestas: como causa para la confianza y como causa para la desconfianza.

Resulta interesante señalar que las mujeres generalmente son las que más cultivan y promueven las relaciones, lo que implica movilizar los recursos de los que disponen para integrar a otros inmigrantes en las redes de relaciones que generalmente giran alrededor de las organizaciones.

> En diciembre tenemos un festival de los barrios, a modo de integración, así también nos vemos las caras todos. Yo diría que sí, que las

> mujeres somos más activas, los hombres van y vienen, pero la mujer es siempre la que va. [...] Será porque también estamos más en la casa, con las *wawas*, estamos, entonces sabemos más de las necesidades, un hombre, está, pero también va a salir (entrevista 17/04/2011).

En el ámbito organizacional, la confianza se manifiesta en el diseño y la ejecución de proyectos, como el empedrado de sus calles, la construcción colectiva del muro de la casa de algún vecino o la instalación de un grifo común; por lo tanto no solo permite la fluidez de las relaciones interpersonales, sino que las cohesiona.

Para efectos de nuestro análisis hemos decidido incluir algunos límites para la confianza, por ejemplo la ampliación de espacios de poder y de representación política, cuyas consecuencias son también las divisiones internas existentes. Algunos dirigentes dicen sentirse atacados por los miembros de sus propias organizaciones, hablan de "envidia" en las entrevistas, y esta es percibida como un elemento distorsionador de la confianza, como se expresa a continuación:

> Yo iba de puerta en puerta, llamando a las reuniones, así me he hecho conocer. Mi esposa ha muerto, la extraño harto. Cuando volvía de las reuniones, así sabíamos charlar, esto han dicho, así es, sabíamos comentar. Ahura (*sic*) me siento solo, no tengo con quien compartir de eso, mis hijos tienen sus familias. Uno es par, solo ya no es, ya no hay ganas. La envidia también está bien presente, mi hija es también dirigente de un barrio y algunos [vecinos] lo ven bien, pero otros dicen, porque su papá es dirigente, su papá le da preferencia a ese barrio. Pero no es así. Eso también no nos deja unirnos más, la envidia está presente (entrevista 16/04/2011).

La discriminación por parte del gobierno regional y el abandono por parte del Estado son identificados como elementos de desconfianza, así también los partidos políticos actúan con una cultura clientelar, donde seducen a los inmigrantes con promesas electorales que luego no son cumplidas, o que se premian con favores personales (lo que no tiene un impacto sobre los problemas comunes); son experiencias que originan desconfianza, por ello dicen:

> Ya estamos cansados de ser escalera para los políticos, aquí sólo vienen cuando hay elecciones y nos prometen cielo y tierra y después se olvidan. Y nos dan "favores", no son favores, ellos tienen que darnos

> servicios, pero lo que más nos duele es que estamos rogando, rogando, días de ir a esperar, una firma y promesas, promesas, después ni te saludan, ilegales, nos gritan (entrevista 17/04/2011).

Se menciona también a los medios de comunicación como responsables de una campaña mediática donde se culpa al inmigrante de la violencia y del conflicto, dificultando de esta manera el diálogo intercultural. Las investigaciones sobre capital social afirman que el Estado puede inducir como agente externo en la creación de capital social. En este sentido consideramos importante que el gobierno regional impulse políticas públicas que involucren a los inmigrantes, y de esta forma promover la creación y/o el fortalecimiento del capital social, abriendo de esta manera una vía para evitar la marginación de este grupo.

b. Reciprocidad: Es la base de las relaciones e instituciones del capital social, por tanto a medida que los individuos participan en redes sociales más amplias la confianza se extiende más allá de las personas a quienes conocemos; asimismo, la reciprocidad encuentra nuevos espacios y nuevas formas de manifestación. De acuerdo con Forni (Forni *et al.*, en Figueroa, 2007: 320), la reciprocidad y la confianza no son más que dos caras de una misma moneda, ya que mientras la primera solo puede sostenerse por la confianza de que los favores serán retribuidos, esta retribución a su vez incrementa los niveles de confianza.

Bonding: En términos de *bonding social* podemos señalar que existen fuertes lazos de reciprocidad en nuestro grupo de estudio, sobre todo entre aquellos que participan en sindicatos, fraternidades folclóricas y juntas vecinales. Es así como la reciprocidad se privilegia principalmente, porque existe una igualdad en los términos del intercambio. Cabe señalar que el ambiente organizacional se ha convertido en un terreno propicio para ella, especialmente cuando se trata de la celebración de ritos o ceremonias, con lo que se produce una relación sinérgica con la confianza, donde ambas variables son alimentadas y fortalecidas.

Bridging: El tipo de reciprocidad que encontramos entre los inmigrantes y los tarijeños no llega a toda la sociedad receptora, sino básicamente a un grupo: los tarijeños que son identificados como marginados por las elites; hacia ellos se les extiende un discurso inclusivo. Los inmigrantes son conscientes de que la existencia de reciprocidad en términos de redes más amplias les ha servido para llegar con su discurso hacia un gran sector de la sociedad y poder acceder a espacios donde antes no les estaba permitido.

Linking: En la memoria colectiva de los inmigrantes —sobre todo de los relocalizados— hay recuerdos de intentos fracasados de colaboraciones con el Estado. La toma de decisiones y el compartir información facilita una igual distribución de activos y una imposición efectiva de acuerdos compartidos, aunque los participantes incluyan actores tan diversos como el gobierno, las asociaciones locales o los sindicatos (Figueroa 2007). De acuerdo con ellos mismos, la manera activa de ser de los inmigrantes de las tierras altas hace que muchas veces consigan más rápido y más efectivamente que sus demandas sean escuchadas. Si se lograra que la información emanada desde el gobierno regional llegue a este grupo y se promoviera la coordinación en el manejo de los bienes públicos existirían mayores posibilidades de compartir los beneficios y fortalecer la confianza con el gobierno nacional y por ende el Estado, pero los inmigrantes sienten que las promesas electorales incumplidas constituyen un freno también para la generación de reciprocidad, lo que influye negativamente en las posibilidades de relaciones extendidas. La necesidad de construir espacios de intercambio en el ámbito político aparece reiteradamente mencionada en las entrevistas, por tanto la reciprocidad podrá ser construida en términos políticos cuando se compartan espacios de decisión y cuando se tengan cuotas de poder que permitan intercambios justos y reviertan el clientelismo.

Manifestaciones, limitaciones y estrategias para ayuda mutua: Uno de los ritos más extendidos de la cosmovisión aymara es *el ayni*. Se trata originalmente de un sistema de trabajo que se basa en la reciprocidad de los miembros de un *ayllu* o comunidad indígena andina en la realización de los trabajos agrícolas o la construcción de una casa, y significa algo así como "hoy por ti, mañana por mí". Esta forma de ayuda ha sido extendida a la realidad urbana y a otros ámbitos en ciudades como La Paz, por ejemplo en la organización de bodas. Mamani (2002: 39) nos relata: "Allí los padres de la mujer, instalan dos mesas o dos altares, uno de varones y otro de mujeres, comparten la coca, tragos. Nombran un secretario y un cajero para tomar la lista de regalos y para poder cumplir en el futuro el respectivo ayni"; de acuerdo a esta lista, en la próxima fiesta importante para la familia que da el regalo la familia receptora deberá igualar en valor económico su regalo. "Por eso, la gente les critica a los pasantes [los anfitriones de la fiesta] diciendo, estos de dónde sacarán la plata para hacer semejantes fiestas, pero no saben que todo es en base a *ayni*" (entrevista 05/02/2009).

Esta forma de reciprocidad, tan arraigada en los inmigrantes de las tierras altas, llega a Tarija y se traduce en la construcción de las casas, por ejemplo, pues, como nos decía la presidenta del barrio Luis Espinal, "aquí cada casa la hemos levantado colectivamente" (entrevista 10/04/2011). La reciprocidad sobrevive gracias a la confianza de que en algún momento el favor hecho será devuelto; en ese contexto un intercambio de favores entre vecinos y/o miembros de la misma organización les permite sobrellevar las carencias de los servicios básicos. En ese sentido, la reciprocidad descansa en la territorialidad y la cercanía física, delineando así una alta probabilidad de formar parte de las mismas redes de relaciones sociales. El hecho de tener las mismas necesidades y de compartir una historia en común refuerza la idea de que siempre existirán vecinos dispuestos a colaborar, ya sea en el cuidado de los niños, el levantamiento de paredes, el préstamo de bienes materiales o el intercambio de las capacidades; se trata de "compartir nuestra pobreza" como nos decían algunos de los entrevistados, porque los miembros de organizaciones arraigadas en comunidades conocen los esquemas de relaciones sociales de los otros miembros, lo cual favorece la confianza y mantiene la reciprocidad.

c. Cooperación: La cooperación es una acción complementaria y se orienta a conseguir objetivos comunes. Puede surgir como consecuencia de la evolución interactiva de distintas agencias. La cooperación, la confianza y la reciprocidad resultan de la interacción de diversas estrategias individuales (Durston 2002); en resumen, en esta variable se enfatiza la importancia de la unión de las personas en torno a un objetivo común, como actores capaces de generar cambios de forma conjunta, lo que tiene fuertes implicancias para el capital social como motor para el desarrollo y fortalecimiento de estas capacidades.

Bonding: En nuestro grupo de estudio vemos que existen instancias de cooperación y que se desarrollan sobre la base de una identidad común. Allí la cultura juega un papel preponderante, aunque la cooperación tiene lugar principalmente en el ámbito de las organizaciones, que desarrollan actividades que requieren de la colaboración de sus miembros, lo que también es muy frecuente entre vecinos. Como Durston (2002) apunta, la existencia de reciprocidad y confianza sirve de base para la cooperación.

Bridging: Varias organizaciones, sobre todo los sindicatos, han entablado relaciones formales con otras organizaciones. Los inmigrantes señalan que muchas veces sus demandas son compatibles con las demandas de los no migrantes de clases subalternas, especialmente cuando se tratan temas de reivindicación política. Esto se pudo ver, por ejemplo, en el enfrentamiento que hubo en el año 2008 en el mercado Campesino; allí los inmigrantes de las tierras altas se enfrentaron a miembros del Comité Cívico apoyados por organizaciones campesinas de Tarija.

Linking: Como señala Durston (2002), para fortalecer el capital social de sectores excluidos y transformarlos en actores sociales válidos es necesario que el Estado tome un rol mucho más activo; los inmigrantes consideran que el surgimiento de canales de cooperación entre el Estado y ellos dependió en su momento de factores que pensaron que no estarían a su alcance, pero que lo lograron "a fuerza de luchar y de imponernos, de estar cada día ahí hasta que nos atiendan" (entrevista 15/04/2011c). Se dan cuenta de que el poder regional ha sido obligado por su perseverancia a ofrecerles un espacio pero desconfían de ello: "al principio no dormíamos, por el miedo a que nos boten, hacíamos guardia, era una situación insoportable" (entrevista 15/04/2011a). Por lo tanto, la movilización del capital social de los inmigrantes requiere de un contexto que propicie las relaciones con el gobierno regional de forma incluyente, con un sistema político que sea coherente con las políticas de inclusión que pregona en sus discursos. Los inmigrantes tienen una relación directa con la alcaldía municipal, pues esta define el espacio y los accesos a los servicios, pero la relación está llena de conflicto, por ejemplo por la falta de confianza en sus funcionarios. Esta situación se transforma en un punto de quiebre a la hora de programar estrategias de cooperación igualitarias, pues esta es vista como un organismo que asigna recursos pero que "no entiende de los intereses y las necesidades". En ese contexto señalan: "si a usted lo fichan como alguien que arrastra gente digamos, entonces le van a proponer que se meta al partido para las próximas elecciones, y usted digamos va entrar o seya (*sic*) va aceptar, entonces después los vecinos ya no confían en usted y así perdemos buenos dirigentes" (entrevista 16/04/2011). Por tanto, la cooptación de los líderes por parte del partido político en funciones en la alcaldía es vista por los inmigrantes de las tierras altas como una acción negativa que afecta en las relaciones de *linking*.

Manifestaciones, limitaciones y estrategias de acciones conjuntas: Portes (1995) señala que la solidaridad representa una estrategia necesaria para la supervivencia de la cultura; en nuestras observaciones la tenemos vigente en la memoria colectiva y emergente como forma de protección contra las amenazas del entorno a partir de la coexistencia con una cultura mayoritaria dominante. El sentimiento de amenaza impulsado por el Comité Cívico ha llevado a los inmigrantes de las tierras altas a cohesionarse para enfrentarse a las políticas públicas que, consideran, atentan contra la vigencia de su cultura. En ese sentido, la cooperación aparece asociada a la sobrevivencia cultural, pues la posibilidad de mantenerse vigentes dependerá de la posibilidad de desarrollar actividades conjuntas y poner en práctica una ciudadanía que tome en cuenta sus diferencias y los integre. En este punto es necesario hablar del sentimiento de *vivir en comunidad*, al que los entrevistados apelan constantemente cuando se refieren a su barrio, que generaría estos lazos de cooperación; al respecto se dice lo siguiente:

> En una comunidad se aprende a cuidar de todos los de la comunidad, o sea en la comunidad uno se cuida de sí mismo, uno se siente como parte de la planta, es como la planta, cada hojita no dice, me voy a cuidar de mí no más, la planta distribuye el alimento vital que es el agua entre todas las hojas, la comunidad es igual. En la comunidad uno piensa en la comunidad, entonces ese es un principio, un código que va aprendiendo de que nosotros no tenemos que pensar en sí mismos sino es más importante pensar en la comunidad, o sea tú dependes, eres parte y si garantizas el equilibrio de la comunidad vas a estar bien (entrevista 16/02/2009).

La cooperación entre los inmigrantes se hace palpable en la constitución de sus organizaciones y en los intereses que los aglutinan; los dirigentes son convocados a participar en instancias de diálogo donde informan a sus bases, de ellas adquieren retroalimentación y plantean estas posiciones consensuadas al gobierno regional, promoviendo así no solo la cooperación sino también la reflexión y el debate crítico al interior de las organizaciones, como así lo expresan:

> Tenemos representantes por manzanas y de ahí ya se llega al presidente del barrio y después a la coordinadora, y cada representante tiene su suplente. Ahí en la reunión no solo se habla de cosas, a eso le decimos reunión ordinaria, sino también nos ponemos al día de lo que está pasando (entrevista 15/04/2011).
> Como líderes no podemos quedarnos solo en el ámbito barrial, porque somos parte de un país que vive un momento histórico muy especial. Tenemos el deber de contribuir en la construcción de una nueva Bolivia, a partir de nuestros propios barrios. Estoy convencida que es posible lograr un país socialmente justo, ecológicamente equilibrado, con complementariedad cultural; donde todos tengamos derecho a manifestar nuestras diferencias y a la distribución equitativa de la riqueza y desarrollo. (...) En la construcción de estos ideales colectivos, de la lucha reivindicativa vecinal, asumir la defensa de nuestros derechos políticos, económicos, sociales y culturales, hace que no sea tan importante mi aporte, sino el que se genera desde la propia gente simple, mi ámbito social, donde me muevo como pez en el agua (entrevista 10/04/2011).

Esta estrategia responde a que muchos inmigrantes tienen integrada en su memoria la participación política activa, donde los elementos presentes en el discurso de sus dirigentes y la asignación de tareas y de responsabilidades están orientadas a crear conciencia de que "si nosotros no lo hacemos, nadie lo va a hacer"; una lógica traída del ambiente sindical de las minas.

1.3. Capital social estructural

Son numerosas las formas en que el capital social puede afectar al desarrollo de una región; la existencia de redes formales e informales dentro de la estructura social puede potenciar muchas actividades y hacerlas menos costosas, lo cual supone disponer de una capacidad para un mejor desarrollo. Entre estas actividades podemos destacar la toma de decisiones colectivas, el compartir la información, la coordinación de diferentes actividades y la difusión de las innovaciones, entre otras (Durston 2001).

Redes: Una red social puede ser entendida como un conjunto de actores entre los que se establecen una serie de vínculos que actúan como fuente de bienestar emocional, material y social, facilitando la coordinación y la colaboración para la ventaja mutua (Urquiza *et al.* 2005). Las redes pueden tejerse en torno al trabajo, el deporte o, como en el caso de las fraternidades folclóricas, alrededor de la música, permitiendo que las personas difundan su experiencia dentro de un sector y transfieran sus destrezas. Pero las redes pueden ser también exclusivas; no ser miembro, por ende, puede situar a algunos sectores de la comunidad en desventaja. Aquellas comunidades que son muy unidas serán más difíciles de penetrar que aquellas que están abiertas a influencias externas.

Bonding: Las relaciones de parentesco son la base y la materia prima para la conformación de redes asociativas más amplias. Portes (1998), como Durston (2001), identifica a la familia como el primer núcleo de confianza y reciprocidad. En nuestro ejemplo lo comprobamos cuando los inmigrantes llegan y son cobijados por sus parientes. Luego la red se amplía más y, dada la cercanía física y las interacciones cotidianas, estas llegan hasta los vecinos. Con esta lógica, las redes informales son la base de organizaciones formalizadas donde se encuentran familiares (como primer nivel) y amigos o vecinos (como segundo nivel), generalmente pertenecientes a una misma comunidad de origen. No hablamos de comunidad en sentido estricto, pero sí de una recreación de las prácticas comunitarias (Figueroa 2007).

La estructuración interna de las redes formales de las organizaciones vecinales está formada de la siguiente manera: cada manzana de un barrio cuenta con un representante y un suplente, y entre ellos se escoge una mesa directiva; de esta forma se garantiza la circulación de información. Las redes informales, como las agrupaciones de jóvenes, les permite acceder a un proceso de maduración que les ayuda a definir su identidad inmigrante. En este sentido, se considera que las organizaciones permiten crear normas y, si estas son efectivas, implican una poderosa fuente de capital social, privilegiando así la búsqueda del interés colectivo en vez del individual. A su vez, la capacidad de diseñar reglas que generen mecanismos estables de ayuda mutua y sanciones claras y efectivas facilita la acción grupal (Coleman 1993).

Otra de las estrategias para activar las redes es la celebración del carnaval andino, que no solo se convierte en una actividad para la recreación de la cultura sino también en instrumento para crear conciencia respecto de la importancia que tiene la participación, y que solo el trabajo mancomunado permitirá el mantenimiento de estas tradiciones. Allí se asignan tareas concretas que van desde la gestión para conseguir los espacios para los ritos o el desfile, alquilar los trajes u organizar los ensayos hasta la limpieza cuando se acaba la actividad; de esta forma el capital social que se manifiesta en redes de cooperación actúa como un pegamento que mantiene unidos y articulados a los miembros de una asociación, facilitando la identificación de objetivos comunes y disminuyendo las posibilidades de actuar de manera individual y aislada —lo que a la larga dificultaría la participación de manera conjunta en espacios que así lo requieren (Portes 1998)—. En el trabajo de campo pudimos comprobar que la existencia de redes de colaboración, en el sentido de *bonding*, es amplia.

Bridging: Una de las claves del éxito del discurso de confrontación de los inmigrantes con las elites fue, sin duda, extender la mano a la clase subalterna tarijeña; es decir, ampliaron sus redes hacia los pobres y los campesinos tarijeños, que más tarde son los encargados de cuestionar a la elite sobre el concepto de identidad. Durante el trabajo de campo comprobamos que casi todas las organizaciones, ya sean barriales o sindicales, tienen una cartera de deportes donde los hombres generalmente juegan fútbol y las mujeres básquet; el trabajo de campo nos dio cuenta de los campeonatos interbarriales que se organizan, y que se convierten en elementos estratégicos para llegar a otros barrios de la ciudad. Lo mismo pasa con las fraternidades folclóricas, de las que en los últimos años muchos tarijeños también forman parte. De ahí que el significado que los inmigrantes de las tierras altas atribuyen a los vínculos sociales con sus pares y otros actores sociales, particularmente en el espacio local, sea importante.

Linking: Aquí nos toca analizar la existencia de redes extendidas hacia las organizaciones que conforman el aparato del Estado. Las posibilidades de crear y fortalecer el *linking* de los inmigrantes en sus relaciones con el gobierno regional tienen implicaciones en la participación política. Estructuras impuestas por la Ley de Participación Popular, como los comités de vigilancia y las Organizaciones Territoriales de Base, han hecho que las redes se vuelvan permanentes; en este sentido, los inmigrantes señalan que, una vez más, han participado en los espacios que les abre el Estado, han dado sus sugerencias y han definido los términos en los que debiera de producirse el desarrollo de su zona, pero insisten en la necesidad de obtener resultados más concretos, donde realmente se asuman los compromisos contraídos y donde se den señales claras de avance del cumplimiento de sus demandas. Por otro lado, se debe considerar la influencia negativa que el Estado a través de la alcaldía ha generado en la confianza de los inmigrantes, especialmente a partir de sus políticas públicas. Si se desconocen las dinámicas propias de las comunidades y sus procesos de autogestión, no será posible crear lazos de *linking* entre inmigrantes y Estado.

Manifestaciones, limitaciones y estrategias de acciones conjuntas: Hay elementos que dan cuenta de la existencia de fuertes lazos entre los inmigrantes (*bonding*), especialmente entre aquellos que forman parte de las juntas vecinales y/o fraternidades folclóricas, lo que emerge como una necesidad de quienes llegaron y buscaron un espacio donde seguir compartiendo la cultura; las relaciones de parentesco y de origen comunitario constituyeron un primer factor de asociación, para posteriormente ser el espacio geográfico y las similitudes en el consumo lo que irá a unirlos. En términos de *bridging*, existen debilidades basadas en la desigualdad y en la disponibilidad y acceso a bienes que no siempre son valorados de igual forma por ambas partes; en cuanto al *linking*, ocurre lo mismo que con el *bridging*, la desconfianza hacia las promesas electorales, el clientelismo y la corrupción han limitado las posibilidades de un avance en este campo.

1.4. Liderazgo

El liderazgo define en gran medida las posibilidades del desarrollo y fortalecimiento del capital social; es visto como un proceso de influencia social mediatizado por el contexto, las organizaciones particulares y las características de los líderes, de ahí que sea importante analizar las capacidades de movilización de recursos comunitarios, la generación de condiciones para el incremento del poder de los miembros y las posibilidades para la ampliación de redes (Figueroa 2007). En nuestro estudio de caso observamos que los dirigentes construyen su liderazgo y tienen la tarea de armonizar intereses sociales diversos catalizando la falta de confianza hacia el Estado; al venir del mundo sindical (exmineros, exfabriles) y/o comunitario solo el respaldo de las estructuras sociales de base les proveen de legitimidad para su liderazgo. Entonces:

> Debido a esta experiencia entre dos culturas, ellos [los líderes] son las personas de intermediación ideales que pueden "traducir" entre las dos culturas. Son a menudo transeúntes entre diferentes fronteras sociales, que han experimentado en forma más aguda el racismo cubierto y las promesas incumplidas del Estado democrático. Debido a su situación social tienen la sensibilidad de órganos sensoriales, que hallan la complejidad y las contradicciones de la sociedad. Esto les permite al mismo tiempo obrar como intérpretes de esta situación. Pero son aún más. Como se mueven entre las culturas y grupos sociales, son transmisores de ideas, valores, concepciones políticas y contactos. A causa de sus habilidades y experiencias especiales actúan como indicadores de sus comunidades. Tienen la capacidad de identificar el potencial de problemas y protestas, de aglomerar y articularlo. Justamente también sus experiencias en el contacto con el Estado, los partidos y los sindicatos les motivan a tomar la iniciativa de organizarse, aunque estos campos de acción siguen siendo en su gran mayoría ámbitos masculinos (Ströbele-Gregor 2007: 117).

Los líderes pueden entonces convertirse en verdaderos traductores del acontecer en sus comunidades para con la palestra política; sin embargo, como veremos más adelante, y como nos lo adelanta la cita, los ámbitos políticos son aparentemente reservados al mundo masculino, lo que también puede ser excluyente.

a. Informal: El liderazgo informal se crea a partir de redes generadas por la cercanía física, es aquí donde surgen los primeros dirigentes, cuyo liderazgo no está basado en la formación académica sino en características personales (Figueroa 2007). Tanto en la tradición sindical como en la comunitaria este tipo de liderazgo tiene relación también con la edad, porque la cosmovisión andina valora altamente la experiencia, pero además el estado civil es importante para ello[4]. Como ejemplo de este tipo de redes podemos mencionar a las fraternidades folclóricas o los clubes de deporte, aun cuando estos últimos cuentan con el respaldo de las juntas vecinales.

b. Formal: A través de las juntas vecinales los inmigrantes participan de forma más estructurada en actividades emergidas desde el Estado (llámese alcaldía en su versión regional), lo que también influye en las dinámicas de liderazgo; por una parte, los dirigentes

---

4 Sobre el tema, véase Mamani (2002).

señalan que esto ha generado divisiones entre ellos, porque muchas veces intentan resguardar los intereses de sus organizaciones (como empedrados de sus calles o la instalación de servicios básicos) perdiendo de vista objetivos más amplios y de largo plazo para la comunidad en general, y también acotan que no es fácil mantenerse fuerte ante el clientelismo. Respecto de las prioridades que aparecen en el discurso, el folclore sigue siendo motivo de convocatoria, pero los dirigentes sienten que también es necesario avanzar en otros temas. Muchos líderes se sienten incomprendidos: "cuantas veces sé (*sic*) ir a la alcaldía, ya sea para [una] reunión o para hacer sellar algún papel con mis propios medios, a veces no hay ni para movilidad, entonces yo pago con mi plata" (entrevista 16/04/2011). Esta situación describe la división que existe entre los dirigentes respecto de los usos del discurso que utilizan para defender su causa y posicionarse dentro de la política regional: habrá quienes antepongan el tema identitario, mientras otros dirigentes se muestran más inclusivos. Es por ello que muchos líderes achacan esta división a la obligación de formalizar las redes de participación, pues con ello se introduce la lógica de la democratización interna de sus organizaciones.

c. Género: Aunque hay una alta participación femenina, la que se manifiesta tanto en canales formales como informales, es importante remarcar que ello no garantiza que ellas lleguen al liderazgo; es interesante observar esto, pues nos muestra la fuerza del machismo en el campo sindical: ellas engrosan las filas de las protestas, planifican las marchas, cocinan para los marchistas, pero pocas veces llegan a ser líderes de movimientos mixtos. Es lo que se ve por ejemplo en el movimiento de gremialistas, engrosado por mujeres pero liderado por hombres.

2. Capital social como dispositivo de participación política

En el momento que la persona se identifica como inmigrante y busca a sus pares para reforzar su identidad comienzan las relaciones de cooperación, colaboración y reciprocidad basadas en una cultura común, lo que proporciona significado a la realización social (Fabregat, en Figueroa, 2007: 441); por eso el sentimiento de pertenencia a un grupo y el sistema sociocultural al que se pertenece son fundamentales en la definición de capital social. Nuestro estudio nos muestra que existe una necesidad entre los actores de organizarse con los que considera iguales; el desarraigo que les provoca la migración se ve superado o aminorado al formar parte de una organización o al establecer lazos con otros inmigrantes, y la vida en la ciudad de acogida cobra un mayor sentido con el encuentro y el compartir, donde la cultura permanece y se hace significativa, permitiendo que las personas se junten y emprendan un trabajo en común. En palabras de Villoro (1998: 194), una condición para la asociación voluntaria es la capacidad de sus miembros de decidir libremente, conforme al propio sistema de fines y valores que son comunes a una cultura, lo que se refleja asimismo en la importancia que se da a las redes informales.

Respecto de las relaciones entre los inmigrantes de las tierras altas y los no migrantes, nos damos cuenta de dos tendencias: por un lado están los que se resignan a una relación de desigualdad y discriminación, y por otro los que se empeñan en trabajar por proyectos de reconstrucción identitaria. Esto último confirma la existencia de una identidad vivida y activa expresada desde una perspectiva particular. Los inmigrantes en su mayoría han sufrido un proceso de resignificación y adaptación, lo cual supone un rescate de formas culturales, modos de relación social y de producción simbólica distinta a la de los tarijeños. Los precursores del capital social les permiten generar un sentimiento de pertenencia que resulta fundamental en la definición del propio capital social. La teoría del capital social dice básicamente que los grupos usan capital social en sus estrategias y en la satisfacción de necesidades económicas, sociales y afectivas. Para el análisis tomamos las variables que actúan como precursores del capital social en términos cognitivos y estructurales, pero además nos interesamos por cruzar las variables y exponerlas tanto al contexto interno como al externo. El resultado ha sido una radiografía de la situación de los inmigrantes de las tierras altas en Tarija no solo respecto de su capital social sino también de las dinámicas migratorias, y de cómo estas han influido en los precursores del capital social, produciéndose mecanismos de adaptación e innovación constantes para mantener vigente la cultura en un entorno ajeno.

Los altos niveles de *bonding* permiten sentar las bases para un desarrollo del capital social, y dan cuenta de la existencia de confianza, reciprocidad y cooperación, así como de estructuras de redes que permiten aglutinar a los inmigrantes de tierras altas en torno a objetivos comunes. Pensamos que el crecimiento de este capital puede deberse sobre todo al sentimiento de amenaza desde el entorno, que ha llevado a los inmigrantes a generar una coraza de protección formada por un círculo cerrado que puede hacerse más flexible en la medida que este sentimiento disminuya. Pero también detectamos lazos reales de confianza, cooperación y reciprocidad con actores que se encuentran fuera de dicho círculo; estos actores son básicamente las clases subalternas de Tarija. Sin embargo pensamos que el fortalecimiento del capital social requiere de una alianza, no solo con la clase subalterna, sino también con el resto de la sociedad, aunque sentimos que esta primera alianza es un paso importante hacia la aceptación positiva de las diferencias. Por lo tanto, el capital social se fortalece de manera integral solo si sus relaciones de reciprocidad, confianza y cooperación se extienden a otros actores como el gobierno regional y el Estado.

Consideramos importante realizar un primer ejercicio de análisis en torno al capital social y su utilidad como dispositivo de participación política. Es aquí donde le toca al Estado un rol importante, apoyando contactos que se extiendan hacia la sociedad, actuando como catalizador de participación política y generador de condiciones para el surgimiento de nuevos espacios públicos de diálogo, y donde el capital social juega un papel importante porque, como vimos en nuestro estudio de caso, el capital social se convierte en un dispositivo de participación política, toda vez que ha impulsado la incursión de los inmigrantes de las tierras altas en Tarija en el espectro político de la ciudad.

VI. RESUMEN Y REFLEXIÓN GENERAL SOBRE LOS HALLAZGOS

La aproximación que el presente trabajo hace al estudio de la comunidad de inmigrantes de las tierras altas en Tarija parte del supuesto de que la migración interna ha sido un factor decisivo en el cambio de la estructura política (sistema de partidos, actores, instituciones) que Bolivia ha vivido a partir de los inicios del presente siglo. Este cambio es consecuencia también del cuestionamiento que la sociedad boliviana hace a la forma tradicional de hacer política, pero sobre todo es el resultado del sentimiento de impotencia que genera el hecho de que estos cuestionamientos pocas veces sean tomados en serio por los gobernantes. Hace solo unos años nadie hubiera imaginado que uno de los países más pobres del mundo pasaría por la súbita metamorfosis de ejemplo exitoso de la imposición de políticas neoliberales a ejemplo de la resistencia a estas mismas políticas; ni que un país con una población mayoritariamente indígena desafiara exitosamente la imposición de un discurso promovido por las potencias mundiales; ni que polleras, mantas y *ch'ullos*[1] pudieran pasearse airosos por el parlamento, mientras un primer presidente indígena, nacido de un movimiento como el de los cocaleros, fuera entronizado como el primer presidente indígena, elegido además con una mayoría aplastante.

Para los fines de nuestro estudio, nos interesaba saber cómo se generó esta metamorfosis, qué o quiénes la sustentaron y cuánto había sido el tiempo de su incubación. Comenzábamos diciendo que Bolivia resalta como un caso dramático: mientras iniciaba su transición a la democracia, después de décadas de dictaduras, paralelamente

---

1 Palabra quechua que se refiere a la gorra típica que los hombres quechuas llevan, sobre todo en la parte norte del departamento de Potosí.

implementaba uno de los programas de reformas económicas "más extremos del mundo" (Kohl y Farthing 2004: 143). El colapso institucional que el país sufrió a comienzos del siglo XXI derivó en una profunda crisis estatal, entendida como el resultado del clientelismo y la falta de voluntad de la clase política por incorporar a las clases subalternas al debate sobre la construcción de la nación. Esto alentó una cohesión identitaria entre las clases subalternas y que años más tarde plantearían una reforma en el plano no solo político sino también social, y de alcances hasta entonces inimaginables.

Partíamos con estas preguntas, y durante el trabajo pudimos demostrar que esto, a lo que hemos denominado *metamorfosis*, fue incubado durante más de dos décadas. Con ello desafiamos la posición más común de los estudiosos del tema, que intentan mostrar que el logro de la inclusión de nuevos actores en el plano político, no solo como votantes sino también como candidatos, se debe a un partido político determinado o a un líder en concreto. Como respuesta proponemos una relectura de los acontecimientos y señalamos que el cambio político que Bolivia experimenta es consecuencia de su migración interna. Ahora bien, hemos explicado que la historia de la migración interna tiene un punto de inflexión que se da a partir del Decreto Supremo nº 21060, y que permitió a Bolivia alinearse con la economía de libre mercado. Como derivación se produjo el cierre de empresas estatales (un caso emblemático es el de las minas estatales) y por ende el despido de miles de trabajadores. El Decreto Supremo nº 21060 tuvo como objetivo, aunque no de forma explícita, la destrucción del poderoso movimiento obrero nacional representado por la Central Obrera Boliviana (COB); por eso, el que por entonces fuera ministro de Economía, y en el 2003 presidente del país, G. Sánchez de Lozada, decía: "Antes que un plan estrictamente económico [la NPE] es un plan político" (ILDIS 1985: 6). Desde 1952 a 1985, la COB tuvo una influencia en la vida política nacional mayor que cualquier otro movimiento sindical independiente en Latinoamérica y tal vez en el mundo (John 2010). El discurso de la COB de aquellos años, a diferencia del actual, no se limitaba a la reivindicación salarial o a la explotación laboral, sino que encarnaba la visión de una sociedad igualitaria y denunciaba el expolio de recursos por parte de las multinacionales. Su fuerza estaba en su capacidad para cohesionar corrientes ideológicas, partidos políticos y grupos étnicos diferentes, y su debilidad, más allá de las luchas internas, fue, y todavía es, el carácter machista de sus cúpulas sindicales.

Con el cierre de las minas, los campamentos mineros se convertían en pueblos fantasmas, y mientras tanto capitales como Santa Cruz y Tarija, ciudades satélites como El Alto, o regiones de colonización como el Chapare, se transformaban en espacios de sobrevivencia para estos actores. Sería precisamente en estos espacios de sobrevivencia —Zona Norte en Tarija, Plan 3000 en Santa Cruz, Ivigarzama en el Chapare, entre otros— donde los exmineros trasladarían su memoria sindical, y esto se tradujo en el traslado de sus lógicas de acción, de su capacidad de liderazgo, de la organización de sus mujeres, de sus prácticas asambleístas, de su cohesión interna, de su manera de enfrentar los conflictos con una lógica de "hasta las últimas consecuencias" (Cajías 2004: 22). Estas acciones se plasman en hechos, que pueden parecer tan cotidianos como la exigencia de servicios básicos, la apertura de calles, la instalación de postas de salud, etc., pero que encubren una puesta en escena compleja, pues encierran un discurso que interpela el orden de las cosas y exige ser tomado en cuenta. En esta estrategia, a los exmineros les acompañan los fabriles despedidos y los campesinos desterrados, ambos también a causa del Decreto Supremo nº 21060, los primeros porque les cerraron sus fuentes de trabajo y los segundos porque, a causa de la apertura del mercado para la importación de alimentos y/o de la sequía imperante en aquellos años, se les obligó de manera (in)directa a abandonar sus tierras.

Esta estrategia de sobrevivencia, la búsqueda de un nuevo espacio, no es nueva; el análisis nos llevó a la conclusión de que la migración es una característica de la población de la región andina. La movilidad y la utilización de diferentes espacios geográficos son asumidas como constantes en las prácticas de sobrevivencia y reproducción sociocultural ya desde la época del incario. Dichas prácticas han producido un *habitus*, que lleva a estos habitantes a buscar la vida por otras latitudes, ya no solamente como una estrategia de sobrevivencia familiar, sino como una forma intrínseca de reproducción comunitaria y societal. De allí que en el marco teórico sobre migraciones nos acerquemos más al concepto de *habitus* (en el sentido bourdiano) por su alto poder explicativo, que a aquellos enfoques que proponen la "expulsión-atracción" como causas y efectos de la migración.

La inmigración de las tierras altas es, sin duda, bastante heterogénea y compleja, por ello la etiqueta de "inmigrante pobre e indígena" obedece más a prejuicios o simplificaciones que a hechos reales. En primer lugar, los inmigrantes no aceptan ser llamados "kollas"; califican a esta palabra como despectiva, y consideran que reduce su identidad territorial a departamentos como La Paz, Oruro o Potosí. La mayoría no se presentan a sí mismos como indígenas o indios, aunque su consumo cultural los sitúa en este lugar. Las entrevistas abarcan la primera, la segunda e incluso una tercera generación de inmigrantes (llama la atención que estos últimos no conocen las tierras originales de sus antepasados, pero igualmente se autoidentifican como *inmigrantes*). En el tema del acceso al consumo podemos decir que hay un grupo con alto poder adquisitivo y que, saliendo del molde esperado, no buscan alinearse a la elite tarijeña, sino que incentivan el desarrollo de su identidad andina a través de su participación y de la financiación y/o patrocinio de actividades culturales.

La corriente inmigratoria de las tierras altas trasladó a Tarija la organización minero-sindical y con ello la territorialidad del espacio, un *modus* que sostuvo el derecho a ocupar la tierra para luego habitarla. En este ámbito, es como si la mina, la fábrica y la comunidad rural se hubieran trasladado al barrio, y ahora este funge como lugar de política, de base de las redes. Como esbozamos a lo largo de la investigación, la diferencia cultural sirve como una marca de fronteras entre dos grupos, los *tarijeños* —o quienes se consideran así— y los inmigrantes. Estos últimos, que se concentran en la Zona Norte de la ciudad, establecieron sus propios barrios marcados por el uso distintivo de los espacios; del otro lado la zona es percibida como la confirmación de los temores de aquellos que ven en la inmigración de tierras altas *una invasión,* de allí que la conservación lingüística y cultural de los inmigrantes sea considerada como la incapacidad para adaptarse a la sociedad receptora, y que en sus imaginarios quienes no se asimilan sean culpables por sí solos de sus posiciones marginadas.

En el análisis coyuntural nacional observamos que en la sociedad boliviana existe una diversidad regional, étnica y clasista, con un pasado prehispánico y colonial fuertemente anclado. Se trata, en palabras de Zabaleta (2008), de una sociedad abigarrada, donde las autoidentificaciones se yuxtaponen unas a otras. En esta diversidad de identidades se presenta un conflicto polifacético que ha sido ligado a las identidades, o lo que es lo mismo, se presenta un conflicto ante la pregunta de quién es quién y quién está llamado a poner las etiquetas. En este contexto, los mecanismos y el contenido ideológico de la interpelación étnica en el discurso político cobra especial interés. Sin embargo, no queremos quedarnos en el encasillamiento étnico de los sujetos políticos, y por ello nos enfocamos en las prácticas destinadas a producir relatos que explican elementos dispersos de la realidad social y que generan alianzas, solidaridades y estructuras que permiten una mayor participación política, como es lo que precisamente pasó en nuestro estudio de caso, pues si bien es cierto que, durante los últimos años, las miradas tanto académicas como políticas han estado centradas en el papel que la etnicidad ha jugado tanto en el sistema de partidos políticos como en el caso de los movimientos sociales del país, el caso que estudiamos nos muestra que los inmigrantes de las tierras altas en Tarija no se centran solo en su identidad étnica como un medio de movilización. En efecto, como ellos mismos lo reconocen y afirman, eso sería llevarlos al aislamiento. En cambio, generan una apelación al tema de clase como una estrategia para tender puentes y encontrar solidaridades en los grupos subalternos de la sociedad que los recibe. De esta forma vemos que los actores sociales de este trabajo asumen múltiples identidades (ya sea étnicas o de clase), cada una susceptible de movilización, y sobre esta base se postula que para entender a sociedades abigarradas, sociedades *ch'ejes* (Rivera 2010) como la boliviana, es imprescindible entender su estructura subyacente, como una intersección de clase y etnicidad.

Como lo hemos mencionado en el respectivo capítulo, mucho de lo que se ha hecho en cuanto a inclusión de actores en la participación política viene precisamente de las zonas de colonización —por tanto zonas de inmigración—. Así, entonces, no es casualidad que importantes líderes sindicales, e incluso un posible presidente indígena, no salga de uno de los *ayllus* del altiplano, sino de zonas de colonización (Rivera 2009), porque es allí donde los inmigrantes toman conciencia de su situación como actores políticos, y construyen su identidad "a través de la expansión de cadenas de equivalencia que subvierten el carácter diferencial de las identidades discursivas" (Laclau y Mouffe 1987: 128), lo que nos lleva a una de las interrogantes que habíamos planteado al comienzo de la investigación y que esta referida a la posibilidad de entender a la migración interna boliviana como una alternativa de reivindicación política en la diversidad y la heterogeneidad de sus habitantes. El estudio de caso planteado nos muestra que los inmigrantes pueden ser una alternativa a la disputa étnica en Bolivia; a diferencia de otros movimientos sociales bolivianos, los inmigrantes se dan cuenta en algún momento de que no vale la pena anteceder el tema étnico, lo usan, eso es claro, pero como variable transversal, ellos se autoidentifican y definen ante todo por su condición de inmigrantes, y esto les permite crear alianzas, respondiendo así a las críticas que se le hacen actualmente a la etnización de la política[2] en Bolivia, que quedan superadas.

En cuanto a la teoría sobre la inmigración, aportamos una sistematización de la cronología migratoria interna boliviana, elaborando también la tipología del migrante. A partir de esto sustentamos también la respuesta a la pregunta sobre si los movimientos sociales bolivianos son producto de una memoria colectiva que se ha mantenido y difundido con la migración: vemos en el estudio de caso que el papel de la memoria en la recomposición y la capacidad de articulación ideológica-cultural de los actores sociales es un proceso complejo en el que se perciben no solo continuidades sino también rupturas en las identidades de los actores, en la identificación de los adversarios, en los proyectos de transformación de la sociedad y en las formas de sus protestas y discursos. Es en esta construcción de comunidad imaginada donde se matizan los componentes de identidad que crearán el *bonding* del capital social dentro de esta colectividad. Estos componentes están marcados por la herencia de luchas pasadas, lo que permite mantener viva la memoria colectiva de una historia en común por medio de un universo simbólico —a lo que denominamos precursores del capital social— y que se expresa en el uso del espacio, la puesta en escena de rituales, costumbres, la lucha por mantener vivo al quechua y al aymara y a la construcción del discurso. Trabajamos una migración de ciudad a ciudad —en el caso de los exmineros, por ejemplo—, pero no a una más urbana, sino a un lugar pobre en recursos económicos, bastante retrasado en relación al que dejan. Se trata pues, hasta cierto punto, de una migración obligada.

---

2 Actualmente hay una fuerte tendencia de parte del gobierno y las instituciones estatales por etnitizar la política haciendo hincapié en las diferencias antes que en la inclusión.

También describimos el proceso de cambio político que se da en la región de estudio, a partir de un análisis del uso del discurso de parte de las fuerzas confrontadas: inmigrantes y la elite política del departamento de Tarija. De las observaciones, entrevistas y de la revisión de hemeroteca inferimos que la confrontación discursiva de la clase dominante del departamento se construye con la magnificación de la agresión al enemigo externo, visualizado en el Estado y en determinados partidos políticos, que supuestamente buscan postergar el desarrollo regional. Para corroborar esto realizamos un análisis de estos partidos políticos. La marginalización de lo periurbano se ve en la diferenciación del "otro" dentro de la ciudad, no solamente como aparte, sino como menos; por tal razón, las relaciones de dominación dentro de la ciudad no se limitan a la producción de barrios periurbanos marginales, sino de poblaciones marginales. A fin de explicar el presente, actores políticos, miembros de la elite tradicional, e incluso historiadores regionalistas, redescubren, reinterpretan y resignifican la historia de Tarija y justifican una "herencia española" que los alejaría del carácter indígena con el que se identifica actualmente a Bolivia. A través de un análisis exhaustivo de las fuentes de este discurso histórico hegemónico concluimos que este alimenta y brinda el soporte para la construcción de una identidad que moviliza a los ciudadanos mediante la explotación de sus emociones colectivas. Esta historia construida selecciona, omite y/o resalta acontecimientos, episodios, héroes y mártires a fin de alimentar la pertenencia a una comunidad imaginada. Con esto presentamos una mirada a la composición del poder, analizamos el discurso que busca ser hegemónico, y a quienes lo generan y sustentan, que fue otro de los objetivos del estudio.

La lectura descriptiva de aproximadamente dos décadas de vida democrática del país nos permite un mapeo de las reformas políticas que ha tenido en estos años; vemos cómo estas reformas han influido en la decisión de los ciudadanos de participar todavía más activamente de la política, y a través de esta incursión darle un cambio al sistema político boliviano. El cambio se traduce en que los partidos tradicionales son remplazados por partidos de inmigrantes, como el MIP, CONDEPA y UCS, que fueron el preámbulo en regiones como Tarija y Santa Cruz de lo que representaría el MAS años más tarde. La intensa movilización social que el país ha tenido a finales del siglo XX y principios del siglo XXI tiene su propio correlato en Tarija, y por ello nos detenemos en esta región de Bolivia, para hacer una lectura de la política nacional desde la vivencia de Tarija. Esta reflexión nos permite esbozar el tránsito de un primer momento de ruptura del orden de dominación a otro momento en el que las fuerzas sociales tendrán la oportunidad de establecer un nuevo orden que desmonte esta estructura de elite feudal, llevando a un inmigrante de las tierras altas a ser la primera autoridad política del departamento.

En este sentido, proponemos con el estudio de caso la teoría del capital social como dispositivo de participación política; para ello presentamos un modelo de estudio que nos aportará información sobre la producción del *bonding*, *bridging* y *linking* de los inmigrantes de las tierras altas, de sus variables constitutivas y las relaciones dinámicas que se dan entre ellas. Esto nos arroja como resultado que el discurso de los inmigrantes en algún momento se hace inclusivo; por eso hacen alianzas con las clases subalternas de la ciudad, y son estos últimos quienes en los enfrentamientos le cuestionan a los mismos "tarijeños" los conceptos de identidad y ciudadanía. El mensaje que en esos momentos se transmite es que no son solo los inmigrantes de las tierras altas los excluidos del proceso de construcción política, sino que son los propios tarijeños —como por ejemplo los campesinos— los que están excluidos. Este discurso genera procesos de identificación, proponiendo elementos en común entre diferentes grupos sociales y postulando un eje constitutivo que cohesiona por oposición. De esta forma, se crea una alianza entre inmigrantes de las tierras altas y las clases subalternas tarijeñas, lo que les permite una incursión política importante a partir de la confrontación con las elites dominantes del momento. Demostramos que esta cohesión y posterior incursión en la política formal se plasma haciendo uso del rico capital social con que se cuenta o, lo que es lo mismo, demostramos que el capital social puede transformarse en un poderoso dispositivo de participación política. El desarrollo de la investigación nos permite responder las preguntas planteadas al principio y analizar las evidencias del capital social en la región de estudio, y en el análisis de este fenómeno hacemos un aporte como estudio de caso que contiene el *bonding*, *bridging* y ha alcanzado también el *linking* del capital social, sistematizando un marco teórico apropiado junto a la serie de datos objetivos que nos han permitido vincular dos esferas de migración y política.

Nuestro objetivo era conectar las variables migración y política a través de la teoría del capital social. Esta teoría presenta tres dimensiones: el *bonding*, que se trata básicamente de las relaciones entre miembros homogéneos (familiares, amigos muy cercanos, miembros de una misma comunidad), el *bridging*, que hace referencia a las relaciones entre miembros de comunidades distintas, es decir, trata de relaciones establecidas entre miembros más heterogéneos, y el *linking*, que constituye la capacidad para apalancar recursos, ideas e informaciones desde las instituciones formales, principalmente las del Estado. Podemos decir que nuestro estudio de caso cumple a cabalidad con los tres ámbitos, y la conclusión es que los inmigrantes tienen un robusto *bonding*, que el *bridging* se da cuando se tienden puentes a su relación con las clases subalternas tarijeñas, y que esta apertura es clave para poder dar el tercer paso, que es el *linking* en su relación con el Estado, que en el estudio de caso esta representado por la incursión de estos como actores políticos.

El uso más común, en cuanto a la aplicación empírica del concepto de capital social, ha sido su uso en el tema de la pobreza. En nuestro estudio de caso queda claro que un robusto capital social podrá permitir una articulación para buscar soluciones paliativas y momentáneas al problema, pero en ningún caso puede ser un alivio para la pobreza. Tomando distancia de este enfoque, el presente estudio se concentra en aprovechar el capital social de este grupo social para convertirlo en un dispositivo de participación política, abordando el término "sociedad más fuerte" como estrategia para superar la pobreza, desde el fortalecimiento de la participación ciudadana, a la que hemos identificado como una oportunidad para fortalecer las capacidades de la sociedad civil. El aumento de la fuerza en la voz de sectores marginados, como los inmigrantes de las tierras altas en Tarija, por medio de la construcción de su capital social y el fortalecimiento de su capacidad organizativa, promueve los cambios de política, y esperamos pueda ser un aporte para una mayor democratización del sistema político boliviano, a través de la inclusión de todos los sectores de la población, ya no solo como votantes, sino también como electos Acotamos también que, a través del método holístico, conseguimos un acercamiento a la zona de estudio, lo que nos permitió inferir un modelo de capital social ajustado a la realidad del grupo de estudio, en la medida en que esta teoría nos ofrece el estudio de variables ajustadas a las necesidades y particularidades de la población a investigar; con este aporte abrimos también las puertas a futuras investigaciones.

Bibliografía

Estudios

Aguiluz, Maya y Los Ríos, Norma de, eds. (2006). *René Zabaleta Mercado. Ensayos, testimonios y re-visiones*. Buenos Aires: Miño y Dávila.

Alarcón, Alex y Bosch, José Luis C. (2003). *Capital social en Chile: Avances sobre su formación y aplicación: Documento CPU-Chile*, < https://www.u-cursos.cl/ingenieria/2008/2/EH1E1/3/material_docente/bajar?id_material=194403> (21.10.2018).

Albó, Xavier y Barrios Morón, Raúl, eds. (1993). *Violencias encubiertas en Bolivia*. La Paz: CIPCA; Aruwiyiri.

Albó, Xavier (1995). *Bolivia plurilingüe. Guía para planificadores y educadores: Vol. 1, 2*. La Paz: CIPCA.

Alegre, Florentina (2005). "Posdata. Solamente somos un tumulto de defensa para facilitar el paro", en Mujeres Creando (eds): *La Virgen de los Deseos*. Buenos Aires: Pensar en movimiento; Tinta Limón, 160-61, <https://www.mujerescreando.org/pag_menu/publicaciones/libros/la_virgen_de_los_deseos.pdf> (21.10.2018).

Alonso, Luis Enrique (2004). "Las políticas del consumo: transformaciones en el proceso de trabajo y fragmentación de los estilos de vida", *Revista Española de Sociología (RES)* 4(1): 7-50.

Andersen, Lykke (2002). *Migración Rural-Urbana en Bolivia: Ventajas y Desventajas: Documento de Trabajo nº 12/02, Instituto de Investigaciones Socioeconómicas*. La Paz: IISEC.

Anderson, Benedict (1999). *Comunidades Imaginarias*. México: Siglo XXI Editores.

Antelo, Sergio (2003). *Los cruceños y su derecho de libre determinación*. Santa Cruz: Imprenta Landívar.

Arango, Joaquín (2000). "Enfoques conceptuales y teóricos para explicar la migración", *Revista Internacional de Ciencias Sociales* (165): 33-47.

Arnáiz Burne, Stella Maris y César Dachary, Alfredo César, eds. (2008). *Turismo y desarrollo: Crecimiento y pobreza*. México: Ediciones de la Noche.

Arnold, Denise y Yapita, Juan de Dios (2000). *El rincón de cabezas: luchas textuales, educación y tierra en los Andes*. La Paz: UMSA; Facultad de Humanidades.

Arnold, Denise y Spedding, Alison (2005). *Mujeres en los Movimientos Sociales en Bolivia 2000-2003*. La Paz: Cidem; ILCA.

Atria, Raúl, Siles, Marcelo, Arriagada, Irma, Robinson, Lindon J. y Whiteford, Scott, eds. (2003). *Capital social y reducción de la pobreza en América Latina y el Caribe: en busca de un nuevo paradigma*. Santiago de Chile: CEPAL; East Lansing: Michigan State University.

Ayala, Rodrigo (2011). "Árboles, helechos y astillas: organizaciones políticas en Tarija", en Gustavo Pedraza, Fernando Mayorga, Yerko Ilijic, Franz Barrios y Rodrigo Ayala (eds.), *Hacia un sistema político subnacional. ¿Son posibles los partidos subnacionales?* La Paz: FES; fBDM, 165-215.

Baldivia, José (2002). "Migración y Desarrollo en Bolivia", en Instituto Prisma (ed.), *Población migraciones y desarrollo en Bolivia*. La Paz: Prisma, 65-123.

Banco Mundial (1998). *Organizaciones de base y desarrollo local en Bolivia: Documento de trabajo, nº 22808*, <www.bancomundial.org/es/country/bolivia> (25.11.2010).

— (2001). *¿Qué es el capital social?*, <www.worldbank.org/wbp/spanish/scapital> (25.11.2010).

— (2003). *Toward Country-Led Development: a Multi-Partner Evaluation of the Comprehensive Development Framework-Synthesis: Report*. Washington, D.C.: World Bank.

— (2004). *Bolivia. Estrategia de Asistencia al País 2004/2005: Traducción al español del Documento nº 26838-BO, Report and Recommendation on a Country Assistance Strategy for the Republic of Bolivia*. Washington, D.C.: World Bank.

Barbini, Bernarda (2008). "Capacidades locales de desarrollo a través del turismo: reflexiones para su abordaje", en Stella Maris Arnáiz Burne y Alfredo César Dachary (eds.), *Turismo y desarrollo: Crecimiento y pobreza*. México: Ediciones de la Noche, 207-27.

Barnes, Samuel Henry y Kaase, Max (1979). *Political Action: Mass Participation in Five Western Democracies*. Beverly Hills: Sage Publ.

Barragán, Rossana (2007). "Organización del trabajo y representaciones de clase y etnicidad en el comercio callejero de la ciudad de La Paz", en Fernanda Wanderley (ed.), *Estudios urbanos. En la encrucijada de la interdisciplinaridad*. La Paz: CIDES; Plural Editores, 207-42.

Barrios, Raúl y Mayorga, René Antonio (1994). *La cuestión militar en cuestión. Democracia y Fuerzas Armadas*. La Paz: Cebem.

Baumann, Max Peter, ed. (1994). *Kosmos der Anden: Weltbild und Symbolik indianischer Tradition in Südamerika*. München: Diederichs.

Bebbington, Anthony (2000). *Social Capital and Poverty Reduction: Relationships, Networks, and Organizations. New Paths to Social Development*. Washington, D.C.: World Bank.

Bebbington, Anthony, Guggenheim, Scott, Olson, Elizabeth y Woolcock, Michael (2004). "Exploring Social Capital Debates at the World Bank", *Journal of Development Studies* 40(5): 33-64.

Benencia, Roberto y Karasik, Gabriela (1995). *La migración boliviana a Argentina*. Buenos Aires: CEDAL.

Bernecker, Walther, Buve, Raymond, Fisher, John, Pietschmann, Horst y Tobler, Hans Werner, eds. (1996). *Handbuch der Geschichte Lateinamerikas. Band 3*. Stuttgart: Klett-Cotta.

Biber, Leon E. (1996). "Bolivien", en Walther Bernecker, Raymond Buve, John Fisher, Horst Pietschmann y Hans Werner Tobler (eds.), *Handbuch der Geschichte Lateinamerikas. Band 3*. Stuttgart: Klett-Cotta, 821-45.

Birle, Peter, Hofmeister, Wilhelm, Maihold, Günther y Potthast, Barbara, eds. (2007). *Elites en América Latina*. Madrid: Iberoamericana; Frankfurt am Main: Vervuert.

Blanco, Cristina (2000). *Las migraciones contemporáneas*. Madrid: Alianza.

Blumer, Herbert (1982). *Interaccionismo simbólico: Perspectiva y método*. Barcelona: Hora.

Boisier, Sergio (2000). *Conversaciones sociales y desarrollo regional: potenciación del capital sinergético y creación de sinergia cognitiva en una región (Región del Maule, Chile)*. Talca: Universidad de Talca.

Bologna, Eduardo (2003). "Reversibilidad, vínculos y espacios fronterizos: el caso de la comunidad boliviana en Neuquén", en AEPA/Universidad Nacional del Comahue (ed.), *VI Jornadas Argentinas de Estudios de Población*. Neuquén: AEPA; Universidad Nacional del Comahue, 394-409.

Bourdieu, Pierre (1987). "Los tres estados del capital cultural", *Sociológica* 2(5): 11-7.

— (1999). *La miseria del mundo*. Buenos Aires: Fondo de Cultura Económica.

— (2000). *Poder, derecho y clases sociales*. Barcelona: Desclée de Brouwer.

Brettell, Caroline y Hollifield, James Frank, eds. (2000). *Migration Theory: Talking Across Disciplines*, 2nd ed. London: Routledge.

Cabezas Fernández, Marta (2007). "Caracterización del 'ciclo rebelde' 2000-2005", en Jesús Espasandín López y Pablo Iglesias (eds.), *Bolivia en movimiento: Acción colectiva y poder político*. Barcelona: El Viejo Topo, 189-220.

Caggiano, Sergio (2005). *Lo que no entra en el crisol. Inmigración boliviana, comunicación intercultural y procesos identitarios*. Buenos Aires: Prometeo.

Cajías de la Vega, Magdalena (2004). "Articulaciones ideológico culturales en los movimientos sociales bolivianos", *El poder de la memoria, Barataria* 1(1): 18-28.

Calderón, Fernando y Szmukler, Alicia (2000). *La política en las calles. Política, urbanización y desarrollo*. La Paz: Plural Editores; Cochabamba: CERES; Quito: Universidad Andina Simón Bolívar.

Campero, Fernando, ed. (1999). *Bolivia en el siglo xx: la formación de la Bolivia contemporánea*. La Paz: Harvard Club de Bolivia.

Canessa, Andrew, ed. (2005). *Natives Making Nations: Gender, Indigeneity and the State in the Andes*. Tucson: University of Arizona Press.

— (2005a). "The Indian Within, the Indian Without: Citizenship, Race, and Sex in a Bolivian Hamlet", en Andrew Canessa (ed.), *Natives Making Nations: Gender, Indigeneity and the State in the Andes*. Tucson: University of Arizona Press, 130-55.

CASAS, José (2003). "Las rupturas y cristalizaciones en la memoria colectiva: los casos de San Juan y Cachal", *Revista Kairós* 7(12), <http://www.revistakairos.org/wp-content/uploads/casas-jose.pdf > (21.10.2018).

CASILLAS, Rodolfo (2011). "Usos identitarios y culturales en la transmigración por México", *Revista: Migración y Desarrollo* 9(17): 145-55.

CASSIRER, Ernst (1992). *El mito del Estado*. Bogotá: Fondo de Cultura Económica.

CASTELLS, Manuel (1999). *La era de la información: Economía, sociedad y cultura. Vol. 1&2*. México: Siglo XXI Editores.

CASTLES, Stephen y MILLER, Mark J. (2004). *La era de la migración: Movimientos internacionales de población en el mundo moderno*. México: Porrúa.

CERDA, Hugo (2005). *Los elementos de la investigación. Cómo reconocerlos, diseñarlos y construirlos*. Bogotá: El Búho.

CHIRIBOGA, Cinthia, TUTIVEN, Carlos y CERBINO, Mauro (2001). *Culturas juveniles: Cuerpo, música, socialidad y género*. Guayaquil: Ediciones Abya-Yala.

CODEPO (2004). *Estudio de la migración interna en Bolivia*. La Paz: Ministerio de Desarrollo Sostenible.

COLEMAN, James (1988). "Social Capital in the Creation of Human Capital", *American Journal of Sociology* (94): 95-120.

— (1990). *Foundations of Social Theory*. Cambridge: Harvard University Press.

— (1993). "The Rational Reconstruction of Society", *American Sociology Review* (58): 1-15.

— (2000). "Social Capital in the Creation of Human Capital", en Ismail Serageldin y Partha Dasgupta (eds.), *Social Capital: A Multifaceted Perspective*. Washington, D.C.: World Bank, 13-40.

CONAGHAN, Catherine M. y MALLOY, James M. (1994). *Unsettling Statecraft: Democracy and Neoliberalism in the Central Andes*. Pittsburgh: University of Pittsburgh Press.

CONDARCO, Ramiro (1970). *El escenario andino y el hombre*. La Paz: Ed. Renovación.

CONDARCO, Ramiro y MURRA, John, eds. (1987). *La teoría de la complementariedad vertical-ecosimbiótica*. La Paz: Hisbol.

CORTÉS, Geneviève (2004). *Partir para quedarse. Supervivencia y cambio en las sociedades campesinas andinas de Bolivia*. La Paz: Plural Editores; IFEA; IRD.

CÔTÉ, Sylvain y HEALY, Tom (2001). *The Well Being of Nations. The Role of Human and Social Capital*. Paris: OCDE.

COTTLE, Patricia y RUIZ, Beatriz (1993). "La violencia de la vida cotidiana", en Xavier Albó y Raúl Barrios Morón (eds.), *Violencias encubiertas en Bolivia*. La Paz: CIPCA; Aruwiyiri.

COX, Eva (1995). *A Truly Civil Society*. Sydney: ABC Books.

CRABTREE, John (2005). *Perfiles de protesta. Perfiles y movimientos sociales en Bolivia*. La Paz: UNIR; PIEB.

— (2009). "Una historia de tensiones no resueltas", en John Crabtree, George Gray Molina y Laurence Whitehead (eds.), *Tensiones irresueltas: Bolivia, pasado y presente*. La Paz: PNUD; Plural Editores, 9-18.

D'Andrea, Nicola y Martin, Ceydric (2007). "La ciudad de Tarija: análisis de los factores de estabilidad del crecimiento demográfico", en Hervé Domenach, Dora Celton, Hugo Arze y Philippe Hamelin (eds.), *Movilidad y procesos migratorios en el espacio de frontera argentino boliviana*. Córdoba: UNC-CEA; Marseille: IRD.

De la Cadena, Marisol, ed. (2008). *Formaciones de indianidad. Articulaciones raciales, mestizaje y nación en América Latina*. Popayán: Envión.

De la Torre Ávila, Leonardo (2006). *No llores, prenda, pronto volveré. Migración, movilidad social, herida familiar y desarrollo*. La Paz: PIEB.

De Lora, Pablo (2006). *Memoria y frontera: El desafío de los derechos humanos*. Madrid: Alianza.

De Miguel, Verónica, Solana, Miguel y Pascual de Sans, Àngels (2007). *Redes sociales de apoyo: La inserción de la población extranjera*. Bilbao: Fundación BBVA.

Deutsch, Karl W. (1961). "Social Mobilization and Political Development", *American Political Science Review* 55(03): 493-514.

Díaz, Marianela (2011). "Sociedad abigarrada. Repensando la democracia multicultural en Bolivia. Entrevista a Luis Tapia Mealla", *Relacso (Revista Estudiantil Latinoamericana de Ciencias Sociales)* 1: 2-3.

Díaz Polanco, Héctor, ed. (1995). *Etnia y nación en América Latina*. México: Consejo Nacional para la Cultura y las Artes.

Dillehay, Tom y Núñez, Lautaro (1979). *Movilidad giratoria, armonía social y desarrollo en los Andes meridionales: Patrones de tráfico e interacción económica*. Antofagasta: Universidad Católica del Norte.

Domenach, Hervé, Celton, Dora, Arze, Hugo y Hamelin, Philippe, eds. (2007). *Movilidad y procesos migratorios en el espacio de frontera argentino boliviana*. Córdoba: UNC-CEA; Marseille: IRD.

Dunkerley, James (2003). *Rebelión en las venas*. La Paz: Plural Editores.

Durston, John (1999). "Construyendo capital social comunitario", *Revista de la CEPAL* (69): 103-18.

— (2000). *¿Qué es capital social comunitario?* Santiago de Chile: CEPAL; Naciones Unidas.

— (2001). "El capital social en seis comunidades campesinas de Chile. Adelantos y desafíos de una investigación en marcha", en John Durston y Francisca Miranda (eds.), *Capital social y políticas públicas en Chile. Investigaciones recientes. Vol. 1*. Santiago de Chile: CEPAL, 39-56.

— (2002). *El capital social campesino en la gestión del desarrollo rural: díadas, equipos, puentes y escaleras*. Santiago de Chile: CEPAL.

— (2003). "Capital social: parte del problema, parte de la solución, su papel en la persistencia y en la superación de la pobreza en América Latina y el Caribe", en Raúl Atria, Marcelo Siles, Irma Arriagada, Lindon J. Robinson y Scott Whiteford (eds.), *Capital social y reducción de la pobreza en América Latina y el Caribe: en busca de un nuevo paradigma*. Santiago de Chile: CEPAL; East Lansing: Michigan State University, 147-202.

DURSTON, John y MIRANDA, Francisca, eds. (2001). *Capital social y políticas públicas en Chile. Investigaciones recientes. Vol. 1*. Santiago de Chile: CEPAL.

EBANKS, G. Edward (1993). *Determinantes socioeconómicos de la migración interna, con especial referencia a la región de América Latina y el Caribe*. Santiago de Chile: CELADE.

ECHAZÚ, Mario (2006). *Datos de la historia de Tarija*. Tarija: Universidad Autónoma Juan Misael Saracho.

ELIZAGA, Juan Carlos y MACISCO, John (1975). *Migraciones internas: teoría, método y factores sociológicos*. Santiago de Chile: CELADE.

ESCÁRZAGA, Fabiola (2002). "Movimientos etno-campesinos en Bolivia (1985-2001)", *Araucaria: Revista Iberoamericana de filosofía, política y humanidades* (8): 126-46.

ESPASANDÍN LÓPEZ, Jesús y IGLESIAS, Pablo, eds. (2007). *Bolivia en movimiento: Acción colectiva y poder político*. Barcelona: El Viejo Topo.

ESPINOZA, Claudia (2004). "Frente a los grandes medios. Rumores y radios comunitarias", *El poder de la memoria* 1(1): 33-5.

ESTERMANN, Josef (2006). *Filosofía andina. Sabiduría indígena para un mundo nuevo*. La Paz: ISEAT.

FARR, Robert y MOSCOVICI, Serge, eds. (1984). *Social Representations*. Cambridge: Cambridge University Press.

FIGUEROA, Verónica (2007). *Capital social y desarrollo indígena urbano: El caso mapuche*. Tesis doctoral. Ciencia Política, Universitat Ramon Llull. Barcelona. <http://hdl.handle.net/10803/9165> (21.10.2018).

FINE, Ben (2001). *Social Capital versus Social Theory*. New York: Routledge.

FLORES, Jesús, HERBAS, Iblin y HUANCA, Francisca (2007). *Mujeres y movimientos sociales en El Alto: fronteras entre la participación política y la vida cotidiana*. La Paz: PIEB.

FORNILLO, Bruno (2009). "Geopolítica boliviana y articulación plebeya. La beligerancia reciente en torno a la Plaza Real de Armas y el mercado campesino de la región tarijeña", en *XXVII Congreso de la Asociación Latinoamericana de Sociología. VIII Jornadas de Sociología de la Universidad de Buenos Aires*. Asociación Latinoamericana de Sociología, Buenos Aires, <http://www.aacademica.org/000-062/171> (25.09.2018).

— (2010). "Geopolítica de la resistencia en la Bolivia reciente: la dinámica tarijeña como clave para pensar la derrota de la 'media luna'", *Tomai* (22): 36-55.

FOUCAULT, Michel (1983). *El discurso del poder*. México: Folios.

— (2001). *Un diálogo sobre el poder*. Madrid: Alianza.

FUKUYAMA, Francis (1996). *Confianza: las virtudes sociales y la capacidad de generar prosperidad*. Buenos Aires: Atlantida.

— (2000). "Social Capital", en Lawrence E. Harrison y Samuel P. Huntington (eds.), *Culture Matters: How Values Shape Human Progress*. New York: Basic Books, 98-111.

GALEANO, Eduardo (1971). *Las venas abiertas de América Latina*. México: Siglo XXI Editores.

Galindo, María (2007). *Las exiliadas del neoliberalismo*. La Paz: Mujeres Creando. <https://www.mujerescreando.org/pag/articulos/2007/ponenicasexiliadas.htm> (25.09.2018).

García, Iñaki (2003). "Los hijos de inmigrantes como tema sociológico: la cuestión de la 'segunda generación'", *Anduli (Revista Andaluza de Ciencias Sociales)* (3): 27-46.

García Linera, Álvaro (2000). "Espacio social y estructuras simbólicas. Clase, dominación simbólica y etnicidad en la obra de Pierre Bourdieu", en Hugo Suárez (comp.), *Bourdieu leído desde el sur*. La Paz: Plural Editores, 52-127.

— (2004). "Bolivia: una sociedad en movimiento", *Revista Barataria* 1: 12-7.

— (2012). *Vom Rand ins Zentrum: Die Neugestaltung von Staat und Gesellschaft in Bolivien*. Zürich: Rotpunktverlag.

García Linera, Álvaro y Stefanoni, Pablo (2008). *La potencia plebeya: Acción colectiva e identidades indígenas, obreras y populares en Bolivia*. La Paz: CLACSO; Prometeo.

Garrido Fernández, Fernando E. y Moyano Estrada, Eduardo (2002). "Capital social y desarrollo en zonas rurales", *Revista Internacional de Sociología* (33): 67-96.

Gilbert, Alan (1996). *The Mega-City in Latin America*. Tokyo: United Nations University Press.

Glaeser, Edward (2001). "The Formation of Social Capital", *Canadian Journal of Policy Research* 2(1): 34-40.

Godard, Henri y Sandoval, Godofredo, eds. (2008). *Migración transnacional de los Andes a Europa y Estados Unidos*. La Paz: PIEB; IFEA.

Granovetter, Mark (1973). "The Strength of Weak Ties", *The American Journal Sociology* 78(6): 1360-80.

Gray Molina, George (2009). "Relaciones Estado/sociedad en Bolivia: la fuerza de la debilidad", en John Crabtree, George Gray Molina y Laurence Whitehead (eds.), *Tensiones irresueltas: Bolivia, pasado y presente*. La Paz: PNUD; Plural Editores, 125-44.

Grootaert, Christiaan y Van Bastelar, Thierry, eds. (2002). *Understanding and Measuring Social Capital: a Multidisciplinary Tool for Practitioners*. Washington, D.C.: World Bank.

Halbwachs, Maurice (2004). *La memoria colectiva*. Zaragoza: Prensas Universitarias de Zaragoza.

Hammersley, Martyn y Atkinson, Paul (1994). *Etnografía: métodos de investigación*. Buenos Aires: Paidós.

Harrison, Lawrence E. y Huntington, Samuel P., eds. (2000). *Culture Matters: How Values Shape Human Progress*. New York: Basic Books.

Harvey, David (1996). *Justice, Nature and the Geography of Difference*. Oxford: Blackwell.

Hengstenberg, Peter, Maihold, Günther y Kohut, Karl, eds. (1999). *Sociedad civil en América Latina: Representación de intereses y gobernabilidad*. Caracas: Ed. Nueva Sociedad.

HERRERA, Roberto (2006). *La perspectiva teórica en el estudio de las migraciones.* México: Siglo XXI Editores.

HINOJOSA, Alfonso, ed. (2004). *Migraciones transnacionales. Visiones de Norte y Sudamérica.* La Paz: PIEB; Plural Editores.

— (2004a). *Procesos migratorios transnacionales en Bolivia y Cochabamba: Estado de situación.* Cochabamba: CESU.

— (2008). "Transnacionalismo y multipolaridad en los flujos migratorios de Bolivia. Familia, comunidad y nación en dinámicas globales", en Henri Godard y Godofredo Sandoval (eds.), *Migración transnacional de los Andes a Europa y Estados Unidos.* La Paz: PIEB; IFEA.

— (2009). *Buscando la vida. Familias bolivianas transnacionales en España.* La Paz: CLACSO; PIEB.

HYLTON, Forrest, PATZI PACO, Félix, SERULNIKOV, Sergio, THOMSON, Sinclair y GILLY, Adolfo, eds. (2003). *Ya es otro tiempo el presente: Cuatro momentos de insurgencia indígena.* La Paz: Muela del Diablo Ed.

ILAYA, Carolina (2013). *El círculo social de los clubes de fans conformados por trabajadoras del hogar fuera del espacio laboral en la ciudad de La Paz.* La Paz: UMSA (tesis de licenciatura, inédito).

ILDIS (1985). *La Nueva Política Económica.* La Paz: ILDIS.

INE (2002). *Censo de Población y Vivienda 2001.* La Paz: INE.

— (2004). *Estudios de la migración interna en Bolivia.* La Paz: INE; CODEPO.

— (2014). *Censo de Población y Vivienda 2012.* La Paz: INE.

INKELES, Alex (2000). "Measuring social capital and its consequences", *Policy Sciences* 33(3-4): 19-42.

INSTITUTO PRISMA, ed. (2002). *Población migraciones y desarrollo en Bolivia.* La Paz: Prisma.

JANOSCHKA, Michael (2011). "Geografías urbanas en la era del neoliberalismo. Una conceptualización de la resistencia local a través de la participación y la ciudadanía urbana", *Investigaciones Geográficas, Boletín del Instituto de Geografía, UNAM* (76): 118-32.

JETTÉ, Christian (1989). *De la toma del Cielo por Asalto a la Relocalización. Movimiento popular y democracia en Bolivia 1976-1986.* La Paz: Hisbol.

JOHN, S. Sándor (2010). *Bolivia's Radical Tradition: Permanent Revolution in the Andes.* Tucson: University of Arizona Press.

JORDAN, Ricardo y SIMIONI, Daniela, eds. (1998). *Ciudades intermedias en América Latina y el Caribe: propuesta para la gestión urbana.* Santiago de Chile: ECLAC.

KNACK, Stephen y KEEFER, Philip (1997). "Does Social Capital Have an Economic Pay Off? A Cross Country Investigation", *The Quarterly Journal of Economics* 112(4): 1251-88.

KOHL, Benjamin y FARTHING, Linda (2007). *El bumerán boliviano.* La Paz: Plural Editores.

KONETZKE, Richard (1976). *América Latina. La época colonial.* Madrid: Siglo XXI Editores.

König, Hans-Joachim, ed. (1998). *El indio como sujeto y objeto de la historia latinoamericana: Pasado y presente; [Akten der ADLAF-Tagung vom 25. bis 28. Oktober 1995 in Eichstätt]*. Madrid: Iberoamericana; Frankfurt am Main: Vervuert.

Kosinski, Leszek y Prothero, R. Mansell (1975). *People on the Move. Studies on Internal Migration*. London: Methuen.

Laclau, Ernesto y Mouffe, Chantal (1987). *Hegemonía y estrategia socialista. Hacia una radicalización de la democracia*. Madrid: Siglo XXI Editores.

Lanzaro, Jorge Luis, Novaro, Marcos, Mayorga, René Antonio y Lessa, Renato, eds. (2001). *Tipos de presidencialismo y coaliciones políticas en América Latina*. Buenos Aires: CLACSO.

LAPOP (2012). *Cultura política de la democracia en Bolivia. Hacia la igualdad de oportunidades*. Cochabamba: Editores Ciudadanía; Comunidad de Estudios Sociales y Acción Pública.

Lazarte, Jorge y Pacheco, Mario (1992). *Bolivia: Economía y sociedad, 1982-1985*. La Paz: CEDLA.

Lazarte, Jorge (2005). *Entre los espectros del pasado y las incertidumbres del futuro. Política y democracia en Bolivia a principios del siglo xxi*. La Paz: ILDIS; Plural Editores.

— (2005a). "Bolivia", en Dieter Nohlen (ed.), *Elections in the Americas: A Data Handbook*. New York: Oxford University Press, 123-62.

— (2008). "Reforma electoral en Bolivia", en Daniel Zovatto y Jesús Orozco (eds.), *Reforma política y electoral en América Latina, 1978-2007*. México: UNAM, 265-314.

Le Bot, Yvon (1998). "¿Se puede hablar de actores sociales étnicos en América Latina?", en Hans-Joachim König (ed.), *El indio como sujeto y objeto de la historia latinoamericana: Pasado y presente; [Akten der ADLAF-Tagung vom 25. bis 28. Oktober 1995 in Eichstätt]*. Madrid: Iberoamericana; Frankfurt am Main: Vervuert, 199-205.

Lea Plaza, Sergio, Vargas Dorado, Ximena y Paz Guardia, Adriana (2003). *Tarija en los imaginarios urbanos*. La Paz: PIEB.

Ledo, Carmen (2009). "Estudio sobre los patrones de migración interna e internacional en Bolivia. Documento de trabajo", en Programa de las Naciones Unidas para el Desarrollo (PNUD) (ed.), *Informe Nacional sobre Desarrollo Humano 2009 del PNUD*. La Paz: PNUD, 1-98.

Lehm, Zulema y Rivera Cusicanqui, Silvia (1988). *Los artesanos libertarios y la ética del trabajo*. La Paz: THOA.

Lijphart, Arend (1991). "Proportional Representation: Double Checking the Evidence", *Journal of Democracy* 2(1): 42-8.

Lizárraga, Pilar y Vacaflores, Carlos (2007). *Cambio y poder en Tarija*. La Paz: PIEB.

Luque, Emilio (2004). *Del capital social a la política: las capacidades públicas como articuladoras de las comunidades democráticas*. Tesis doctoral, Universidad Complutense de Madrid. <https://eprints.ucm.es/5181> (20.10.2018).

MacLean, Allyn (1987). *Camba y Colla: migración y desarrollo en Santa Cruz, Bolivia*. La Paz: Librería Editorial "Juventud".

Malloy, James (1989). *Bolivia. The Uncompleted Revolution*. Pittsburgh: University of Pittsburgh Press.

Mamani Bernabé, Vicenta (2002). *Ritos espirituales y prácticas comunitarias del aymara*. La Paz: Creart Impresores.

Martin, Ceydric (2012). *Migración en el Sur boliviano: Contrastes entre valles andinos tradicionales y áreas de colonización orientales*. México: IRD.

— (inédito). *Las nuevas dinámicas territoriales bolivianas. Emergencia del Sur fronterizo*.

Marzadro, Mirko (2009). *Formación de territorios migratorios. El caso de los cochabambinos de Bérgamo*. Venezia: Università Iuav di Venezia; UNESCO.

Massey, Douglas S., Arango, Joaquín, Hugo, Graeme, Kouaouci, Ali, Pellegrino, Adele y Taylor, Edward (1993). "Teorías sobre la migración internacional: una reseña y evaluación", *Population and Development Review*, 19(3): 431-66.

— (1998). *Worlds in Motion: Understanding International Migration at the End of the Millennium*. Oxford: Oxford University Press.

Mayorga, Fernando (2002). *Neopopulismo y democracia: compadres y padrinos en la política boliviana (1988-1999)*. La Paz: Plural Editores.

Mayorga, René Antonio (2001). "Presidencialismo parlamentarizado y gobiernos de coalición en Bolivia", en Jorge Luis Lanzaro, Marcos Novaro, René Antonio Mayorga y Renato Lessa (eds.), *Tipos de presidencialismo y coaliciones políticas en América Latina*. Buenos Aires: CLACSO, 101-35.

— (2005). "La crisis del sistema de partidos políticos y el experimento del gobierno sin partidos en Bolivia", *Canadian Journal of Latin American and Caribbean Studies* 30(59): 55-92.

Mazurek, Hubert (2007). "Tres preconceptos sobre la migración interna en Bolivia", *Revista de Humanidades y Ciencias Sociales* (14): 203-27.

— (2007a). "El ordenamiento territorial en los planes de desarrollo", *Umbrales* (17): 85-106.

— (2009). "Migraciones y dinámicas territoriales", en Cecilia Salazar de Torre y Ivonne Farah (eds.), *Migraciones contemporáneas: Contribución al debate*. La Paz: Plural Editores, 11-33.

Mazurek, Hubert y Garfias, Sandra (2004). *El Alto desde la perspectiva poblacional*. La Paz: CODEPO-IRD.

McNeish, John-Andrew (2010). *Sobre maldiciones y demonios: Hidrocarburos y soberanía en una Tarija autónoma*. La Paz: CIDES.

Mendoza, Martín (2006). *Descentralización, construcción ciudadana y capital social en Bolivia. Un análisis social, político y económico con estudios de caso de la zona andina y consideraciones sobre autonomías. Informe de investigación*. La Paz: PIEB.

Micolta, Amparo (2005). "Teorías y conceptos asociados al estudio de las migraciones internacionales", *Trabajo Social* (7): 60-76.

Mires, Fernando (2005). *La rebelión permanente: Las revoluciones sociales en América Latina*. México: Siglo XXI Editores.

Molina Argandoña, Wilder, Vargas Melgar, Cynthia y Soruco Claure, Pablo (2008). *Estado, identidades territoriales y autonomías en la región amazónica de Bolivia*. La Paz: PIEB.

Montecinos, Omar (2008). *Ser migrante en "las Europas". Manual de sobrevivencia en el "viejo mundo"*. La Paz: Grito del Sujeto.

Murra, John (1975). *Formaciones económicas y políticas en el mundo andino*. Lima: Instituto de Estudios Peruanos.

— (1987). "El archipiélago vertical revisitado", en Ramiro Condarco y John Murra (eds.), *La teoría de la complementariedad vertical-ecosimbiótica*. La Paz: Hisbol.

Narayan, Deepa y Pritchett, Lant (1997). "Cents and Sociability: Household Income and Social Capital in Rural Tanzania", *Research Working Paper* (1796): 871-97.

— (2000). "Social Capital: Evidence and Implications", en Ismail Serageldin y Partha Dasgupta (eds.), *Social Capital: A Multifaceted Perspective*. Washington, D.C.: World Bank.

Nava, Mariano (2001). "Nuevas tendencias en los estudios de filología grecolatina", *Contexto* 7(9): 133-47.

NDI (2008). *Informe de evaluación y recomendaciones: El sistema de partidos políticos en Bolivia 2004-2006*. La Paz: DFID; NDI.

Newton, Kenneth (1997). "Social capital and democracy", *American Behavioral Scientist* (40): 575-86.

Nohlen, Dieter (2003). *Instituciones y cultura política: Documento de Trabajo*. México: UNAM.

— (2005). "Elections and Electoral Systems in the Americas", en Dieter Nohlen (ed.). *Elections in the Americas: A Data Handbook*. New York: Oxford University Press, 1-58.

North, Douglass (1993). *Instituciones, cambio institucional y desempeño económico*. México: Fondo de Cultura Económica.

Núñez, Bethel (2011). "Migración y racismo en Tarija", *Anuales de la Reunión de Etnología, MUSEF* 22: 631-37.

Oré, César (2010). "La etnicidad y sus usos. Reflexiones acerca de la difusión de la etnicidad", en *E-cadernos CES*, nº 7: Identidades, cidadanias e Estado: estratégias políticas e governamentalidade, Centro de Estudos Sociais, Coimbra, <http://www.ces.uc.pt/e-cadernos/pages/pt/indice.php> (25.09.2018).

PADEP/GTZ (2010). *Análisis de conflictividad y potenciales de paz del departamento de Tarija-Bolivia: Cuaderno nº 5, Componente 3: Transformación Constructiva de Conflictos*. La Paz: GTZ.

Paredes, Mario (2003). *Nación camba popular o crítica a la nación camba patronal*. Santa Cruz: Don Bosco.

Patzi Paco, Félix (1999). *Insurgencia y sumisión. Movimientos indígena-campesinos 1983-1998*. La Paz: Muela del Diablo Ed.

— (2003). "Rebelión indígena contra la colonialidad y la transnacionalización de la economía", en Forrest Hylton, Félix Patzi Paco, Sergio Serulnikov, Sinclair Thomson y Adolfo Gilly (eds.), *Ya es otro tiempo el presente: Cuatro momentos de insurgencia indígena*. La Paz: Muela del Diablo Ed., 200-76.

Paxton, Pamela (1999). "Is Social Capital Declining in the United States? A Multiple Indicator Assessment", *American Journal of Sociology* 105(1): 88-127.

Pedraza, Gustavo (2011). "Formación, mutación y emergencia de nuevos sectores políticos en Santa Cruz", en Gustavo Pedraza, Fernando Mayorga, Yerko Ilijic, Franz Barrios y Rodrigo Ayala (eds.), *Hacia un sistema político subnacional. ¿Son posibles los partidos subnacionales?* La Paz: FES; fBDM, 1-25.

Pedraza, Gustavo, Mayorga, Fernando, Ilijic, Yerko, Barrios, Franz y Ayala, Rodrigo, eds. (2011). *Hacia un sistema político subnacional. ¿Son posibles los partidos subnacionales?* La Paz: FES; fBDM.

Peña, Lourdes (2003). *La interculturalidad entre chapacos, quechuas, aymaras y cambas en Tarija*. La Paz: PIEB.

Peña, Claudia y Boschetti, Alejandra (2008). *Desafiar el mito camba-colla: interculturalidad, poder y resistencia en el Oriente Boliviano*. La Paz: Fundación UNIR.

Pereira, René (2005). "El país de las migraciones", *Temas de Debate* 3(3): 1-4.

— (2009). "Tres cumbres mundiales y la población continúa creciendo en los países pobres. Reflexiones sobre el enfoque Población y Desarrollo", en Manigeh Roosta (ed.). *Población y Desarrollo. Bolivia y los fenómenos de la migración internacional*. La Paz: CIDES-UMSA, 15-28.

Pérez, Gloria (1994). *Investigación cualitativa: Retos e interrogantes*. Madrid: La Muralla.

Petersen, William (1975). *Population*. New York: Macmillan.

Peyrefitte, Alain (1996). *La sociedad de la confianza. Ensayo sobre los orígenes y la naturaleza del desarrollo*. Barcelona: Editorial Andrés Bello.

Philip, George y Panizza, Francisco (2011). *The Triumph of Politics: The Return of the Left in Venezuela, Bolivia and Ecuador*. Cambridge: Polity.

Pira, Lars (2002). "Bases teóricas de la economía institucional", *Revista Estudios Sociales* (67): 2-97.

Pizzorno, Alessandro (1994). "Identidad e interés", *Zona Abierta* (69): 135-52.

Portela, Marta y Neira, Isabel (2003). *Capital social: las relaciones sociales afectan al desarrollo: Documento de Trabajo 106*, <www.iigov.org> (06.04.2012).

Portes, Alejandro (1995). *The Economic Sociology of Immigration. Essays on Networks, Ethnicity and Entrepreneurship*. New York: Russel Sage.

— (1998). "Social Capital: its Origins and Applications in Modern Sociology", *Annual Review of Sociology* 24(1): 1-24.

Portes, Alejandro y Rumbaut, Rubén (2009). *Legados. La historia de la segunda generación inmigrante*. Barcelona: Hipatia.

Potthast, Barbara y Hensel, Silke (1999). "De la 'provincia gigante de las Indias' a las 'republiquetas' del espacio interior. ¿Desintegración política a causa de nacionalismos?", en Barbara Potthast, Karl Kohut y Gerd Kohlhepp (eds.), *El espacio interior de América del Sur. Geografía, historia, política, cultura*. Madrid: Iberoamericana; Frankfurt am Main: Vervuert, 47-67.

POTTHAST, Barbara (2004). "Urbanisierung und sozialer Wandel", en Barbara Potthast, Martina Kaller-Dietrich y Hans Werner Tobler (eds.), *Lateinamerika. Geschichte und Gesellschaft im 19. und 20. Jahrhundert*. Wien: Promedia Verlag, 99-104.

POUPEAU, Franck (2010). "El Alto: una ficción política", *Boletín del Instituto Francés de Estudios Andinos* 39(2): 427-49.

PRADA, Raúl, TAPIA, Luis y GARCÍA LINERA, Álvaro (2004). *Memorias de octubre*. La Paz: Muela del Diablo Ed.; CIDES.

PROGRAMA DE LAS NACIONES UNIDAS PARA EL DESARROLLO (PNUD) (2003). *Informe de Desarrollo Humano*. Madrid: Mundi-Prensa.

— (2004). *Informe Nacional de Desarrollo Humano 2004. Interculturalismo y Globalización*. La Paz: Plural Editores.

PUTNAM, Robert D. (1993). "La comunidad próspera. El capital social y la vida pública", *Zona abierta* (94): 89-104.

— (2002). *Solo en la bolera*. Barcelona: Galaxia Gutenberg; Círculo de Lectores.

— (2003). *El declive del capital social: Un estudio internacional sobre las sociedades y el sentido comunitario*. Barcelona: Galaxia Gutenberg; Círculo de Lectores.

PUTNAM, Robert D., LEONARDI, Robert y NANETTI, Raffaella (1994). *Para que la democracia funcione. Tradiciones cívicas en Italia*. Caracas: Galas.

RAMÍREZ, Jorge (2005). "Tres visiones sobre capital social: Bourdieu, Coleman y Putnam", *Política y Sociedad* 4(4): 21-36.

RANCE, Susanna y SALINAS, Silvia (2001). *Investigando con ética: aportes para la reflexión acción*. La Paz: CIEPP.

RESTREPO, Eduardo (2004). *Teorías contemporáneas de la etnicidad. Stuart Hall y Michel Foucault*. Cali: Universidad del Cauca.

REZA, Fernando (1997). *Ciencia, metodología e investigación*. México: Alhambra.

RICHMOND, Anthony y RAVI, Verna (1978). "The economic adaptation of immigrants: A new theoretical perspective", *International Migration Review* (12): 3-38.

RIVERA CUSICANQUI, Silvia (2003). *Oprimidos pero no vencidos*. La Paz: Aruwiyiri.

— (2007). "Enseñanzas de la insurgencia étnica en Bolivia", en Jesús Espasandín López y Pablo Iglesias (eds.), *Bolivia en movimiento: Acción colectiva y poder político*. Barcelona: El Viejo Topo, 101-28.

— (2009). "Violencia e interculturalidad. Paradojas de la etnicidad en la Bolivia de hoy", *Revista Willka* 2(2): 201-24.

— (2010). *Ch'ixinakax Utxiwa. Una reflexión sobre prácticas y discursos descolonizadores*. Buenos Aires: Tinta Limón.

— (2010a). *Violencias (re) encubiertas en Bolivia*. La Paz: Piedra Rota.

Robinson, Lindon J., Siles, Marcelo y Schmid, Allan (2003). "El capital social y la reducción de la pobreza: hacia un paradigma maduro", en Raúl Atria, Marcelo Siles, Irma Arriagada, Lindon J. Robinson y Scott Whiteford (eds.), *Capital social y reducción de la pobreza en América Latina y el Caribe: en busca de un nuevo paradigma*. Santiago de Chile: CEPAL; East Lansing: Michigan State University, 51-114.

Rodríguez Casal, Mauro, Costa López, María y Sabucedo, José Manuel (1997). *Participación política: Modelos teóricos*. Santiago de Compostela: Universidad Santiago de Compostela.

Rodríguez Vignoli, Jorge y Villa, Miguel (1998). "Distribución espacial de la población, urbanización y ciudades intermedias: hechos en su contexto", en Ricardo Jordan y Daniela Simioni (eds.), *Ciudades intermedias en América Latina y el Caribe: propuesta para la gestión urbana*. Santiago de Chile: ECLAC, 25-68.

Román, Alonzo (2004). *Cambas y collas: los paradigmas de una nueva nación*. Santa Cruz: Imprenta Gráfica Sirena.

Romero, Salvador (2005). *En la bifurcación del camino. Análisis de resultados de las Elecciones Municipales 2004*. La Paz: Corte Nacional Electoral.

Roncken, Theo, Alquizalet Arce, Óscar y Cielo, Cristina (2009). *La vecindad que no viajó: Migración internacional y desarrollo comunitario en zonas periurbanas de Cochabamba*. La Paz: PIEB.

Roosta, Manigeh, ed. (2009). *Población y desarrollo. Bolivia y los fenómenos de la migración internacional*. La Paz: CIDES-UMSA.

Rostworowski, María (1977). *Etnia y sociedad: costa peruana prehispánica*. Lima: Instituto de Estudios Peruanos.

Saignes, Tierry (1987). "Nuevas fuentes para la historia demográfica del Sur Andino Colonial", *Historia y Cultura* (12): 19-37.

Salazar de Torre, Cecilia y Farah, Ivonne, eds. (2009). *Migraciones contemporáneas: Contribución al debate*. La Paz: Plural Editores.

Saldías, Elisa (2008). *Participación en la sociedad civil. Movimientos sociales femeninos en Santa Cruz de la Sierra*. La Paz: Plural Editores.

Sánchez, Rolando (2007). *Capital social y posibilidades de desarrollo en los municipios. Las condiciones socioculturales y el desempeño económico y político*. La Paz: Plural Editores; PIEB.

Sandóval, Godofredo y Sostres, Fernanda (1989). *La ciudad prometida: pobladores y organizaciones sociales en El Alto*. La Paz: ILDIS.

Santiago Cruz, María de Jesús (2010). "Migración y Transmigración en la frontera sur de México: Reflexiones sobre su relación e impacto en el desarrollo local", *Memorias de la XII Reunión de Economía Mundial „Caminos para superar la crisis global"*, Santiago de Compostela, <https://docplayer.es/16602675-Migracion-y-transmigracion-en-la-frontera-sur-de-mexico-reflexiones-sobre-su-relacion-e-impacto-en-el-desarrollo-local-1-resumen.html> (17.10.2018).

Sarzuri Totora, Guadalupe (2005). *Participación política de la mujer en las Asociaciones de Comerciantes. ¿Cómo participar si te encuentras atrás de unos hombres parados?*, <https://www.mujerescreando.org/pag/articulos/2005/arti_participacionpolitica.htm> (02.10.2017).

Schorr, Bettina (2012). *Mobilisierung, Protest und Strategien in Aktion*. Mörlenbach: VS Verlag für Sozialwissenschaften.

Serageldin, Ismail y Dasgupta, Partha, eds. (2000). *Social capital: A multifaceted perspective*. Washington, D.C.: World Bank.

Serrano, Claudia (2001). *Pobreza, capital social y ciudadanía. Documento de trabajo*, <www.asesoriasparaeldesarrollo.cl> (08.10.2012).

SIAM (2010). "Análisis de las elecciones municipales 2010", *Boletín de Análisis* 3(9).

Singer, Paul (1973). *Economía Política de la Urbanización*. São Paulo: Cebrap.

Sivak, Martin (2007). *El dictador elegido. Biografía no autorizada de H. Bánzer*. La Paz: Plural Editores.

— (2008). *Jefazo*. La Paz: Plural Editores.

Spedding, Alison (2005). *Kawsachun Coca: Economía campesina cocalera en los Yungas y el Chapare*. La Paz: PIEB.

— (2006). "Metodologías cualitativas: Ingreso al trabajo de campo y recolección de datos", en Mario Yapu (ed.), *Pautas metodológicas para investigaciones cualitativas y cuantitativas en ciencias sociales y humanas*. La Paz: PIEB, 117-96.

— (2008). "Han tomado mucho mate de wiphala", *Temas Sociales* (28): 244-70.

Stark, Oded (1991). *The Migration of Labour*. Oxford: Blackwell.

Stone, Wendy y Hughes, Jody (2002). *Social Capital: Empirical Meaning and Measurement Validity*. Melbourne: Australian Institute of Family Studies.

Strauss, Anselm L. y Corbin, Juliet (2002). *Bases de la investigación cualitativa: Técnicas y procedimientos para desarrollar la teoría fundamentada*. Medellín: Universidad de Antioquia.

Ströbele-Gregor, Juliane (1994). "Politische Kultur der Aymara und Quechua in Bolivien. Formen des eigenständigen Umgangs mit der Moderne", en Max Peter Baumann (ed.), *Kosmos der Anden: Weltbild und Symbolik indianischer Tradition in Südamerika*. München: Diederichs, 458-88.

— (1996). "Bildungsreform und indianische Bewegung in Bolivien", *Lateinamerika. Analysen-Daten-Dokumentation*(13): 62-73.

— (1999). "Ley de Participación Popular y movimiento popular en Bolivia", en Peter Hengstenberg, Günther Maihold y Karl Kohut (eds.), *Sociedad civil en América Latina: Representación de intereses y gobernabilidad*. Caracas: Ed. Nueva Sociedad, 133-46.

— (2007). "Autoridad, poder y liderazgo. Observaciones conceptuales acerca de la práctica de los pueblos indígenas", en Peter Birle, Wilhelm Hofmeister, Günther Maihold y Barbara Potthast (eds.), *Elites en América Latina*. Madrid: Iberoamericana; Frankfurt am Main: Vervuert, 105-24.

Tapia, Luciano (1995). *Ukhamawa Jakawisaxa = Así Es Nuestra Vida. Autobiografía De Un Aymara*. La Paz: Hisbol.

Tapia, Luis (2002). *La condición multisocietal: multiculturalidad, pluralismo, modernidad*. La Paz: Muela del Diablo Ed.; CIDES.

— (2009). "Movimientos sociales, movimientos societales y los no lugares de la política", *Cuadernos del Pensamiento Crítico Latinoamericano* (17), <http://biblioteca.clacso.edu.ar/ar/libros/secret/cuadernos/17/17tapia.pdf> (21.10.2018).

TAYLOR, J. Edward (1987). "Undocumented Mexico-U.S. Migration and the Returns to Households in Rural Mexico", *American Journal of Agricultural Economics* 69(3): 626-38.

THOMSON, Sinclair (2010). "Claroscuro andino: Nubarrones y destellos en la obra de Silvia Rivera Cusicanqui", en Silvia Rivera Cusicanqui (ed.). *Violencias (re) encubiertas en Bolivia*. La Paz: Piedra Rota, 7-23.

TORANZO, Carlos (2003). *Participación y abstención electoral en Bolivia*. La Paz: FES; ILDIS.

— (2006). *Rostros de la democracia. Una mirada mestiza*. La Paz: Plural Editores.

TRANSPARENCY INTERNATIONAL (2007). *Corruption Perceptions Index*, <www.transparency.org> (20.08.2018).

UNESCO (2001). *La erradicación de la pobreza: implicaciones de la cooperación para el desarrollo*, <www.unesco.org> (07.06.2013).

UNICEF y FUNPROEIB ANDES, eds. (2009). *Atlas sociolingüístico de pueblos indígenas en América Latina*. Cochabamba: FUNPROEIB Andes.

UPHOFF, Norman (2000). "Understanding Social Capital: Learning from the Analysis and Experience of Participation", en Ismail Serageldin y Partha Dasgupta (eds.), *Social Capital: A Multifaceted Perspective*. Washington, D.C.: World Bank, 215-52.

URQUIOLA, Miguel (1999). "Población y territorio", en Fernando Campero (ed.), *Bolivia en el siglo XX: la formación de la Bolivia contemporánea*. La Paz: Harvard Club de Bolivia.

URQUIZA, Anahí, MEERSOHN, Cynthia y TORREJÓN, María José (2005). "La realidad de lo improbable. Colaboración, una manifestación social marginal", *Revista Mad* (12): 104-15.

VACAFLORES, Daniel (2014). *100 % Chapaco. Lo chapaco como identidad étnica*. Tarija: La pluma del Escribano.

VALENTINI, Giovanna (2006). "Palabras desde la FLACSO-México", en Maya Aguiluz y Norma de los Ríos (eds.), *René Zabaleta Mercado. Ensayos, testimonios y re-visiones*. Buenos Aires: Miño y Dávila, 25-9.

VALLÉS, Josep Mª y MARTÍ PUIG, Salvador (2006). *Ciencia política. Una introducción*. Barcelona: Ariel.

VAN COTT, Donna Lee (2005). *From Movements to Parties in Latin America. The Evolution of Ethnic Politics*. Cambridge: Cambridge University Press.

VAN DIJK, Teun (1997). "El análisis crítico del discurso", *Anthropos* (186): 23-36.

— (2005). "Ideología y análisis del discurso", *Utopía y Praxis Latinoamericana* (10): 9-36.

VARGAS, Martin (2005). *Migración Municipal en Bolivia: Un Enfoque Espacial: Informe para el Programa de Naciones Unidas para el Desarrollo*. La Paz: PNUD.

Velasco, Luisa Fernanda (1996). *Migración temporal desde el ayllu Sacaca Prov. Alonso de Ibáñez: El caso de los limoneros y su estrategia económica familiar.* La Paz: MUSEF.

Villoro, Luis (1998). *Estado plural, pluralidad de culturas.* México: El Colegio Nacional; Universidad Autónoma del Estado de Hidalgo.

Viteri Díaz, Galo (2007). "Capital social y reducción de la pobreza", en *Contribuciones a la Economía*, <http://www.eumed.net/ce/2007c/gvd.htm> (17.10.2018).

Waldmann, Adrián (2008). *El habitus camba: Estudio etnográfico sobre Santa Cruz de la Sierra.* Santa Cruz de la Sierra: Ed. El País.

Wanderley, Fernanda, ed. (2007). *Estudios urbanos. En la encrucijada de la interdisciplinaridad.* La Paz: CIDES; Plural Editores.

Warren, Mark E. (2001). *Democracy and Association.* Princeton: Princeton University Press.

Werz, Nikolaus (2001). "Abwanderung aus den neuen Bundesländern von 1989 bis 2000", *Aus Politik und Zeitgeschichte* 39/40: 23-31.

— (2007). "Las elites y el extranjero: Herodianismo-Latinoamericanismo-Globalización", en Peter Birle, Wilhelm Hofmeister, Günther Maihold y Barbara Potthast (eds.), *Elites en América Latina.* Madrid: Iberoamericana; Frankfurt am Main: Vervuert.

Woolcock, Michael (1998). "Social Capital and Economic Development: Toward a Theoretical Synthesis and Policy Framework", *Theory and Society* 27(2): 151-208.

Woolcock, Michael y Narayan, Deepa (1999). "Social Capital: Implications for Development Theory, Research, and Policy", *The World Bank Research Observer* 15(2): 25-249.

Yapu, Mario, ed. (2006). *Pautas metodológicas para investigaciones cualitativas y cuantitativas en ciencias sociales y humanas.* La Paz: PIEB.

Zabaleta, René, ed. (1983). *Bolivia hoy.* México: Siglo XXI Editores.

— (2008). *Lo nacional-popular en Bolivia.* La Paz: Plural Editores.

Zapata, Álvaro (2006). *Ciudadanía, clase y etnicidad: Un estudio sociológico sobre la acción colectiva en Bolivia a comienzos del siglo xxi.* La Paz: Yachaywasi.

Zegada Claure, María Teresa (2010). "Elementos para pensar la reconfiguración del campo político boliviano", *Cuadernos del Pensamiento Crítico Latinoamericano Nº 28.* Buenos Aires: CLACSO.

Zovatto, Daniel y Orozco, Jesús, eds. (2008). *Reforma política y electoral en América Latina, 1978-2007.* México: UNAM.

Zuazo Oblitas, Moira (2008). *¿Cómo nació el MAS?: La ruralización de la política en Bolivia. Entrevistas a 85 parlamentarios del partido.* La Paz: FES.

Zuazo Oblitas, Moira, Faguet, Jean-Paul y Bonifaz Moreno, Gustavo, eds. (2012). *Descentralización y democratización en Bolivia: La historia del Estado débil, la sociedad rebelde y el anhelo de democracia; [Seminario Taller Internacional, La Paz, en septiembre de 2011].* La Paz: FES.

ZÚÑIGA, Víctor (2009). "Tratando de entender la sociedad fronteriza: Recorrido crítico de los estudios mexicanos sobre la cultura en la frontera México-Estados Unidos (1976-2000)", en Cecilia Salazar de Torre e Ivonne Farah (eds.), *Migraciones contemporáneas: Contribución al debate*. La Paz: Plural Editores, 69-84.

Prensa

PERIÓDICOS Y SEMANARIOS NACIONALES

El País, 10.06.2003, "¿Tarijeño de Tarija?", *La Voz de la Cuneta*, nº 4, M. Bass Werner Ruiz.

El Deber, 02.05.2004, "Entrevista a Domitila Chungara".

Los Tiempos, 14.02.2007, "El carnaval en la chura Tarija".

La Época, 03.02.2009, "El Comité Cívico ha perdido el rumbo", Leticia García Pérez.

El Diario, 29.06.2010, "Las leyes malditas".

La Patria, 10.10.2010, "Ascenso y caída de Condepa".

Los Tiempos, 16.03.2011, "Hoz de Vila confirma que tiene orden de arraigo y asegura que cooperará con investigación".

Los Tiempos, 18.06.2011, "Bolivia celebra la fiesta del Gran Poder".

Los Tiempos, 19.08.2012, "Bolivia y un censo sin mestizos".

Nuevo Sur, 06.09.2012, "Asambleísta del MAS afirma que justicia es manipulada por Medina".

Página Siete, 19.11.2012, "Los ojos masculinos del Estado", María Galindo.

La Razón, 22.11.2012, "Censo 2012, un balance necesario".

El Diario, 06.12.2012, "OPS afirma que Bolivia tiene la tasa de fecundidad más alta de Sudamérica".

El Mundo, 16.01.2013, "Trabajo que roza la esclavitud en 15 talleres textiles de Buenos Aires".

La Razón, 28.06.2013, "El INE posterga la entrega de datos finales del censo para el 31 de julio".

Página Siete, 20.07.2014, "El rostro de la desigualdad en Bolivia".

PERIÓDICOS INTERNACIONALES

El País, 21.04.1990, "Acuerdo Patriótico en Bolivia. Pacto 'anti natura' pero que funciona, entre el presidente Paz Zamora y el ex-dictador Hugo Bánzer".

Página 12, 06.10.2003, "¿Cómo es Tarija, la Kuwait boliviana?".

El País, 28.10.2003, "La exportación de gas divide a los bolivianos".

El País, 10.07.2005, "Bolivia herida".

La Nación, 06.12.2005, "Evo Morales ya le quita el sueño a EE.UU.".
Jornal do Brasil, 17.06.2011, "Confecções da Zara têm trabalhadores em situação de escravidão".
El País, 13.01.2012, "No te duermas, sobre todo no te duermas".

Revistas y prensa digital

Hoy, 19.03.1993, "Burguesía Chola".
Bolpress, 11.09.2006, "Más indicios vinculan a la gente del Comité Cívico de Tarija con el asesinato de un niño".
Time, 11.09.2008, "Bolivia to Expel US Ambassador".
DW (Deutsche Welle), 23.05.2010, "Latinoamérica brilla en el Carnaval de las Culturas de Berlín".
Jornadanet.com, 12.01.2012, "Existe convulsión en Yapacaní".
RBB (Rundfunk Berlin-Brandenburg), 27.05.2012, "Karneval der Kulturen: Farbenfrohes Fest der Vielfalt".
Bolpress, 26.08.2012, "Imposibilidad política de incluir mestizo en el censo boliviano".

Radios locales

Radio Andalucía.
Radio Luis de Fuentes.
Radio Guadalquivir.

Radios nacionales

Radio Deseo.
Radio Erbol.
Radio Fides.
Radio Panamericana.

Archivos televisivos

Periodistas Asociados Televisión (PAT), Archivo 1997, programa de entrevistas *De Cerca*.

Entrevistas

Fecha	Lugar	Entrevistado	Cargo	Observaciones
29/11/2005	Radio Guadalquivir	R. Vargas	Dueño y director de la radio Guadalquivir	Entrevista realizada para "Del debate de clases al debate de regiones", C. Ibáñez, IHILA, 2006
13/01/2009	Mercado Campesino	Anónimo	Compradora	
13/01/2009a	Mercado Campesino	M. Choque	Vecina del barrio Los Chapacos II y vendedora	
20/01/2009	Concentración en la campaña del referéndum	Anónimo	Taxista	
20/01/2009a	Concentración en la campaña del referéndum	J. Romero	Exdirigente	
20/01/2009b	Concentración en la campaña del referéndum	J. Capra	Miembro del movimiento barrial comunitario 10 de septiembre	
22/01/2009	Mercado central de Tarija	J. C. Condori	Migrante de primera generación	
24/01/2009	Feria de Fátima	F. López	Compradora	
26/01/2009	Reunión de vecinos	E. Calizaya	Vecino de la zona de la Terminal	
29/01/2009	Plaza Central	J. T.	Exdirigente del sindicato de dulceros y pastilleros	El entrevistado pidió ser identificado solo con iniciales
05/02/2009	A la salida de una reunión de la junta vecinal	Anónimo	Vecino del barrio Los Chapacos	
05/02/2009a	Universidad Mayor de San Andrés	Carolina Ilaya	Socióloga. Inmigrante aymara de segunda generación	

Fecha	Lugar	Entrevistado	Cargo	Observaciones
16/02/2009	Cancillería de Bolivia	D. Choquehuanca	Canciller del Estado Plurinacional de Bolivia (hasta 2017)	
01/03/2009	Plaza Avaroa	Anónimo	Empleado de la alcaldía	Esta entrevista se realizó para la actividad denominada "encierro del carnaval"
20/01/2010	Concentración en la campaña del referéndum	Anónimo	Trabajador de la gobernación	El entrevistado pidió no ser identificado
16/02/2010	Puesto de venta	F. Flores	Vendedora de sortilegios de la avenida D. Paz	
20/02/2010	Carnaval andino	F. Calla	Profesor de música	
20/02/2010a	Encuentro de Bandas	C. Condori	Estudiante de secundaria	
20/02/2010b	Encuentro de Bandas	J. C. Marka	Padre de familia	
25/02/2010	Mercado Campesino	R. Chura	Vendedor de condimentos	
08/03/2010	Seduca	D. S.	Exdirector de la escuela Lidia de Campos	Como se trata de un funcionario público, el entrevistado ha preferido mantener en reserva su nombre
17/03/2010	Plaza Luis de Fuentes	R. Calla		
14/10/2010	Plazuela de San Roque,Tarija	Juana Condori	Vendedora ambulante	
01/02/2011	Escuela José Manuel Ávila	J. Choque	Madre de familia	Acto con motivo de la inauguración del año escolar, presidido por el presidente Evo Morales

Fecha	Lugar	Entrevistado	Cargo	Observaciones
30/03/2011	Restaurante Pizza Pasa	E. Ávila (Cumpa Mico)	Locutor de radio	
07/04/2011	Comité Cívico de Tarija	P. Galarza	Presidenta del Comité Cívico de Tarija	
08/04/2011	Encuentro de juntas vecinales	R. Mendieta	Delegado por sus barrios	Estas entrevistas fueron hechas a la salida, porque en el encuentro estaban prohibidas las cámaras y grabadoras. Asimismo, las entrevistas corresponden a la noche previa a las elecciones
08/04/2011a	Encuentro de juntas vecinales	P. Choque	Delegado por su barrio	
08/04/2011b	Encuentro de juntas vecinales	V. Ríos	Delegada por su barrio	
09/04/2011	Plaza Luis de Fuentes	L. Alfaro	Exdirigente de la Federación Única de Trabajadores Campesinos de Tarija, exsenador de Tarija por el MAS	
10/04/2011	Sede del barrio Luis Espinal	S. Gonzáles	Presidenta del barrio Luis Espinal	
15/04/2011	Casa del presidente de la zona	H. Lozano		
15/04/2011a	Casa del presidente de la zona	P. León	Presidente de la Coordinadora de asentamientos	
15/04/2011b	Casa del presidente de la zona	S. López	Presidenta del barrio 3 de octubre	

Fecha	Lugar	Entrevistado	Cargo	Observaciones
15/04/2011c	Casa del presidente de la zona	I. Tórrez	Presidenta del barrio 15 de junio II	
15/04/2011d	Casa del presidente de la zona	E. Pacheco	Presidenta Barrio Nueva Esperanza	
16/04/2011	Visita guiada a la Zona Norte	I. López		
17/04/2011	Visita guiada al barrio 26 de agosto	Hilda Lozano	Presidenta del barrio	
17/04/2011a	Barrio 26 de agosto	Anónimo	Vecino del barrio	
21/04/2011a	Radio Aclo-Tarija	J. Cardozo	Periodista	
30/04/2011	Sede	Y. Herrera	Presidenta de Derechos Humanos de Tarija en el año de la entrevista	
01/03/2014	Último convite	Anónimo	Integrante de la Fraternidad Morenada Central Tarija.	

ANEXOS

Anexo nº 1.
Definición de categorías y códigos.

Ítem			Definición
1. Categoría	**Precursores del capital social**		Factores que pueden facilitar o no la presencia de capital social
1.1. Subcategoría	**Factores de identificación**		
	Códigos		
	Código 1.1.1	Uso del espacio	Aquí nosotros, allá ellos: el muro imaginario
	Código 1.1.2	Uso de la lengua	Valoración a la lengua originaria
	Código 1.1.3	Mecanismos de identidad	Acciones sociales que influyen en la construcción de identidad
1.2. Subcategoría	**Factores de autodefinición**		Elementos que forman la autopercepción
	Código 1.2.1	Uso del discurso	Discurso inclusivo
	Código 1.2.2	Memoria colectiva	Apelación a su condición obrera y de diáspora
		La otredad	
1.3. Subcategoría	**Rituales**		
	Código 1.3.1	La Pachamama	La madre Tierra
	Código 1.3.2	Resignificación de las tradiciones religiosas	La legitimación del uso de la coca
	Código 1.3.3	La representación	El carnaval andino, la Pascua Florida
2. Categoría	**Capital social cognitivo**		Elementos del capital social que favorecen la acción colectiva
2.1. Subcategoría	**Confianza**		

	Código 2.1.1	*Bonding*	Manifestaciones, limitaciones y estrategias para crear confianza entre los inmigrantes
	Código 2.1.2	*Bridging*	Manifestaciones, limitaciones y estrategias para crear confianza entre los inmigrantes con otros actores
	Código 2.1.3	*Linking*	Manifestaciones, limitaciones y estrategias para crear confianza entre los inmigrantes y las instituciones
2.2. Subcategoría	**Reciprocidad**		
	Código 2.2.1	*Bonding*	Manifestaciones, limitaciones y estrategias para ayuda mutua entre los inmigrantes
	Código 2.2.2	*Bridging*	Manifestaciones, limitaciones y estrategias para ayuda mutua entre los inmigrantes con otros actores
	Código 2.2.3	*Linking*	Manifestaciones, limitaciones y estrategias para ayuda mutua entre los inmigrantes y las instituciones
2.3. Subcategoría	**Cooperación**		
	Código 2.3.1	*Bonding*	Manifestaciones, limitaciones y estrategias de acciones conjuntas entre los inmigrantes
	Código 2.3.2	*Bridging*	Manifestaciones, limitaciones y estrategias de acciones conjuntas entre los inmigrantes y otros actores
	Código 2.3.3	*Linking*	Manifestaciones, limitaciones y estrategias de acciones conjuntas entre los inmigrantes y las instituciones
3. Categoría	**Capital social estructural**		
3.1. Subcategoría	**Redes**		
	Código 3.1.1	*Bonding*	Elementos estructurales que facilitan las relaciones entre los inmigrantes

	Código 3.1.2	*Bridging*	Elementos estructurales que facilitan las relaciones entre los inmigrantes y otros actores
	Código 3.1.3	*Linking*	Elementos estructurales que facilitan las relaciones entre los inmigrantes y las instituciones
4. Categoría	**Liderazgo**		
	Código 4.1.1	Informal	Liderazgo que surge de forma espontánea, independiente de estructuras definidas
	Código 4.1.2	Formal	Liderazgo que surge de la participación en estructuras definidas
	Código 4.1.3	Género	Proceso de liderazgo basado en el género de la persona que ejerce el liderazgo

Fuente: Adaptación propia en base a Figueroa (2007)

Anexo nº 2.
Partidos y alianzas políticas que participaron en alguna elección nacional durante 1952-2002

ACB	Acción Cívica Boliviana
ACP	Acción Cívica Popular
ADN	Acción Democrática Nacionalista
ADR	Alianza Demócrata Revolucionaria
ADRN	Alianza Democrática de la Revolución Nacional
AFIN	Alianza de Fuerzas de la Izquierda Nacional
AID	Alianza Institucionalista Democrática
ALIN	Alianza de Liberación de Izquierda Nacional
A-MNR	Alianza del Movimiento Nacionalista Revolucionario
ANDP	Asociación Nacional de Profesionales Demócratas
AP	Acuerdo Patriótico
APIN ARBOL	Alianza Popular de Integración Nacional Alianza Renovadora Boliviana
ARENA ASD	Alianza Renovadora Nacional Alternativa al Socialismo Democrático

AUR	Acción Humanista Revolucionaria
CDC	Comunidad Democrática Cristiana
CONDEPA	Conciencia de Patria
CUN	Comité de Unidad Nacional
EJE	Eje de Convergencia Patriótica
FBA	Frente Boliviano Anticomunista
FDR-NA	Frente Democrático Revolucionario - Nueva Alternativa
FLIN	Frente de Liberación de Izquierda Nacional
FNP	Fuerza Nacional Progresista
FPU	Frente del Pueblo Unido
FRB	Frente de la Revolución Boliviana
FRI	Frente Revolucionario de Izquierda
FSB	Falange Socialista Boliviana
FULKA	Frente Único de Liberación Katarista
IU	Izquierda Unida
LJ	Libertad y Justicia
MARC	Movimiento Agrario Revolucionario del Campesinado
MAS	Movimiento al Socialismo
MBL	Movimiento Bolivia Libre
MCC	Movimiento Ciudadano para el Cambio
MFD	Movimiento Federalista Democrático
MIN	Movimiento de la Izquierda Nacional
MIP	Movimiento Indígena Pachakuti
MIR	Movimiento de la Izquierda Revolucionaria
MITKA	Movimiento India Tupaj Katari
MKN	Movimiento Katarista Nacional
MNR	Movimiento Nacionalista Revolucionario
MNR-A	Movimiento Nacionalista Revolucionario-Alianza
MNRA	Movimiento Nacionalista Revolucionario Andrade Sector
MNRI	Movimiento Nacionalista Revolucionario de Izquierda
MNRI-1	Movimiento Nacionalista Revolucionario de Izquierda Uno
MNRP	Movimiento Nacionalista Revolucionario del Pueblo

MNR-U	Movimiento Nacionalista Revolucionario Unido
MNRV	Movimiento Nacionalista Revolucionario Vanguardia
MPC	Movimiento Popular Cristiano
MPLN	Movimiento Popular de Liberación Nacional
MRP	Movimiento Revolucionario Pazestenssorista
MRTK	Movimiento Revolucionario Tupaj Katari
MRTK-1	Movimiento Revolucionario Tupaj Katari Uno
MRTKL	Movimiento Revolucionario Tupaj Katari de Liberación
NFR	Nueva Fuerza Republicana
OID	Ofensiva de la Izquierda Democrática
ONI	Organización Nacional de Independientes
PCB	Partido Comunista de Bolivia
PC-ML	Partido Comunista-Marxista Leninista
PDB	Partido Democrático Boliviano
PDC	Partido Demócrata Cristiano
PIR	Partido de la Izquierda Revolucionaria
PL	Partido Liberal
PMNRA	Partido del Movimiento Nacionalista Revolucionario Auténtico
POR	Partido Obrero Revolucionario
PRA	Partido Revolucionario Auténtico
PRA-A	Partido Revolucionario Auténtico - Alianza
PRB	Partido Revolucionario Barrientista
PRIN-A	Partido Revolucionario de la Izquierda Nacional Alianza
PRO	Partido Ruralista Oriental
PRTB	Partido Revolucionario de los Trabajadores de Bolivia
PS	Partido Socialista
PS-A	Partido Socialista Aponte
PS-A	Partido Socialista Atahuichi
PS-1	Partido Socialista Uno
PSC	Partido Social Cristiano
PDC	Partido Demócrata Cristiano
PSD	Partido Social Demócrata

PUB	Partido de la Unión Boliviana
PURS	Partido de la Unión Republicana Socialista
UCN	Unión Cívica Nacional
UCS	Unidad Cívica Solidaridad
UDC	Unidad Democrática Cristiana
UDP	Unidad Democrática y Popular
UNB	Unión Nacional Barrientista
UNP	Unión Nacionalista del Pueblo
VO	Vanguardia Obrera
VR-9	Vanguardia Revolucionaria 9 de Abril
VSB	Vanguardia Socialista de Bolivia

Fuente: Lazarte (2005a): 135-137

Anexo nº 3.
Datos electorales por tipos de elección nacional

Año	Tipo de elección[a]	Población[b]	Electores registrados		Votos emitidos		
			Número total	% de pob.	Número total	% de votos	% de pob.
1951	Pr	2 823 862	204 649	7.2	126 123	61.6	4.4
1956	Pr/Pa	3 139 453	1 126 528	35.8	958 016	85.0	30.5
1958	Pa[d]	3 279 315	–	–	472 463[c]	–	14.4
1960	Pr/Pa	3 428 092	1 300 000	37.9	987 730	76.0	28.8
1962	Pa[d]	3 585 790	–	–	1 064 480	–	29.6
1964	Pr/Pa	3 753 077	1 411 560	37.6	1 297 319	91.9	34.5
1966	Pr/Pa	3 931 909	1 270 611	32.3	1 099 994	86.6	27.9
1978[e]	Pr/Pa	5 292 497	1 921 556	36.3	1 971 968	102.6	37.2
1979	Pr/Pa	5 433 412	1 871 070	34.4	1 693 233	90.5	31.1
1980	Pr/Pa	5 579 367	2 004 284	35.9	1 489 484	74.3	26.6
1985	Pr/Pa	6 380 973	2 108 458	33.0	1 728 365	82.0	27.0
1989[f]	Pr/Pa	7 122 483	2 136 587	29.9	1 573 790	73.7	22.0
1993	Pr/Pa	7 063 200	2 399 197	33 9	1 731 309	72 2	24.5

1997	Pr/Pa	7 767 059	3 252 501	41.8	2 321 117	71.4	29.8
2002	Pr/Pa	8 823 743	4 155 055	47.0	2 994 065	72.06	33.9

[a] Pa = Parlamentaria: Pap = Parlamentaria parcial; Pr = Presidencial. Las elecciones presidenciales y parlamentarias se realizan simultáneamente desde 1967.

[b] Censos: 1950: 2 713 630; 1976: 4 613 486; 1992: 6 420 792 y 2001: 8 274 325. Fuente: Instituto Nacional de Estadística.

[c] Solo votos válidos; no se incluyen los votos de Beni y Pando.

[d] Según la CPE vigente entonces, fue renovado un tercio del Senado y la mitad de la Cámara de Diputados en los departamentos de La Paz, Cochabamba, Oruro, Tarija, Beni y Pando. En 1962, esta renovación parcial tuvo lugar en los departamentos de Chuquisaca, La Paz, Cochabamba, Santa Cruz, Oruro, Beni, Pando y Potosí. A partir de la reforma constitucional de 1967, las renovaciones de ambas cámaras son totales y si-multáneas con la elección presidencial.

[e] Anuladas por fraude electoral.

[f] En estas elecciones, FSB no tuvo candidato presidencial por renuncia del presentado. Los 10 608 votos logrados propiamente pueden ser imputados a los candidatos al parlamento.

Fuente: Lazarte (2005): 645